岳麓
廉政
论丛

规模与结构

腐败惩处如何影响公众清廉感知

——基于多期调查数据的实证分析

Yuelu Research Series
on Clean Governance

张 军 著

湖南大學出版社
·长沙·

图书在版编目（CIP）数据

规模与结构：腐败惩处如何影响公众清廉感知：基于多期调查数据的实证分析 / 张军著. -- 长沙：湖南大学出版社，2025. 5. --（岳麓廉证论丛）. -- ISBN 978-7-5667-3940-7

Ⅰ. D262. 6

中国国家版本馆 CIP 数据核字第 20243HS754 号

规模与结构：腐败惩处如何影响公众清廉感知

——基于多期调查数据的实证分析

GUIMO YU JIEGOU：FUBAI CHENGCHU RUHE YINGXIANG GONGZHONG QINGLIAN GANZHI

——JIYU DUOQI DIAOCHA SHUJU DE SHIZHENG FENXI

著　　者：张　军

责任编辑：严　朔

印　　装：长沙市雅捷印务有限公司

开　　本：710 mm×1000 mm　1/16　**印　　张**：15. 5　**字　　数**：267 千字

版　　次：2025 年 5 月第 1 版　**印　　次**：2025 年 5 月第 1 次印刷

书　　号：ISBN 978-7-5667-3940-7

定　　价：65. 00 元

出 版 人：李文邦

出版发行：湖南大学出版社

社　　址：湖南・长沙・岳麓山　**邮　　编**：410082

电　　话：0731-88822559（营销部），88821691（编辑室），88821006（出版部）

传　　真：0731-88822264（总编室）

网　　址：http://press.hnu.edu.cn

电子邮箱：presschenpf@ qq. com

总　序

两千多年前，屈原在其《卜居》和《招魂》中提出“廉洁”概念，成为中华廉洁思想之正式开端。近千年前，朱熹手书“廉”字，巨碑仍默然立于岳麓书院实事求是讲堂，激励世人。岁月千年，阻不断此处弦歌。20世纪90年代，在湖南大学汇聚了一批志于廉政研究的学者，出版了面向新世纪的反腐系列论著。

自2002年湖南大学正式建立廉政研究中心，并随即开始系统的学科建设与人才培养工作以来，学人日聚，著论弥增。虽早在2006年即有“岳麓廉政研究论丛”出版，但大部分著作散见于各出版社。党的十八大以来，正风肃纪反腐实践方兴未艾，这不仅提供了丰富的理论之源，更提出了时代之问、必解之题，呼唤、催迫廉政研究走实、走深。当此纪检监察学科蓬勃发展、廉政学知识生产任务日重之时，遂思重启论丛，汇集著论，以略尽添砖加瓦之责。这既是对以习近平同志为核心的党中央坚定不移地推进党风廉政建设与反腐败斗争部署的深入贯彻，也是对“传道济民”传统的赓续，更是出于求真悟理的学术追求。

为此，我们从关于腐败与反腐败的研究中选择一些致力于深层次、前瞻性问题探讨的著述，汇成论丛，以期集腋成裘，聚沙成塔。著论主题，愿秉“承朱张之绪，取欧美之长”之精神，纵论古今，无问西东，皆予以平等尊重与吸纳。至于著论作者，则不论齿序，无分闻道先后，但求言而有中，论有创新。

当然，我们深知“取法乎上，仅得其中”，起步如移掌成步、扶床学行，难免稚嫩之讥。即如他日长进，偶有小成，云麓道宫门联所书“对云绝顶犹为麓，求道安心即是宫”会提醒我们，虽未必能“参透真玄真自在”，“顿开妙道妙神通”，然“入真门，秉真心”，“悟妙理，达妙境”，则可扪心，可自励。静处喧哗的东方红广场一角的自卑亭，亦在无言地提醒我们“登高必自卑，行远必自迩”。

我寄望此论丛以“藏之名山，纳于大麓”为鹄的，所含著论日多且不断精进，更愿邀同道携手，秉“道阻且长，行则将至”之信念，在求道悟理的廉政研究之路上行而不辍。

是为序。

2024 年 12 月 26 日

目 次

第一章 绪 论

党的十八大以来，以习近平同志为核心的党中央深刻认识到全面从严治党的重要性和紧迫性，将其作为党的自我革命的重要内容。这一战略决策不仅是为了应对反腐败这一世界性难题，更是党为保持先进性和纯洁性，实现自我净化、自我完善、自我革新、自我提高的主动选择。

党的十八大以前，尽管我国在腐败治理方面付出了持续巨大的努力，但实际效果并不尽如人意，腐败恶化蔓延态势未得到有效控制。① 这种局面不仅影响了党的形象和执政能力，也成为阻碍国家发展和社会进步的重要因素。因此，新时代以来，作为党的自我革命的重要举措，党中央发起了一场持续的高压反腐败行动。这不仅仅是对腐败行为的惩治，更是对党的人员结构的全面净化和治理能力的全面提升。通过建立健全党和国家监督体系，深化纪检监察体制改革，党的自我革命在反腐败斗争中取得了显著成效。

经过新时代以来十多年坚持不懈的强力反腐，我国“反腐败斗争取得压倒性胜利并全面巩固”。然而，习近平总书记强调，反腐败斗争“形势依然严峻复杂”，“我们对反腐败斗争的新情况新动向要有清醒认识，对腐败问题产生的土壤和条件要有清醒认识，以永远在路上的坚韧和执着，精准发力、持续发力，坚决打赢反腐败斗争攻坚

① 公婷、吴木銮（2012）. 我国 2000—2009 年腐败案例研究报告——基于 2800 余个报道案例的分析. 社会学研究，4：204-220；刘启君（2013）. 改革开放以来中国腐败状况实证分析. 政治学研究，6：39-51.

战持久战”①。这表明，虽然我国的廉洁形势在客观上已经有了比较显著的好转，但党的自我革命仍需继续，反腐败斗争永远在路上。

党中央强调要以自我革命精神推进全面从严治党向纵深发展，不断增强党的自我净化、自我完善、自我革新、自我提高能力。这种持续的自我革命不仅体现了中国共产党勇于直面问题、自我完善的决心，也为我们研究腐败惩处如何影响公众清廉感知②提供了独特的视角。

在这一背景下，深入研究腐败惩处的规模与结构如何影响公众清廉感知显得尤为重要。通过探讨腐败惩处的不同策略和力度对公众清廉感知的影响，我们可以更好地理解全面从严治党和党的自我革命在实践中的治理成效，进而为推进党的自我革命、提高反腐败工作效能提供坚实的实证依据。

本章作为全书的绪论，主要介绍研究背景、核心问题、研究意义及全书结构。具体而言，第一节聚焦新时代反腐败实践与清廉感知，主要介绍反腐败成果、腐败惩处的核心维度，以及清廉感知作为反腐败效果指标的重要性。第二节探讨腐败惩处的复杂清廉效应，包括高压反腐对清廉感知的复杂双刃剑效应以及对其他清廉指标的影响，并指出现有研究的局限性。第三节明确提出研究核心问题：腐败惩处如何影响公众清廉感知，并阐述研究在理论和政策方面的意义。最后一节是对全书内容结构的介绍，为读者提供整体框架。

---

① 人民日报．习近平在二十届中央纪委三次全会上发表重要讲话强调 深入推进党的自我革命 坚决打赢反腐败斗争攻坚战持久战．2024 年 1 月 9 日．第 1 版．

② 如无特殊说明，本书中的“清廉感知”主要指公众对政府的清廉感知，为论述方便和避免语言表达的呆板，书中将交替使用“公众清廉感知”“公众的清廉感知”“政府清廉感知”“公众的政府清廉感知”等进行表述。

第一节　新时代反腐败实践与清廉感知

一、新时代反腐败实践与显著成果

党的十八大以来，以习近平同志为核心的党中央将全面从严治党作为治国理政的重要战略，并将其与党的自我革命紧密结合。习近平总书记强调，“全面从严治党是新时代党的自我革命的伟大实践”①，高压反腐败则是这一实践的核心内容之一。全面从严治党和党的自我革命不仅是应对腐败顽疾的必要举措，更是确保党长期执政、巩固党的领导地位的根本保证。勇于自我革命是中国共产党区别于其他政党的显著标志。这一战略部署体现了党对自身建设的高度重视和对权力运行规律的深刻认识。

为推进党的自我革命，遏制腐败蔓延，党中央掀起了一场持久的高压反腐行动。十多年来，党和政府秉持“有腐必反”“有贪必肃”的决心，坚持无禁区、全覆盖、零容忍，综合运用“打虎”“拍蝇”“猎狐”等多种策略。这些策略不仅针对国内腐败分子，还延伸到海外追逃追赃，体现了反腐败斗争的全面性和系统性。中央纪委的工作报告显示，党的十八大至党的十九大期间，全国纪检监察机关共立案154.5万件，处分153.7万人。② 党的十九大至二十大期间，这一数字进一步增加到立案306.6万件，处分299.2万人。③ 2023年，全国

---

① 人民日报. 习近平在十九届中央纪委六次全会上发表重要讲话强调坚持严的主基调不动摇　坚持不懈把全面从严治党向纵深推进. 2022年1月19日. 第1版.

② 新华社（2017）. 十八届中央纪委向党的十九大的工作报告. https://www.ccdi.gov.cn/xxgk/hyzl/201710/t20171031_114178.html. 2021年3月12日访问.

③ 人民日报. 十九届中央纪律检查委员会向中国共产党第二十次全国代表大会的工作报告. 2022年10月28日. 第1版.

纪检监察机关共立案 62.6 万件，给予党纪政务处分 61 万人。①

从图 1-1-1 和图 1-1-2 中可以更加清晰地发现，党的十八大以来，我国的反腐败力度呈不断上升趋势，整体立案件数和党纪政务处分人数均呈持续上升趋势。2013 年至 2015 年，查处的中管或省部级干部人数总体上也呈持续上升趋势。党的十九大之后，虽然查处的省部级干部人数略有起伏波动，但整体惩处力度仍然不减。2018 年到 2023 年间的立案件数和党纪政务处分人数均在 62 万左右，远高于党的十九大之前的水平。这些数据清晰地展示了党的自我革命和全面从严治党战略下高压反腐败的持续深化。

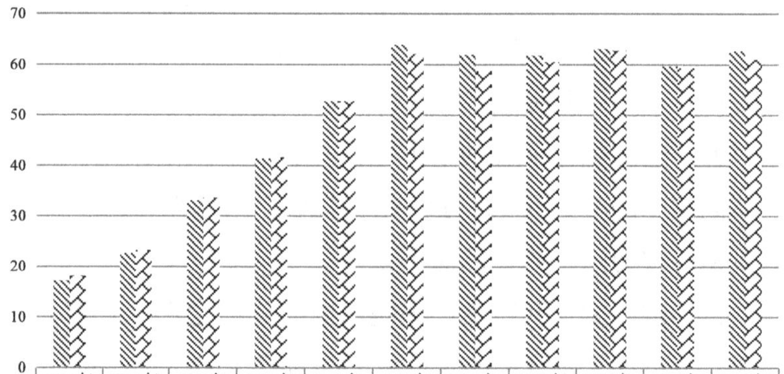

	2013年	2014年	2015年	2016年	2017年	2018年	2019年	2020年	2021年	2022年	2023年
立案件数（万件）	17.2	22.6	33.0	41.3	52.7	63.8	61.9	61.8	63.1	59.6	62.6
处分人数（万人）	18.2	23.2	33.6	41.5	52.7	62.1	58.7	60.4	62.7	59.2	61

立案件数（万件）　处分人数（万人）

图 1-1-1　2013—2023 年全国纪检监察机关查处案件数和处分人数

（资料来源：作者根据中央纪委国家监委网站发布的 2013—2023 年工作报告和年度纪律审查情况结果报道整理。）

① 李希（2024）. 深入学习贯彻习近平总书记关于党的自我革命的重要思想 纵深推进新征程纪检监察工作高质量发展——在中国共产党第二十届中央纪律检查委员会第三次全体会议上的工作报告. 人民日报，2 月 26 日. 第 2 版.

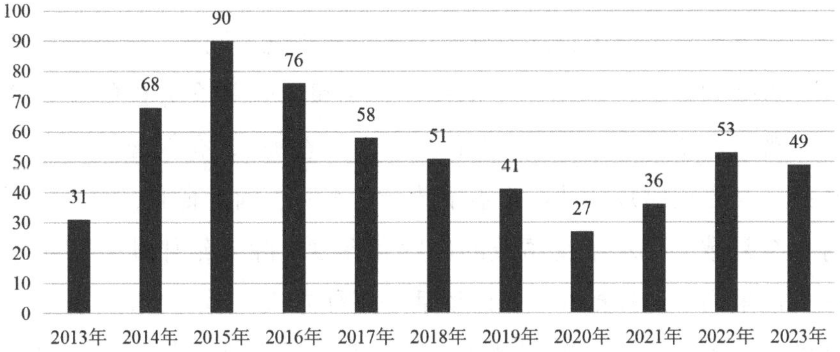

注：2013—2015 年的数据为中管干部人数，其他年份为省部级干部处分人数。

图 1-1-2 2013—2023 年查处中管/省管干部人数

（资料来源：作者根据中央纪委国家监委网站发布的 2013—2023 年工作报告和年度纪律审查情况结果报道整理。）

二、腐败惩处的规模与结构：理解新时代反腐败实践的两个维度

在党的自我革命和全面从严治党的框架下，腐败惩处的规模和结构成为理解新时代反腐实践的两个维度，体现了前所未有的“刮骨疗毒”、自我革命的决心。如前所述，从整体数据来看，立案数量和处分人数的显著增长反映了党自我革命的力度和深度不断加大。这种大规模的惩处不仅直接打击了腐败行为，也对潜在的腐败分子产生了强大的震慑效应。

这场持久的高压反腐败行动覆盖了从中央到地方、从高级干部到基层人员的各个层级，体现了党的自我革命的全面性和彻底性。官方报告数据显示，党的十八大至党的十九大期间，经党中央批准立案审查的省军级以上党员干部及其他中管干部多达 440 人。[①] 2023 年，

① 新华社（2017）. 十八届中央纪委向党的十九大的工作报告. https：//www. ccdi. gov. cn/xxgk/hyzl/201710/t20171031_ 114178. html. 2021 年 3 月 12 日访问.

中央纪委国家监委共立案审查调查中管干部 87 人。[①] 这种“打虎”行动充分彰显了党中央强力反腐的决心和勇气。同时，大量基层贪腐人员也受到查处，体现了“拍蝇”的力度。这种全方位的反腐败努力，既打击了“大老虎”，又不放过“小苍蝇”，有效遏制了腐败的蔓延。高压反腐败行动还覆盖了政府、军队、国有企业、教育、医疗等各个领域，显示了反腐败的广度和深度。除了纪律处分和法律制裁，还采用了通报批评、诫勉谈话等多种方式，形成了全方位、多层次的惩戒体系。通过案例剖析、警示教育等方式，将个案转化为教材，推动形成不敢腐、不能腐、不想腐的长效机制。

然而，腐败惩处的规模和结构如何影响公众的清廉感知，仍然是一个值得深入研究的问题。不同层级、不同类型的腐败案件可能对公众产生不同的影响，这需要更细致的分析和探讨。例如，虽然高层腐败案件的曝光能够充分彰显党中央强力反腐的决心，但基层腐败的治理可能会更直接影响普通民众的日常生活体验，普通民众的反腐败获得感可能会更强。

三、清廉感知：反腐败社会效果的核心指标

在新时代以来全面从严治党的战略部署下，党和国家深入推进反腐倡廉工作，不断完善制度建设，强化监督管理，取得了显著成效。然而，深入理解这些努力的实际影响不能仅局限于查处的腐败案件等客观数据，还需要深入考察社会公众的清廉感知等主观感受。公众清廉感知的重要性体现在多个层面：在政治层面，它直接关系到党和政府的公信力，良好的清廉感知能够增强人民群众对党和政府的信任，从而巩固党的执政基础；在社会层面，清廉感知深刻影响着社

① 李希（2024）. 深入学习贯彻习近平总书记关于党的自我革命的重要思想 纵深推进新征程纪检监察工作高质量发展——在中国共产党第二十届中央纪律检查委员会第三次全体会议上的工作报告. 人民日报，2 月 26 日. 第 2 版.

会风气和公民道德，高水平的清廉感知有助于形成廉洁的社会氛围，推动社会治理的良性发展；在经济方面，清廉感知直接影响投资环境和经济发展，良好的清廉感知有利于优化营商环境，吸引投资，促进经济健康可持续发展。因此，公众的清廉感知不仅反映了群众对党风政风的直观印象，也体现了反腐败工作在社会层面的渗透程度和影响力，更对促进经济社会健康发展具有重要影响。

新时代以来，党中央对我国反腐败斗争成效的判断经历了一个动态变化的过程，这反映了反腐败斗争的艰巨性和复杂性。从党的十八大初期的“反腐败斗争形势依然严峻”①，到习近平总书记在2018年12月13日中央政治局会议上指出的“反腐败斗争取得压倒性胜利，全面从严治党取得重大成果”②，再到党的二十大报告进一步强调的“反腐败斗争取得压倒性胜利并全面巩固”③，这一系列判断不仅反映了党中央对自我革命和全面从严治党成效的高度认可，也展现了党持续推进反腐败斗争的坚定决心和持久定力。这些判断主要基于客观指标和内部评估，如何与公众的主观感受相匹配，仍需要深入研究。

在社会层面，高压反腐行动如何影响公众的清廉感知是一个复杂且重要的问题。清廉感知不仅反映了反腐败行动的实际效果，也关系到公众对党的自我革命和全面从严治党成效的认识，以及对党和政府的信任和支持程度。因此，研究腐败惩处的规模与结构对公众清廉感知的影响具有重要的理论和实践意义。这种研究可以帮助我们更好地理解反腐败工作的社会心理效应，揭示公众对不同类型、不同

① 人民日报. 习近平在十八届中央纪委二次全会上发表重要讲话强调 更加科学有效地防治腐败 坚定不移把反腐倡廉建设引向深入. 2013年1月23日. 第1版.

② 人民日报. 中共中央政治局召开会议 分析研究2019年经济工作 研究部署党风廉政建设和反腐败工作 中共中央总书记习近平主持会议. 2018年12月14日. 第1版.

③ 习近平. 高举中国特色社会主义伟大旗帜 为全面建设社会主义现代化国家而团结奋斗——在中国共产党第二十次全国代表大会上的报告（2022年10月16日）. 北京：人民出版社，第14页.

层级腐败案件的感知差异，以及产生这些差异背后的原因。

通过深入研究公众的清廉感知，我们可以在多个方面获得重要洞见：首先，它有助于我们更准确地评估党的自我革命和全面从严治党的社会效果，了解反腐败工作在公众心目中的实际影响；其次，研究结果可以为优化反腐败策略提供实证依据，帮助决策者更精准地制定和实施反腐败措施；再者，研究结果可以为纵深推进党的自我革命提供有价值的参考，帮助明确未来反腐败工作的方向和重点。此外，这一研究还可能揭示清廉感知与其他社会、经济因素之间的关系，为全面理解和改善社会治理提供新的视角。

总之，通过系统研究腐败惩处对公众清廉感知的影响，我们可以在理论和实践层面上更深入地探讨反腐败工作的有效性，进而推动党的自我革命和全面从严治党向更高水平发展。这不仅有利于提高反腐败工作的针对性和有效性，也有助于增强公众对党和政府的信心，为实现国家治理体系和治理能力现代化奠定坚实的社会基础。

第二节　腐败惩处的复杂清廉效应：争论与不足

一、高压反腐的双刃剑效应与清廉感知研究争论

通过开展自上而下的高压反腐败行动来遏制腐败是诸多国家腐败控制的一个重要手段，其实际效果和影响比较复杂。一方面，短期内密集的大规模腐败惩治行动能够达到快速清理腐败官员、彰显政府反腐败决心、降低客观腐败水平的效果；但另一方面，大规模腐败案件的曝光也可能对公众的心理形成巨大冲击，从而恶化公众的清廉感知，降低公众对政府的信任度。换言之，高压反腐败对公众的清廉感知存在一种双刃剑效应，高强度的反腐败行动虽然能够在客观

上显著提升国家或地区的清廉水平，但也可能对公众的主观清廉感知带来非预期的负面影响。例如，在国际上就有研究者就发现，反腐败措施可能会提高公众对腐败问题的认识，从而悖论性地降低公众的清廉感知。[①] 这种效应在“外部人”（即那些不直接参与或受益于腐败的人）中尤为明显。关于新时代以来的高压反腐败行动如何影响公众的清廉感知，研究者们也进行了广泛的实证分析，但研究发现并不一致，存在较大争论。

有研究者采用亚洲风向标调查（Asian Barometer Survey，简称ABS）的前三波（2002 年、2007 年和 2011 年）数据匹配中国各省检察院查处的贪腐官员案件数据分析发现，扩大腐败打击规模和“办要案”（查处县处级以上贪腐官员）的策略均可以提升公众的清廉感知。[②] 然而，倪星和孙宗锋基于 G 省 2014 年的公众调查数据发现，政府反腐败力度的加大并未带来公众清廉感知的显著提升，二者之间的关系在统计上并不显著。[③] 张军和倪星在一项以地级市层面的汇总数据为基础的研究中也有类似的发现，省级层面的反腐败力度对各地区公众的清廉感知似乎并没有显著的影响。[④]

值得注意的是，孙宗锋后续基于 2015 年全国层面的公众调查数据和反腐败案件数据分析发现，政府反腐败力度与公众的中央和省级政府清廉感知之间具有显著的负向关系，各地的反腐败力度越大，公众对中央和省级政府的清廉感知越低。[⑤] 在基于两个地级市“打老虎”行动（市委书记被查）的准自然实验案例分析中，孙宗锋和杨

① Bauhr, M. & Charron, N. (2018). Insider or Outsider? Grand Corruption and Electoral Accountability. *Comparative Political Studies*, 51 (4): 415-446.

② 朱琳、宫伏佳（2015）. 腐败主客观测量结果差异性研究. 经济社会体制比较，5：66-80.

③ 倪星、孙宗锋（2015）. 政府反腐败力度与公众清廉感知：差异及解释——基于 G 省的实证分析. 政治学研究，1：71-85.

④ 张军、倪星（2020）. 控权问责、服务提升与电子政务的清廉效应——基于中国 282 个地级市调查数据的实证分析. 中国行政管理，3：59-66.

⑤ 孙宗锋（2017）. 中国政府清廉感知双重差异及解释：一个混合研究. 中山大学博士论文.

丽天晴也发现，这种查处地方高级官员的反腐败行动会对公众的清廉感知产生复杂的非预期影响，导致公众对政府清廉感知的显著下降。① 国外学者对西班牙的腐败丑闻事件和大规模的调查数据分析也发现，政府的腐败丑闻信息显著降低了当地民众对政府的清廉感知。② 这种跨文化的相似发现提示我们，腐败惩处对公众清廉感知的影响可能存在某些普遍性规律。近期基于调查实验的研究进一步证实，与反腐败日常工作类信息相比，腐败案件调查相关的信息曝光会显著降低公众的清廉感知，而且这种负面影响在较高层级的政府层面更明显。③ 这种实验研究方法为我们提供了更为严谨的因果推断证据，也强化了我们对腐败惩处可能产生非预期负面影响的认识。

尽管上述基于微观截面调查数据的结果显示，反腐败力度对公众清廉感知的影响显著为负，但来自宏观层面的长期观察结果则显示，高压反腐败力度显著改善了公众对政府的清廉感知。倪星和张军对 G 省 2013—2018 年的廉情评估调查数据分析指出，2014 年之后，G 省公众对中央和县/市/区级以上三级地方政府的清廉感知在总体上呈持续上升的趋势。④ 类似的，哈佛大学肯尼迪政府学院阿什民主治理与创新中心针对中国民众开展的多期民意调查结果也指出，在受访的中国公众中，认为政府廉洁的受访者所占比例从 2011 年的 35. 4%上升到 2015 年的 44. 2%，再上升到 2016 年的 65. 3%。⑤ 因此，绝大多数受访者都对我国反腐败工作的成效给予了肯定，认为我国

① 孙宗锋、杨丽天晴（2016）．“打老虎”如何影响公众腐败感知差异？——基于广东省的准实验研究．公共行政评论，3：89-107．

② Sole-Olle, A. & Sorribas-Navarro, P. (2018). Trust No More? On the Lasting Effects of Corruption Scandals. *European Journal of Political Economy*, 55: 185-203.

③ Sun, Z., Zhu, L. & Ni, X. (2022). How does Anti-Corruption Information Affect Public Perceptions of Corruption in China? *China Review*, 22 (2), 113-143；李论、过勇（2024）．媒体报道内容如何影响腐败感知？——基于调查实验的实证发现．公共管理评论，1：46-65．

④ 倪星、张军（2018）．廉洁拐点的地方经验与政策意涵——基于 G 省廉情评估调查数据的分析．政治学研究，5：39-53+125-126．

⑤ 爱德华·康宁安、托尼·赛奇、杰西·图里尔、王艳（编译）（2021）．中国民众对政府绩效的满意度——基于 2003—2016 年调查数据的观测．国外理论动态，3：105-111．

廉洁形势正在朝着好的方向发展。事实上，即使在透明国际发布的清廉印象指数中，我国近十年来的清廉印象指数得分和排名在总体上也呈显著上升趋势。这些结果充分肯定了党的十八大以来我国反腐败斗争取得的显著社会成效，同时也表明，高压反腐败行动能够在长期内显著提升公众对政府的清廉感知。这种长期效应与短期影响之间的差异提示我们，反腐败效果可能存在滞后性，需要我们在评估反腐败政策的社会效果时采取更长期的动态视角。

二、腐败惩处对其他清廉指标的影响

除了清廉感知，学者们还从其他角度考察了高压反腐败的清廉效应。在贿赂行为和意愿方面，研究发现，自上而下的反腐败行动在遏制公众的行贿和公职人员的索贿事件发生方面虽然具有一定效果，但效果相对有限，特别是惩处县处级及以上官员对公众的行贿和被索贿的概率似乎并无显著影响。[①] 这一发现提示我们，在反腐败行动初期阶段，虽然扩大反腐败整体打击规模能在一定程度上减少基层腐败行为，但惩治高级官员对遏制基层腐败行为的作用似乎并不明显。在反腐败举报行为和意愿方面，政府的反腐败力度与公众的反腐败举报行为之间存在比较复杂的互补和替代双重效应。[②] 这种复杂性可能反映了公众对政府反腐能力的信心与自身参与反腐的动机之间的微妙平衡。例如，当公众觉得政府反腐力度很大时，可能会认为自己的举报不那么必要；反之，当觉得政府反腐不力时，可能会更积极地参与举报。

在腐败容忍度方面，研究结果也存在一定分歧。基于 G 省的调

① Ni, X. & Su, X. (2019). Institutional Anti-Corruption in China: Effectiveness on Bribery Incidence. *Public Administration Review*, 79 (4): 538-551.

② Su, X. & Ni, X. (2018). Citizens on Patrol: Understanding Public Whistleblowing Against Government Corruption. *Journal of Public Administration Research and Theory*, 28 (3): 406-422.

查数据分析发现，党的十八大以来，公众对腐败行为的容忍度并未显著降低，反倒出现轻微上升趋势。[①] 这表明，高压反腐败行动在塑造腐败零容忍的社会文化氛围方面尚未发挥显著积极作用。这一发现令人意外，它可能反映了公众对腐败的认知和态度的复杂性。然而，郭夏娟和涂文燕基于2012—2017年对1039名公职人员的调查数据显示，公众对公职人员的腐败容忍度显著低于党的十八大之前的水平。[②] 这种差异可能反映了不同群体对反腐败行动的不同反应，也可能与研究方法和数据来源的差异有关。这种公众与公职人员之间的差异提示我们，反腐败政策可能对不同群体产生不同的影响。例如，公职人员可能由于直接面临反腐败的压力而降低腐败容忍度，而普通公众在见到更多腐败案件之后可能更“习以为常”。此外，比较遗憾的是，这两项研究也仅仅是对党的十八大以来公职人员或个别省份公众的腐败容忍度的总体趋势变化进行了描述性分析，对于腐败惩处如何影响不同群体的腐败容忍度并未进行深入的实证分析。

三、现有研究的局限性与突破方向

既有研究利用多源调查数据对党的十八大以来的高压反腐败行动的清廉影响进行了诸多有益的探索性分析，为我们评估高压反腐败的社会效果提供了重要的基础性知识。然而，既有研究也仍然存在一些不足。首先，由于不同研究者所使用的分析数据、测量工具和分析方法等方面的差异，既有研究关于腐败惩处如何影响公众的清廉感知并未得到一致结论，基于微观截面调查数据的分析结果与宏观层面的长期观察结果之间甚至截然相反，如何更好地理解这种差异

① 倪星、张军（2018）．廉洁拐点的地方经验与政策意涵——基于G省廉情评估调查数据的分析．政治学研究，5：39-53+125-126．

② 郭夏娟、涂文燕（2019）．反腐制度与个体道德发展——基于十八大以来公职人员腐败容忍度的分析．浙江大学学报（人文社会科学版），3：160-176．

需要更具综合性的实证分析。

其次，既有研究的观测大多集中于高压反腐败行动的初期或前期阶段（2017 年之前），在高压反腐败行动的中后期阶段，持续的高压反腐败行动会如何影响公众的清廉感知，特别是腐败惩处的规模和“打老虎”“拍苍蝇”的结构化差异策略对公众清廉感知的影响是否存在显著差异，腐败惩处影响公众清廉感知的内在作用机制和边界条件差异是什么，这些重要问题都尚未得到很好的回答。回答这些问题可能正是解答前述悖论性结果的重要角度之一，同时对于这些问题的探索也能够帮助我们制定更精准的反腐败政策，不断提升腐败治理效能。

最后，在腐败惩处与清廉感知的关系上，既有研究虽然也采用了多层次分析模型、倾向值匹配、锚定法等比较复杂的计量方法和模型，但囿于数据限制（使用的数据多为单期截面数据），其得到的结果在因果推断上的效力相对较弱，对于腐败惩处的时间滞后效应也未能提供很充分的证据。因此，关于高压反腐败行动如何影响公众的清廉感知还有待更进一步的实证分析。

第三节　研究问题与研究意义

一、研究问题：腐败惩处如何影响公众清廉感知

党的十八大以来，以习近平同志为核心的党中央将全面从严治党提升到新的战略高度，将其与党的自我革命紧密结合。在这一宏观背景下，反腐败斗争呈现出前所未有的力度和广度。从中央到地方，从“老虎”到“苍蝇”，一场持续深入的反腐败行动向纵深推进。通过“打虎”“拍蝇”“猎狐”等多种手段，全国各级纪检监察机关查

处了大量腐败案件，处分人数屡创新高。这一系列行动不仅展现了党中央惩治腐败的坚定决心，也在社会上产生了广泛影响。然而，这场高压反腐败行动究竟在多大程度上改善了国家和社会的清廉环境？高压反腐败行动是否显著提升了公众对政府的清廉感知？这些问题成为深入理解我国反腐败社会效果的关键所在。

在这一背景下，如何准确评估和理解新时代反腐败行动的社会效果成为一个值得关注的重要议题。党的二十大报告对新时代以来的反腐败行动给予了充分肯定，强调反腐败斗争取得压倒性胜利并全面巩固。这一判断为我们提供了基本的宏观视角和整体框架，但为了获得更加立体和全面的认识，我们还需要通过社会公众层面的感知分析补充更多的微观细节内容。广大社会公众的感知和体验对于全面理解反腐败成效至关重要。他们的日常生活经历和对清廉环境的感知，直接反映了反腐败措施的落地效果和社会影响。

为了更全面地理解高压反腐败行动带来的社会变化，我们需要将研究视角转向社会公众，深入分析反腐败行动对公众主观感受所带来的变化。这种“自下而上”的研究路径，能够为我们提供更贴近社会现实的反馈。尽管已有不少学者对反腐行动与公众清廉感知、腐败经历和容忍度等方面的关系进行了实证研究，但由于数据获取的困难和研究方法的局限，这些研究仍有提升空间。特别是在党的十八大以来持续的高压反腐败行动中，腐败惩处的力度和结构性差异如何影响公众的清廉感知，以及这种影响如何随时间变化，仍是有待深入探讨的问题。

因此，本书关注的主要研究问题是：腐败惩处如何影响公众的清廉感知，其中的作用机制是什么。不同于以往的研究主要考察单一的腐败惩处规模的效果，本书还同时对腐败惩处的结构进行进一步的拆分，通过考察地方“打老虎”（查处省级官员）和“拍苍蝇”（查处基层官员)[①] 对公众清廉感知影响差异来深入考察腐败惩处对公众清廉感知可能产生的影响。既有研究虽然利用我国地方层面的数据对“打老虎”的清廉效应进行了分析，也有一些研究考察了其他国家腐败丑闻对清廉感知等方面的影响，但大多使用的数据为截面调查数据，难以对“打老虎”与清廉感知之间的持久动态关系进行充分的检验。关于“拍苍蝇”会如何影响公众的清廉感知，既有研究在实证层面却鲜有分析。然而，由于高级官员和基层官员贪腐行为本身的危害性、隐蔽性和敏感性等特征导致的严重信息不对称、我国反腐败行动中的结构化偏好宣传策略和公众清廉感知本身存在的非理性偏误等因素，“打老虎”和“拍苍蝇”对公众清廉感知的影响可能存在显著的差异。因此，本书更进一步的研究问题是“打老虎”和“拍苍蝇”是如何影响公众对政府的清廉感知的，其中的作用机制是什么。

此外，公众的清廉感知作为一项主观评价内容，除了受到政府反腐败绩效的影响，还同时受到政府公共服务绩效、个体政治嵌入性和信息来源等复杂因素的影响[②]。复杂的外部环境和敏感的主观评价相互交织，使得公众对政府的清廉感知同时具有“宽容”和“严厉”的倾向。[③] 那么，政府在公共服务方面的绩效是否会调节腐败惩处与清廉感知之间的关系？作为制度绩效背景的腐败惩处力度是否会影响政治嵌入性与清廉感知之间的关系？这两个问题也是本书研究的问题。

① 对于“老虎”（高级官员）和“苍蝇”（基层官员）的具体测量详见本书第四章第二节相关内容。

② 孙宗锋（2017）. 中国政府清廉感知双重差异及解释：一个混合研究. 中山大学博士论文.

③ 李辉、呼和那日松、唐敏（2015）. 民主、主观经济评价与腐败感知——基于亚洲、非洲与拉美舆情表合并数据的多层分析. 经济社会体制比较，3：162-174.

二、研究意义：理论深化与廉政政策意涵

（一）理论意义

1. 有助于更好地厘清腐败惩处与清廉感知之间的复杂关系

尽管在理论上，腐败惩处对于腐败控制和预防的意义不言而喻，但也有研究者在对众多有关减少腐败的措施回顾后指出，加大腐败惩处力度能有效削减腐败仍然值得怀疑。① 腐败惩处对于公众主观清廉感知的影响则更加复杂，大规模的反腐败行动在有效地清理腐败存量和对潜在贪腐行为形成震慑效应的同时，也会对公众的清廉感知产生显著的负面冲击，从而恶化公众对政府的清廉感知。既有研究虽然也关注到这个问题，并利用丰富的调查数据从实证角度对其进行了实证分析。② 然而，由于学者所使用的调查数据和研究方法上的差异和局限，既有研究对腐败惩处与清廉感知之间的关系并未取得一致的结论。对于反腐败力度的加大到底会提升还是降低公众对政府的清廉感知，抑或没有影响，我们仍然需要更深入的实证分析。

此外，我国的反腐败行动中存在着明显的规模偏好和结构偏好。③ 其中，规模偏好主要体现为对贪腐官员的整体打击规模比较广泛，而结构偏好则主要表现为“老虎”“苍蝇”一起打，即不仅会惩处广泛的基层贪腐官员，对高级官员的贪腐问题也坚持零容忍。既有

① Gans-Morse, J., Borges, M., Makarin, A., Mannah-Blankson, T., Nickow, A. & Zhang, D. (2018). Reducing Bureaucratic Corruption: Interdisciplinary Perspectives on What Works. *World Development*, 105: 171-188.

② Sole-Olle, A. & Sorribas-Navarro, P. (2018). Trust No More? On the Lasting Effects of Corruption Scandals. *European Journal of Political Economy*, 55: 185-203; 倪星、孙宗锋 (2015). 政府反腐败力度与公众清廉感知：差异及解释——基于G省的实证分析. 政治学研究, 1: 71-85; 孙宗锋、杨丽天晴 (2016). “打老虎”如何影响公众腐败感知差异？——基于广东省的准实验研究. 公共行政评论, 3: 89-107; 朱琳、宫伏佳 (2015). 腐败主客观测量结果差异性研究. 经济社会体制比较, 5: 66-80.

③ 季程远、孟天广 (2020). 反腐败与政治信任：结构偏好与规模偏好的影响差异. 上海交通大学学报（哲学社会科学版）, 2: 99-112.

研究虽然注意到了这种规模和结构偏好差异，也利用调查数据对其进行了初步的实证分析，但相关研究主要集中在对整体反腐败力度和查处高级官员的影响方面，① 对于查处基层官员所带来的影响却鲜有关注。同时，既有研究对于腐败惩处影响清廉感知的中介作用机制和边界条件等也缺乏深入的实证分析。因此，本书主张同时从腐败惩处的规模和结构两个方面，利用最新的多期全国廉情评估调查数据来深入检验腐败惩处对清廉感知的潜在影响及其作用机制。这有助于我们更好地厘清腐败惩处与清廉感知之间的复杂关系。

2. *有助于拓宽政府客观绩效与主观绩效之间关系的研究视野*

在公共管理研究中，政府的客观绩效与主观绩效之间的一致性问题是一个长期充满争论的经典问题。② 不过，既有研究关注的主要是政府在公共服务提供方面的客观绩效表现与公众的主观绩效感知之间的偏差及影响因素，对于政府在反腐败方面的客观绩效与主观绩效之间的复杂关系则缺乏深入的分析。公众对政府的清廉感知，作为一项重要的政治民意态度，是对政府反腐败绩效的综合性主观绩效评价。因此，腐败惩处如何影响公众的清廉感知问题在本质上讨论的也是政府的客观治理绩效如何影响公众的主观绩效评价的问题，属于公共管理学科的经典争论问题范畴。③ 而且，不同于一般的公共

---

① 季程远、孟天广（2020）. 反腐败与政治信任：结构偏好与规模偏好的影响差异. 上海交通大学学报（哲学社会科学版），2：99-112；倪星、孙宗锋（2015）. 政府反腐败力度与公众清廉感知：差异及解释——基于 G 省的实证分析. 政治学研究，1：71-85；朱琳、宫伏佳（2015）. 腐败主客观测量结果差异性研究. 经济社会体制比较，5：66-80.

② Brown, K. & Coulter, P. B.（1983）. Subjective and Objective Measures of Police Service Delivery. *Public Administration Review*, 43（1）: 50-58; Charbonneau, É. & Van Ryzin, G. G.（2012）. Performance Measures and Parental Satisfaction with New York City Schools. *American Review of Public Administration*, 42（1）: 54-65; Stipak, B.（1979）. Citizen Satisfaction with Urban Services: Potential Misuse as A Performance Indicator. *Public Administration Review*, 39（1）: 46-52; Van Ryzin, G. G.（2004）. Expectations, Performance, and Citizen Satisfaction with Urban Services. *Journal of Policy Analysis and Management*, 23（3）: 433-448; 倪星、李佳源（2010）. 政府绩效的公众主观评价模式：有效，抑或无效？——关于公众主观评价效度争议的述评. 中国人民大学学报，4：108-116.

③ 孙宗锋（2017）. 中国政府清廉感知双重差异及解释：一个混合研究. 中山大学博士论文.

服务领域的客观绩效和主观绩效之间一致性问题，政府在反腐败方面的客观绩效投入可能对公众的主观清廉感知具有恶化和改善的双重效应。因此，深入分析腐败惩处与公众清廉感知之间的复杂关系有助于拓宽公共管理研究中政府客观绩效与主观绩效之间关系的研究视野，提供廉政治理研究中的案例故事。

（二）实践意义

1. 有助于优化反腐策略，提升腐败治理整体效能

腐败问题是我国在社会转型时期面临的重大公共治理挑战之一。尽管新时代以来我国反腐败斗争取得了显著成效，但面对依然严峻复杂的反腐败形势和艰巨任务，如何让有限的反腐败资源投入能够取得更大的效用是未来反腐败策略调整的重要方向。通过分析不同类型、不同层级的反腐案例对公众认知的影响，本研究可以为反腐败资源的优化配置提供科学依据。

在反腐败过程中，一个关键问题是如何平衡不同层面的反腐力度：到底是集中查处大案要案的效果更好，还是惩治群众身边的腐败问题效果更佳？怎样的腐败惩治策略能够获得更优的反腐败效果，特别是赢得社会公众的认可支持？通过深入分析反腐败行动带来的公众主观感受变化，本研究可以为这些问题提供答案，从而帮助制定更加精准和有效的反腐败策略。这不仅有助于提高反腐败工作的针对性和实效性，也能够更好地回应群众关切，提高反腐败工作的社会认同度。

此外，本研究为评估全面从严治党的社会成效提供了新的视角。清廉感知，作为公众对政府清廉形象的主观评价，尽管自身存在一定的偏误，但却是目前为止较为可靠的腐败程度测量的替代方法。通过估测公众对中央和地方政府清廉感知，本研究可以为廉政建设的注意力分配和政策调整提供重要参考。这种以公众感知为基础的评估方法，有助于党中央更准确地把握反腐败斗争的实际效果，了解反腐败工作在不同地区、不同层级的实施效果差异，从而进一步深化全面

从严治党的实践，推动反腐败工作向纵深发展。

2. 有助于完善反腐评估机制，深化党的自我革命

本研究也为党的自我革命提供了新的评估工具和视角。通过“自下而上”的研究路径，本研究能够提供更贴近社会现实的反馈，有助于我们更全面地理解反腐败行动的社会效果。这种理解不仅可以帮助评估全面从严治党的社会成效，还能为未来的反腐实践提供更加科学和有效的策略指导。

通过深入分析腐败惩处的力度和结构性差异对公众的清廉感知的影响，以及这种影响如何随时间变化，本研究可以为党的自我革命提供重要的理论支撑。这种研究方法有助于党更准确地把握群众对反腐败工作的感受和期待，从而不断完善和深化自我革命的方法和路径。同时，本研究也为评估反腐败工作的实际效果提供了新的维度，使得党能够从公众认知的角度更全面地审视治理成效，进而更有针对性地推进党的自我革命。

此外，这种基于公众感知的研究方法，还可以帮助党组织更好地了解反腐败工作在不同社会群体中的接受程度和影响力。通过分析不同背景、不同地域的群众对反腐败工作的感知差异，可以为党的自我革命提供更加精细化的指导，使得自我革命的举措更加贴近群众需求，更能回应社会关切。

总的来说，本研究不仅对于优化反腐败策略、提高反腐败效果具有重要的实践意义，而且为党的自我革命提供了新的评估机制和改进方向。通过这种深入的分析和研究，我们可以为持续推进廉政建设、实现党和国家长治久安提供有力的理论支撑和实践指导，同时也为党的自我革命注入新的活力和动力，推进全面从严治党向更高水平、更深层次发展。

第四节　全书内容结构与章节安排

本书的研究思路如图 1-4-1 所示。由于本书关注的核心问题是腐败惩处与公众清廉感知之间的关系，因此，本书第二章将主要围绕清廉感知和腐败惩处两个方面对既有研究进行综述回顾。具体而言，本书首先从腐败和清廉感知对经济发展和公众政治态度和行为角度回顾了既有研究对于为什么要关注清廉感知的问题。其次，本书也梳理了既有研究对公众清廉感知差异的解释。最后，本书也重点讨论了党的十八大以来高压反腐败行动的特点及其对政治经济方面的影响。

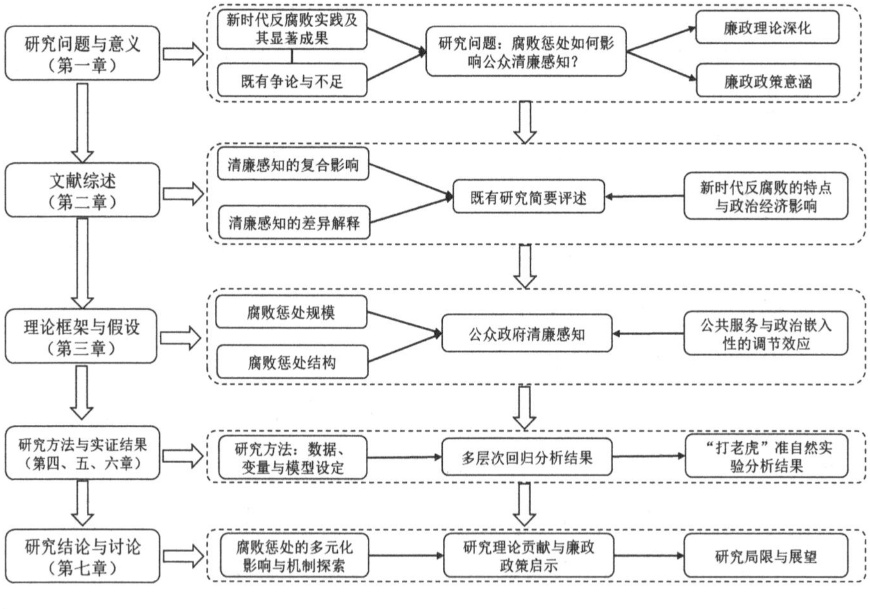

图 1-4-1　研究思路

第三章是本书的理论框架与研究假设部分。在这一章中，本书首先从公职人员的腐败行为决策角度讨论了加大反腐败力度对于减少公职人员的腐败行为和改善公众清廉感知的影响，并从高级官员与基层官员的腐败行为特征差异等角度讨论了“打老虎”和“拍苍蝇”对公众清廉感知可能产生的差异化影响。其次，本书也从差序政府信任的相关理论出发分析了腐败惩处的规模和结构可能对差序政府清廉感知可能产生的影响。最后，本书从震慑效应和绩效满意度两个角度提出了腐败惩处影响清廉感知的具体作用机制假设，并分析了公共服务绩效对腐败惩处的调节效应和腐败惩处对个体政治嵌入性的调节效应。

第四章是研究方法，主要介绍了本书使用的数据资料来源，对相关变量的操作化和简单描述性统计分析，还介绍了本书主要采用的统计分析模型设定。

第五章和第六章是本书的实证分析结构。其中，第五章为腐败惩处对公众清廉感知影响的多层次回归分析结果。在这一章中，本书报告了2017—2019年三期混合截面数据的多层次分析结果。第一节和第二节分别汇报了腐败惩处的规模和结构等变量对中央和县/市/区级以上三级地方政府和差序政府清廉感知的影响。第三节聚焦在腐败惩处对清廉感知的影响机制上，主要汇报的是腐败惩处的震慑效应和绩效满意度中介效应检验结果。第四节则报告了公共服务绩效对腐败惩处的调节效应和腐败惩处对政治嵌入性的调节效应分析结果。在各个小节中，本书除了汇报基准回归结果外，也同时报告了多种稳健性检验结果，以进一步增强实证分析结果的稳健性。第五节是本章小结，即对腐败惩处影响清廉感知的多层次回归分析结果进行小结。

为了更加严谨地评估“打老虎”对政府清廉感知可能产生的影响，在第六章中，本书以2016到2019年期间发生的多名省委书记或省长被查处的案例作为基础，采用倾向值匹配（Propensity Score Matching，简称PSM）和广义精确匹配（Coarsened-Exact-Matching，简称CEM）与双重差分（Difference-in-Differences，简称DID）结合的方法更加严谨地估计“打老虎”对政府清廉感知的影响及其滞后效应。在 2016 到 2019 年期间，共有 2016 年、2017 年和 2019 年三个年份出现了省委书记或省长被查处的情况。因此，第一节将对这些相关案例的基本情况进行简单介绍。第二节到第三节则主要以各个年份中几名省委书记或省长被查处的省份为准自然实验案例，采用 PSM-DID 和 CEM-DID 等方法系统评估其对政府清廉感知的当期效应和滞后效应。第四节则是对省委书记或省长落马与政府清廉感知之间关系的简单总结讨论。

第七章是全文的研究结论和讨论部分，主要介绍本书的主要发现、理论贡献和对现实的廉政政策建议，以及本书研究的局限和未来研究展望。

第二章　腐败与清廉感知：复合影响与差异解释

本书关注的核心问题是腐败惩处如何影响公众的清廉感知，因此，本章的文献综述主要围绕清廉感知和腐败惩处两个方面展开。第一节主要梳理的是腐败和清廉感知对经济发展和政治制度方面的复合影响，以回答为什么要关注清廉感知，即清廉感知的重要性问题。第二节则聚焦在本书的因变量清廉感知差异解释上，重点梳理的是个体层面的微观特征和宏观层面的制度环境是如何塑造公众的清廉感知的。第三节则将关注焦点放在党的十八大以来的我国高压反腐败行动的特点及其影响方面，以呈现相关研究对这次高压反腐败行动的本质、特征及其复杂政治经济影响的争论分析。最后一节是对既有相关研究的简要评述。

第一节　腐败和清廉感知的复合影响

本书关注的清廉感知，是指不同的社会群体对所在国家或地区政府部门或公共组织的腐败感知评价。虽然这种主观评价结果与客观真实的腐败水平之间可能存在较大差异，① 但当其通过特定的计算方式汇聚到宏观层面形成清廉感知指数（如透明国际的 CPI）时，它也是进行跨国腐败程度比较分析的重要数据基础。② 而且，诚如社会心理学家科特·勒温所言："人们对感知做出回应，而非现实本身。"③ 作为公众主观体验和民意态度表达的清廉感知，对政治经济制度和公众的政治行为和态度的影响更大。④ 因此，在既有研究文献中，也有诸多学者将清廉感知指数作为腐败程度测量的代理变量⑤，来讨论腐败对经济发展的扭曲影响⑥。而在微观层面，也有大量的学者对公众的清廉感知如何影响腐败行为、政治信任或支持态度进行了广泛的讨论分析。基于此，本节主要围绕清廉感知对经济发展的扭曲和对公众政治态度和行为的影响对相关文献进行梳理。

---

① Abramo, C. W. (2008). How Much Do Perceptions of Corruption Really Tell Us? *Economics-The Open-Access, Open-Assessment E-Journal*, 2 (3): 1-56; Andersson, S. & Heywood, P. M. (2009). The Politics of Perception: Use and Abuse of Transparency International's Approach to Measuring Corruption. *Political Studies*, 57 (4): 746-767; Heywood, P. M. & Rose, J. (2014). "Close But No Cigar": The Measurement Of Corruption. *Journal of Public Policy*, 34 (3): 507-529; Olken, B. A. (2009). Corruption Perceptions Vs. Corruption Reality. *Journal of Public Economics*, 93 (7): 950-964.

② Dimant, E, & Tosato, G. (2018). Causes and Effects of Corruption: What Has Past Decads's Empirical Research Taught us? A Survery. *Journal of Economic Surveys*, 32 (2): 335-356; Treisman, D. (2007). What Have We Learned About the Causes of Corruption from Ten Years of Cross-National Empirical Research? *Annual Review of Political Science*, 10: 211-244.

③ Lewin K. (1997). Resolving Social Conplicts and Field Theory in Social Science. New York: Horper & Brothers. XI.

④ Anderson, C. J. & Tverdova, Y. V. (2003). Corruption, Political Allegiances, and Attitudes Toward Government in Contemporary Democracies. *American Journal of Political Science*, 47 (1): 91-109; Donchev, D. & Ujhelyi, G. (2014). What Do Corruption Indices Measure? *Economics & Politics*, 26 (2): 309-331; Kim, S. (2010). Public Trust in Government in Japan and South Korea: Does the Rise of Critical Citizens Matter? *Public Administration Review*, 70 (5): 801-810; Morris, S. D. & Klesner, J. L. (2010). Corruption and Trust: Theoretical Considerations and Evidence from Mexico. *Comparative Political Studies*, 43 (10): 1258-1285; 公婷 (2016). 专栏导语：公众感知、问卷调查与腐败研究. 公共行政评论，3：1-3.

⑤ 主要是透明国际发布的清廉印象指数（CPI）和世界银行发布的腐败控制指数（CCI）。

⑥ 聂辉华 (2014). 腐败对效率的影响：一个文献综述. 金融评论，1：13-23.

一、对经济发展的扭曲影响

关于清廉感知对经济发展的扭曲影响主要集中在宏观层次的分析上，即将汇总计算的清廉感知指数作为腐败程度测量的代理变量考察腐败对经济的影响。由于腐败本身即权力扭曲的一种表现形式，加上经济发展问题的重要性，相关研究文献重点讨论的内容是腐败或清廉感知对宏观经济增长和微观企业生产方面的影响。

（一）宏观经济增长

在有关腐败与经济增长的关系讨论中，尽管“有效腐败理论”[①] 曾具有一席之地，然而更多的研究结果表明腐败对经济的影响更多表现为“掠夺之手”而非“帮助之手”。[②] 早期的一些理论分析表明，腐败主要通过以下三种机制对经济增长和资源配置形成扭曲和阻碍效应。首先，和税收一样，腐败也会对投资造成严重的扭曲，而且由于腐败行为的非法性和保密性，其对投资的扭曲效应比税收更大。[③] 其次，相比于对企业组织和个体日常生活的负面影响，腐败对企业创新活动的破坏性更大。因为在腐败的环境下，企业创新者很难组织游说活动。[④] 最后，腐败或寻租行为的报酬递增特征也会对人才资源配置造成强烈的扭曲，因为优秀的人才都被诱导去从事寻租

---

① 该理论的基本观点是腐败对于经济发展具有正向效应，能够充当经济发展的“润滑剂”，相关研究参见 Leff, N. H. (1964). Economic Development Through Bureaucratic Corruption. *American Behavioral Scientist*, 8 (3): 8-14; Lui, F. T. (1985). An Equilibrium Queuing Model of Bribery. *Journal of Political Economy*, 93 (4): 760-781; Egger, P. & Winner, H. (2005). Evidence on Corruption as an Incentive for Foreign Direct Investment. *European Journal of Political Economy*, 21 (4): 932-952.

② 聂辉华 (2014). 腐败对效率的影响：一个文献综述. 金融评论, 1: 13-23.

③ Shleifer, A. & Vishny, R. W. (1993). Corruption. *The Quarterly Journal of Economics*, 108 (3): 599-617.

④ Murphy, K. M., Shleifer, A. & Vishny, R. W. (1993). Why Is Rent-Seeking So Costly to Growth? *American Economic Review*, 83 (2): 409-414.

活动，而不是开办企业或进行技术创新。[①]

在经验层面，大量的实证研究文献也为腐败对经济发展的负面效应提供了充分的佐证。[②] 利用67个国家的清廉感知和经济投资相关数据，Mauro较早地检验了清廉感知对各类经济投资的影响。[③] 在采用民族语言分类作为工具变量克服了内生性问题情况下，其实证分析结果发现，腐败显著降低了各类投资，进而对经济增长产生负向影响。后续的研究还发现，这种负面冲击对于一些经济发展水平本身就比较低的国家而言影响更大。通过GDP与资本存量的比率来衡量生产率，有研究发现，如果坦桑尼亚的腐败程度降低到英国的水平，生产力将提高10%，GDP将增加20%。[④] 利用61个国家20年的面板数据，有学者指出，腐败对经济增长的影响最大的是非洲国家，而对经合组织和亚洲国家的影响最小。[⑤] 在经济合作与发展组织（OECD）和亚洲国家，腐败减少10%将使收入增长率提高1.7%，拉丁美洲国家将提高2.6%，非洲国家为2.8%。近期的研究也发现，严重的腐败问题是抑制非洲地区制造业发展的重要因素之一，打击腐败及提高政府效率是非洲制造业发展的关键。[⑥] 腐败问题也是导致我国资本

---

① Murphy, K. M., Shleifer, A. & Vishny, R. W. (1993). Why Is Rent-Seeking So Costly to Growth? *American Economic Review*, 83 (2): 409-414.

② Aidt, T. S. (2009). Corruption, Institutions, and Economic Development. *Cambridge Working Papers in Economics*, 25 (2): 271-291; Bentzen, J. S. (2012). How Bad Is Corruption? Cross-country Evidence of the Impact of Corruption on Economic Prosperity. *Review of Development Economics*, 16 (1): 167-184.

③ Mauro, P. (1998). Corruption and the Composition of Government Expenditure. *Journal of Public Economics*, 69 (2): 263-279.

④ Lambsdorff, J. G. (2003). How Corruption Affects Productivity. *KYKLOS*, 56 (4): 457-474.

⑤ Gyimah-Brempong, K. & Gyimah-Brempong, S. M. D. (2006). Corruption, Growth, and Income Distribution: Are There Regional Differences? *Economics of Governance*, 7 (3): 245-269.

⑥ Mijiyawa, A. G. (2017). Drivers of Structural Transformation: The Case of the Manufacturing Sector in Africa. *World Development*, 99: 141-159.

外逃加速的重要原因之一。[①]

近期的研究中，还有研究者考察了腐败、影子经济和公共债务之间的关系。利用 1996—2012 年间对 126 个国家的相关数据，采用多种系统广义矩法（GMM）和工具变量等计量方法，作者发现，腐败的增加和更大的影子经济导致政府公共债务显著增加。与此同时，影子经济还放大了腐败对公共债务的影响，更高的政府支出增强了腐败对政府债务的负面影响。[②] 其他研究者还利用世界银行的企业调查数据从国家和地区层面考察了腐败与基础设施之间的关系。利用距离赤道的距离作为工具变量的分析发现，腐败越严重的国家往往基础设施越差。[③]

（二）微观企业生产

来自企业层面的微观调查研究也为腐败对经济发展的扭曲效应提供了进一步的证据。尽管有研究表明，在恶劣的商业环境下，腐败可能会增加创业精神，例如它能为企业进入高度监管的经济体提供了便利。[④] 然而，近期的一项更大范围和更长时段的跨国数据实证分析表明，腐败并不能弥补糟糕的商业环境，而是会严重损害企业家精神。虽然当商业环境恶劣时，腐败对企业家精神的影响较小，但影响仍是负面的。因此，腐败从来不会改善企业家精神，尽管当商业环境一开始就不利于增长时，它造成的伤害可能会小一些。[⑤] 利用世界银行开展的企业调查数据，有研究者从企业契约实施的角度考察了地

---

① Gunter，F. R.（2017）. Corruption，Costs，and Family：Chinese Capital Flight，1984-2014. *China Economic Review*，43：105-117.

② Cooray，A.，Dzhumashev，R. & Schneider，F.（2017）. How Does Corruption Affect Public Debt? An Empirical Analysis. *World Development*，90：115-127.

③ Gillanders，R.（2014）. Corruption and Infrastructure at the Country and Regional Level. *Journal of Development Studies*，50（6）：803-819.

④ Dreher，A. & Gassebner，M.（2013）. Greasing the Wheels? The Impact of Regulations and Corruption on Firm Entry. *Public Choice*，155（3-4）：413-432.

⑤ Dutta，N. & Sobel，R.（2016）. Does Corruption Ever Help Entrepreneurship? *Small Business Economics*，47（1）：179-199.

区腐败对企业生产的影响。作者首先构造了地区企业主的腐败感受指数，然后通过企业在面临商业和劳资两类纠纷时采取的解决方式来衡量企业的内外契约实施水平。实证结果发现：地区的腐败程度越高（采用企业主的腐败感受指数测量），企业越倾向于采用非正式制度的方式来解决各类商业和劳资纠纷。因为在越腐败的地区，企业主对法院的判决越不信任。① 这说明腐败严重增加了企业生产过程中不必要的交易成本。对转型中国家越南的私营企业和国有企业的分析也发现，腐败可能会损害经济增长，因为它虽然有利于国有企业的发展，但会严重阻碍私营企业的发展，对经济的长期发展不利。②

（三）关于中国腐败与经济之间复杂关系的讨论

在过去的30多年时间里，我国见证了长期的高经济增长和高腐败问题共存的悖论奇迹。③ 这是否意味着腐败对我国经济的发展没有危害呢？答案当然是否定的，基于我国经验数据的分析证明，在总体上，腐败对我国的经济发展也具有显著的负向影响。

大量研究者利用我国的数据对腐败和经济之间的关系进行了考察，研究表明，在我国，腐败对经济增长也具有很强的破坏性。有研究者从“资源诅咒”理论出发，利用我国1991—2006年的省级面板数据对西部地区的能源开发与经济增长之间的关系及作用机制进行了实证分析。回归分析结果发现，西部地区的能源开发对地区经济增长产生了显著的负向影响，存在典型的“资源诅咒”效应。这其中除了能源开发对地区的科技创新和人力资本投入具有挤出效应，另一个重要原因就是能源开发过程中滋生了大量的寻租腐败，弱化了

① 方明月、聂辉华（2015）. 腐败对企业契约实施的影响：来自中国企业的证据. 经济社会体制比较，4：119-129.

② Thuy, T. N. & van Dijk, M. A. (2012). Corruption, Growth, and Governance: Private Vs. State-Owned Firms in Vietnam. *Journal of Banking & Finance*, 36 (11): 2935-2948.

③ 魏德安（2014）. 双重悖论：腐败如何影响中国的经济增长. 蒋宗强译. 北京：中信出版社.

政治制度，进而抑制了地区经济的增长。①

随后，有研究者利用我国 30 个省份在 1998—2008 年间的数据，同时采用多种静态和动态面板数据模型，深入考察腐败影响经济增长的内在作用机制。研究发现，腐败会导致政府公共支出效率降低，进而对经济增长产生显著的负向影响。② 腐败会严重损害各地的经济增长率。③ 近期的研究指出，地区腐败对区域创新效率具有双重影响，既存在创新冗余效应，又存在一定的风险规避效应；地区腐败影响区域创新效率的途径来自多个方面，主要表现为降低市场参与创新活动的积极性。④ 还有研究者利用我国省级相关数据和企业调查数据，实证检验了地区腐败程度和公共投资对基础设施质量提升的影响。实证分析结果发现，在宏观层面，较高的地区腐败程度显著抑制了基础设施质量的提升，“而公共投资对基础设施质量的影响则存在显著的廉洁度门槛效应，高廉洁度时公共投资的影响不显著，而低廉洁度时公共投资显著阻碍基础设施质量的提升”⑤。企业微观层面的结果也和上述结果比较一致，廉洁度越低，企业越可能采取“以次充优”手段，导致基础设施质量越低。这说明严重的腐败问题也是导致我国交通基础设施质量提升缓慢的重要原因。有学者认为，我国能够在 1978—2008 年间长期维持高速增长，主要得益于改革开放过程中体制成本的降低，从而在全球化中发挥出比较优势。然而，在增长过程中，我国的税费和其他法定缴纳、寻租以及贪腐和奢靡开销也

① 邵帅、齐中英（2009）. 资源输出空地区的技术与经济增长——对“资源诅咒”现象的解释. 管理科学学报，12（6）：23-33.

② 刘勇政、冯海波（2011）. 腐败、公共支出效率与长期经济增长. 经济研究，9：17-28.

③ 杨其静、蔡正喆（2016）. 腐败、反腐败与经济增长——基于中国省级纪检监察机关信访执纪数据的再评估. 经济社会体制比较，5：84-100.

④ 陈俊、代明（2018）. 地区腐败、风险规避与创新冗余——兼对腐败“抑制论”和“促进论”的检验. 经济社会体制比较，2：69-80.

⑤ 黄寿峰（2016）. 廉洁度、公共投资与基础设施质量：宏观表现与微观证据. 经济研究，5：57-71.

出现过快提升，导致中国在应对全球竞争格局新变化时承受了新的压力。①

不过，也有研究基于我国1989—2006年的省级面板数据的实证分析指出，腐败程度与经济增长之间并不是简单的线性关系，而是呈现倒U型关系。而且，在市场化程度较高的东部地区，腐败对经济增长的正向影响显著更弱。② 对于我国在过去30多年间长期存在的经济高速增长和高腐败共存现象，在近期的研究中，有研究者通过构建一个中央—地方—企业的三层代理博弈模型进行了解释。研究者认为，由于在早期经济发展的过程中，不合规技术的负外部性比较小，官员激励更加重要，因此会出现一个“高腐败、高增长、多事故和弱问责”的腐败均衡。而在经济发展起来之后，由于不合规技术的负外部性较大，政府会加强对企业的管制并严厉打击腐败，由此出现了一个“无腐败、低增长、无事故和强问责”的无腐败均衡。③

二、对公众政治态度和行为的影响

清廉感知对个体政治态度和行为方面的影响主要表现为低水平的清廉感知会加剧腐败行为的恶性循环，降低个体参与公共事务的积极性和生活满意度，并严重削弱公众对政府的信任和支持，乃至成为公众参与抗议政府行动的导火索或重要推动因素。

首先，当社会公众认为身边的腐败非常严重（政府清廉水平很低）时，他们对腐败行为的容忍度也更高，④ 其从事贿赂行为的意愿

① 周其仁（2017）. 体制成本与中国经济. 经济学（季刊），3：859-876.

② 吴一平、芮萌（2010）. 地区腐败、市场化与中国经济增长. 管理世界，11：10-17.

③ 尹振东、聂辉华（2020）. 腐败、官员治理与经济发展. 经济学（季刊），2：411-432.

④ 公婷、王世茹（2012）. 腐败“零容忍”的政治文化——以香港为例. 复旦公共行政评论，2：169-186.

和行动概率都会更高，[①] 站出来举报腐败行为的意愿和实际行动概率也会更低[②]。基于南非小规模渔业资源用户活跃情况的实验研究发现，在一个监察人员腐败现象比较普遍的环境中，资源使用者参与贪腐活动的意愿显著更高。[③] 这些更多的腐败行为和更低的反腐败举报意愿和行动则会进一步加剧所在地区腐败情况的恶化，从而开启一个腐败无限蔓延的恶性循环。对乌克兰应届毕业生的求职经历的研究发现，计划经济崩溃后，后苏联时代工作场所存在一个不透明的劳动力市场，这导致很多工作都必须使用关系或通过支付贿赂才能获得。而且，毕业生一旦获得长期就业，情况也不会改善。而工作场所的腐败也导致那些能够容忍这种情况的人转向非正规经济寻租就业机会。[④] 更可怕的是，当腐败恶化、蔓延到一定程度，成为一种隐性的制度文化之后，任何试图打破这一循环的尝试都将可能宣告失败。[⑤]

其次，大量的实证研究表明，公众的清廉感知与其政治信任和支持之间存在着显著的关联。[⑥] 在较早的研究中，有学者通过对全球 16 个成熟和新建立的国家的调查，深入考察了腐败感知对人们对政府态度的影响。结果发现，在腐败程度较高的国家，公众对政治制度的

---

① Cabelkova, I. & Hanousek, J. (2004). The Power of Negative Thinking: Corruption, Perception and Willingness to Bribe in Ukraine. *Applied Economics*, 36 (4): 383-397; Ni, X. & Su, X. (2019). Institutional Anticorruption in China: Effectiveness on Bribery Incidence. *Public Administration Review*, 79 (4): 538-551; 孙宗锋、高洪成（2015）. 公众行贿意愿研究——来自 G 省的调查数据. 东北大学学报（社会科学版），4: 390-397; 肖汉宇、公婷、劳婕（2020）. 行贿意愿差异与大湾区廉政合作治理：基于 A 市与香港的比较研究. 公共行政评论，2: 125-141.

② Su, X. & Ni, X. (2018). Citizens on Patrol: Understanding Public Whistleblowing Against Government Corruption. *Journal of Public Administration Research and Theory*, 28 (3): 406-422.

③ Sundstrom, A. (2016). Corruption and Violations of Conservation Rules: A Survey Experiment with Resource Users. *World Development*, 85: 73-83.

④ Round, J., Williams, C. C. & Rodgers, P. (2008). Corruption in the Post-Soviet Workplace: The Experiences of Recent Graduates in Contemporary Ukraine. *Work Employment and Society*, 22 (1): 149-166.

⑤ Sharafutdinova, G. (2010). What Explains Corruption Perceptions? The Dark Side of Political Competition in Russia's Regions. *Comparative Politics*, 42 (2): 147-166.

⑥ Catterberg, G. & Moreno, A. (2006). The Individual Bases of Political Trust: Trends in New and Established Democracies. *Internationa Journal of Public Opinion Research*, 18 (1): 31-48.

表现评价更为负面，同时对公职人员的信任程度也更低。① 随后，有学者利用东亚地区国家的调查数据对东亚文化背景下的公众清廉感知和政治信任之间的关系进行了检验分析。② 研究发现，在东亚国家中，政治腐败对公众的政府信任造成了强烈的侵蚀，公众对政府的清廉感知越低，其对政府的信任水平也越低。这说明东亚地区国家特殊的政治文化和选举政治背景性因素并未减少清廉感知与政府信任之间的显著负向关系。而且，这种信任侵蚀效应在该研究考察的所有国家中一致存在，即使考虑了腐败和信任之间的内生关系，也仍然很稳健。在近期的研究中，有研究者利用亚洲风向标调查（ABS）发布的第四波调查数据分析了我国公众的公共服务满意度、腐败感知政府信任之间的关系。③ 研究结果发现，较高的腐败感知和较低的反腐败绩效满意度都会显著降低公众对政府的信任水平。同时，公共服务满意度虽然能够显著减小较低反腐败绩效满意度对政府信任的负面影响，却无法削弱较高腐败感知对政府信任造成的侵蚀。

一项来自澳大利亚的调查研究也表明，严重的腐败感知会显著降低公众对政府的支持。④ 在该调查中，有四分之三的人相信政客中存在某种腐败，而且几乎近一半人相信腐败在澳大利亚与日俱增。而且，和直接腐败的腐败经历相比，腐败感知对形成政治体制的信赖要重要得多。利用美洲晴雨表（AmericasBarameter）的调查中的墨西哥的数据，有学者发现，在个体层面，公众的腐败感知对政治信任产生

---

① Anderson, C. J. & Tverdova, Y. V. (2003). Corruption, Political Allegiances, and Attitudes Toward Government in Contemporary Democracies. *American Journal of Political Science*, 47 (1): 91-109.

② Chang, E. C. C. & Chu, Y. (2006). Corruption and Trust: Exceptionalism in Asian Democracies? *The Journal of Politics*, 68 (2): 259-271.

③ 吴进进（2017）. 腐败认知、公共服务满意度与政府信任. 浙江社会科学，1：43-51.

④ McAllister, I. (2014). Corruption and Confidence in Australian Political Institutions. *Australian Journal of Political Science*, 49 (2): 174-185.

了显著的腐蚀性影响。① 还有研究者调查了西班牙民众对主要政府部门中的公共腐败的看法及其社会、政治后果。他们的研究结果表明，当公民意识到行政和政治系统腐败时，他们对政府的满意度会相对较低，对社会和制度的信任水平也显著降低，并且有更大的打破规则的意愿。②

利用世界银行治理指标和世界价值观调查 52 个国家的数据，学者考察了腐败控制与制度信任之间的关系。结果发现，公众对政府腐败的感知越严重，其对制度的信任度就越低。③ 还有学者指出，当政府官员腐败时，公民实际上被剥夺了权力或被排除在政府机构之外，因为政府官员背离了公民的价值观和期望。因此，腐败破坏了民主，因为它导致低效和无效的政府，并产生一种弥漫着差别待遇的专制气氛。④ 对我国政治信任的研究也表明，公众对于腐败的感知一直是“拉低”政治信任度的重要原因所在。新时代之前的十年里，国内腐败所滋生的政治不信任“冲刷”掉了相当一部分由经济绩效所“搭建”的政治信任基础。⑤

除了直接考察公众的清廉感知和政治信任之间的关系之外，也有一些研究者深入考察了腐败丑闻事件对公众政治信任和支持方面的影响。有学者利用来自美国和英国的数据发现，涉及立法者的丑闻会对选民对制度和政治进程的态度产生负面影响。⑥ 利用 1999—2009

---

① Morris, S. D. & Klesner, J. L. (2010). Corruption and Trust: Theoretical Considerations and Evidence from Mexico. *Comparative Political Studies*, 43 (10): 1258-1285.

② Villoria, M., Ryzin, G. G. V. & Lavena, C. F. (2013). Social and Political Consequences of Administrative Corruption: A Study of Public Perceptions in Spain. *Public Administration Review*, 73 (1): 85-94.

③ Bauhr, M. & Grimes, M. (2014). Indignation or Resignation: The Implications of Transparency for Societal Accountability. *Governance*, 27 (2): 291-320.

④ Warren, M. E. (2004). What Does Corruption Mean in a Democracy? *American Journal of Political Science*, 48 (2): 328-343.

⑤ 游宇、王正绪 (2014). 互动与修正的政治信任——关于当代中国政治信任来源的中观理论. 经济社会体制比较, 2: 178-193.

⑥ Bowler, S. & Karp, J. A. (2004). Politicians, Scandals, and Trust in Government. *Political Behavior*, 26 (3): 271-287.

年西班牙发生的地方腐败丑闻信息和2009年进行的一项调查中获得的公众对地方政客的信任度数据，有学者发现，腐败丑闻对公众的地方政客信任度和对腐败感知都有显著影响。同时，尽管这些感知会逐渐恢复到丑闻发生前的水平，但其对信任的影响更为持久。[①]

此外，还有研究者发现，公众的腐败感知也会影响其对政府支出和国家权力边界的态度与选择。利用2006年亚洲风向标调查（ABS）的数据，研究者分析了中国公众的腐败认知如何影响他们对政府经济型支出与再分配型支出的态度与偏好，进而探求腐败与国家权力边界的关系。结果发现，公众的腐败感知显著降低了他们对腐败空间相对较大的经济型支出的支持与偏好，但对受腐败影响较低的再分配型支出领域则没有显著影响。[②] 还有研究者的分析表明，遭遇腐败的经历会严重侵蚀人们对政治体系的信念，降低人与人之间的信任。[③] 这种高水平的腐败暴露率会引发公众的直接抗议行为，[④] 甚至成为一些重大社会冲突的导火索。

最后，较低的清廉感知除了会严重侵蚀公众的政府信任和支持，还会削弱公众参与公共事务的积极性，加剧社会不平等，降低公众的幸福感。从民主理论的角度来看，腐败并不仅仅违背了公众赋予政府官员的信义义务，它还对整个民主进程的合法性产生了有害的影响。如果公民认为他们的政府腐败、不诚实，他们就会对政治生活变得愤

① Sole-Olle, A. & Sorribas-Navarro, P. (2018). Trust No More? On the Lasting Effects of Corruption Scandals. *European Journal of Political Economy*, 55: 185-203.

② 张光、吴进进（2014）. 腐败与国家权力的边界：理论探讨与中国的证据. 经济社会体制比较，4：155-169.

③ Seligson, M. A. (2002). The Impact of Corruption on Regime Legitimacy: A Comparative Study of Four Latin American Countries. *The Journal of Politics*, 64 (2): 408-433.

④ Gingerich, D. W. (2009). Corruption and Political Decay: Evidence from Bolivia. *Quarterly Journal of Political Science*, 4 (1): 1-34.

世嫉俗，进而也不太愿意参与民主治理。① 有学者对非洲地区 61 个国家 20 年的面板数据深入考察发现，腐败（以透明国际的 CPI 测量）会严重加剧社会分配不公，特别是在拉丁美洲地区。在亚洲、非洲和拉丁美洲国家，国家的清廉程度每提升一个标准差，收入分配的基尼系数（0-1 量表）分别减少 0.14 分、0.25 分和 0.33 分。② 近期的研究也表明，腐败对社会再分配具有显著的负面影响。③

严重的腐败问题也会显著降低公众的幸福感。有学者通过对来自 68 个国家的跨国数据和来自 16 个欧洲国家的调查数据分析发现，当他们的政府表现良好（即廉洁而不是腐败）和他们选择的政党执政时，人们报告的主观幸福感更高。④ 基于中国综合社会调查（Chinese General Social Survey，简称 CGSS）2006 年的调查数据，有研究者发现，地区腐败显著降低了我国居民的幸福感，而且它远远超过经济增长对居民幸福感带来的提升效应，需要更高的经济发展表现才能弥补腐败带来的负面影响。⑤ 近期有学者利用来自美国和全球调查数据对腐败对居民幸福感的影响机制进行了分析，研究发现，腐败会通过破坏公众对制度的信心间接影响其生活满意度。⑥

---

① Neshkova, M. I. & Kalesnikaite, V. (2019). Corruption and Citizen Participation in Local Government: Evidence from Latin America. *Governance*. 32 (4): 677 - 693; Svolik, M. W. (2013). Learning to Love Democracy: Electoral Accountability and the Success of Democracy. *American Journal of Political Science*, 57 (3): 685-702; Warren, M. E. (2004). What Does Corruption Mean in a Democracy? *American Journal of Political Science*, 48 (2): 328-343.

② Gyimah-Brempong, K. & Gyimah-Brempong, S. M. D. (2006). Corruption, Growth, and Income Distribution: Are There Regional Differences? *Economics of Governance*, 7 (3): 245-269.

③ Sánchez, A. & Goda, T. (2017). Corruption and the "Paradox of Redistribution". *Social Indicators Research*, 140 (1): 1-19.

④ Tavits, M. (2008). Representation, Corruption, and Subjective Well-Being. *Comparative Political Studies*, 41 (12): 1607-1630.

⑤ 陈刚、李树（2013）. 管制、腐败与幸福——来自 CGSS（2006）的经验证据. 世界经济文汇，4：37-58.

⑥ Ciziceno, M. & Travaglino, G. A. (2018). Perceived Corruption and Individuals' Life Satisfaction: The Mediating Role of Institutional Trust. *Social Indicators Research*, 141 (1): 1-17.

第二节　清廉感知差异解释：微观特征与制度环境塑造

作为腐败程度测量和公众民意表达的清廉感知对经济发展和公众的政治行为和态度都有着重要的影响，那么公众清廉感知是如何形成的？换言之，影响公众清廉感知差异的主要因素是什么？围绕这一问题，既有研究从个体的微观特征和宏观制度环境两个方面进行了非常丰富的讨论分析。

一、个体微观特征与公众清廉感知差异

在个体微观特征方面，既有研究主要从个体的清廉感知信息来源、工具理性或价值理性判断和政治嵌入性等角度来解释公众清廉感知的差异性。

（一）清廉感知信息来源

公众的清廉感知在本质上是人们根据自己所获得的多源信息进行评价之后所形成的主观性认知或态度。① 因此，清廉感知的信息来源对于公众的清廉感知形成具有重要的影响。总体而言，这些信息渠道可以分为间接的媒介信息和直接的腐败经历两类。

1. 媒介信息

由于腐败行为具有很强的隐秘性，普通民众在日常生活中很难直接接触到权钱交易等隐秘的腐败交易或贪污内幕。因此，在缺乏充分的信息背景下，公众其实很难对政府的清廉水平做出精准的评估。相关研究也表明，公众对政府的清廉感知与实际的腐败水平之间存

① 李辉（2019）. 国外腐败问题研究：历史、现状和方法. 北京：中国方正出版社，第100页.

在着比较显著的差异。[①] 一些国家的选民之所以会选择支持腐败的政客，往往也是由于缺乏足够多的信息。[②] 因此，大部分公众对政府清廉水平的评价信息都主要来源于媒体或互联网上报道的相关腐败新闻资讯和广泛流传的社会小道消息。在媒体自由化程度不断提高和官方为彰显其反腐败的决心和努力的背景下，越来越多的腐败案件被曝光出来，为普通民众感知政府的清廉水平提供了丰富的信息基础。因此，不同媒介信息来源对公众清廉感知的影响是学者们关注的一项重要内容。

首先是大众媒体的新闻报道。相关研究指出，在一些清廉程度较高的国家或地区，[③] 大众媒体报道的腐败丑闻对公众的清廉感知具有较强的负面冲击，会显著降低公众对政府的清廉感知。[④] 然而，基于我国公众的调查数据发现，官方新闻媒体报道对公众的清廉感知具有显著的正向效应。朱江南等利用亚洲风向标调查（ABS）第一波的数据和我国各省级单位官方媒体报道的腐败案件数据，较早地实证考察了官方媒体报道对公众清廉感知的影响。[⑤] 研究发现，官方新闻报道不仅显著提升了公众对政府的清廉感知，而且能够稀释社会小道消息对清廉感知的负向影响。后续基于广东省和全国范围的廉情评估调查数据的实证分析结果也表明，在党的十八大以来的反腐败

---

① Arnold, J. R. (2012). Political Awareness, Corruption Perceptions and Democratic Accountability in Latin America. *Acta Politica*, 47 (1): 67-90; Olken, B. A. (2009). Corruption Perceptions Vs. Corruption Reality. *Journal of Public Economics*, 93 (7): 950-964.

② Winters, M. S. & Weitz-Shapiro, R. (2013). Lacking Information or Condoning Corruption: When Do Voters Support Corrupt Politicians? *Comparative Politics*, 45 (4): 418-436.

③ 指在透明国际发布的 CPI 得分中排名很靠前的国家，如新西兰、瑞典等。

④ Linde, J. & Erlingsson, G. Ó. (2013). The Eroding Effect of Corruption on System Support in Sweden. *Governance*, 26 (4): 585-603; Zirker, D. & Barrett, P. (2017). Corruption vs. Corruption Scandals in New Zealand: Bridging A Wide Gulf? *Political Science*, 69 (1): 35-48.

⑤ Zhu, J., Lu, J. & Shi, T. (2013). When Grapevine News Meets Mass Media: Different Information Sources and Perceptions of Government Corruption in Mainland China. *Comparative Political Studies*, 46 (8): 920-946.

行动中，官方新闻报道与公众的清廉感知之间呈显著的正相关。①

同时，在差序政府清廉感知方面，当公众的清廉感知信息来源于官方新闻报道时，公众会越倾向于认为中央政府更清廉。② 这可能是因为长期以来我国的腐败程度一直比较高，政府对于腐败案件的宣传报道往往也侧重于突出其腐败惩治的决心和努力。因此，官方新闻报道能够增强公众对政府反腐败绩效的感知。有研究者就发现，不同的媒体报道信息内容会显著影响公众对政府反腐败和效能的满意度，整体的反腐败成就和重大案件曝光会显著提高公众对政府的反腐败的满意度。③ 当然，这可能也受到了公众在新闻观看中的政治偏好的影响。

其次，对于普通民众而言，虽然其直接接触腐败的机会往往相对较少，但是他们可以通过自身广泛的非正式社会关系网络来获知一些腐败交易或贪污的内幕信息。这些信息无论真假，均会对公众的清廉感知塑造产生着显著的影响。朱江南等的研究表明，相比于官方新闻媒体的消息来源，社会小道消息对公众的清廉感知具有显著的负向影响。④ 近期的其他调查数据结果也表明，社会小道消息与公众的清廉感知之间存在显著的负向关系。⑤

最后，互联网上的信息对公众的清廉感知也具有显著的影响。不

① 倪星、孙宗锋（2015）. 政府反腐败力度与公众清廉感知：差异及解释——基于 G 省的实证分析. 政治学研究，1：71-85；倪星、张军（2018）. 廉洁拐点的地方经验与政策意涵——基于 G 省廉情评估调查数据的分析. 政治学研究，5：39-53.

② 倪星、李珠（2016）. 政府清廉感知：差序格局及其解释——基于 2015 年度全国廉情调查的数据分析. 公共行政评论，3：4-20.

③ Zhu, M. & Li, A. (2017). Media Guiding Effects on Public Perceptions of The Chinese Government Anticorruption: Evidence from A Survey Experiment. *Procedia Computer Science*, 122: 447-454.

④ Zhu, J., Lu, J. & Shi, T. (2013). When Grapevine News Meets Mass Media: Different Information Sources and Perceptions of Government Corruption in Mainland China. *Comparative Political Studies*, 46 (8): 920-946.

⑤ 倪星、孙宗锋（2015）. 政府反腐败力度与公众清廉感知：差异及解释——基于 G 省的实证分析. 政治学研究，1：71-85；倪星、张军（2018）. 廉洁拐点的地方经验与政策意涵——基于 G 省廉情评估调查数据的分析. 政治学研究，5：39-53.

过，正如互联网本身具有复杂性一样，互联网信息渠道对公众的清廉感知的影响也比较复杂。孙宗锋的研究发现，互联网对公众清廉感知的差异存在异质性，互联网的使用会显著降低公众对中央政府的清廉感知水平，但能显著提高公众对省级和地级市政府的清廉感知水平。① 最近有研究者基于 CGSS 2015 年的调查数据分析，公众的互联网使用情况与其政府清廉感知之间具有显著的相关性。② 那些互联网使用频率较高、时间较长，媒体信息化水平较高，空闲时间上网频率越高、娱乐性目的越强的公众对政府的清廉感知水平相对更低。相反，传统媒介的使用会显著提升公众对政府的清廉感知水平，传统媒介使用频率越高，公众的清廉感知水平越高。

2. 腐败经历

如前所述，在清廉程度比较高的国家和地区，腐败交易往往属于精英的游戏，普通民众直接接触腐败的机会少之又少，其对腐败的认知信息主要来源于大众媒体报道的腐败丑闻或自身通过社会关系网络等渠道获得的小道消息。这些研究的一个共同点是认为公众的清廉感知主要受到各类间接信息媒介的影响。然而，关于腐败问题的人类学观察提出了腐败日常实践的各种形式。③

例如，在印度，办事过程中向公职人员行贿已经成为社会民众所共享的一种地方性常识。在那里，腐败行为是如此地公开，以至于行贿所需花费的金额都是众所周知且相对固定的。④ 在 20 世纪 70 年代之前的中国香港地区，由于警察系统存在的高度制度化的腐败，香港地区的民众不仅从事卖淫赌博和贩毒等非法暴利行业需要向警察

① 孙宗锋（2017）. 中国政府清廉感知双重差异及解释：一个混合研究. 中山大学博士论文.

② 邓崧、刘开孝（2020）. 互联网使用对政府清廉感知的影响研究——基于 CGSS 数据的实证分析. 电子政务，9：107-120.

③ 李辉（2019）. 国外腐败问题研究：历史、现状和方法. 北京：中国方正出版社，第 107 页.

④ Gupta, A.（1995）. Blurred Boundaries：The Discourseof Corruption, the Culture of Politics, and the Imagined State. *American Ethnologist*, 22（2）：375-402.

“进贡”，而且在街边卖水果和开小巴等合法行业也要跟警察分享利润作为保护费，以至于香港当时流行一句话：“腐败是一辆高速行驶的公共汽车，你最好上车，如果不上车也要跟着车跑，而不是站在车前面阻挡它。”[①] 因此，在一个腐败高发并且逐渐向老百姓日常生活领域渗透的情境下，我们不应该忽视公众对腐败的直接认知。事实上，许多研究都发现，政治态度在很大程度上受到个人经历的影响。个人的直接社会经验，包括犯罪、失业、婚姻经历，甚至读公立还是私立学校的经历等都会对其政治认同和政治意识形态产生重要影响。[②] 因此，个体的直接腐败经历也是公众清廉感知的重要信息来源。

在具体的影响机制方面，腐败经历主要通过“眼见为实”和“来自受害者的谴责”两种机制作用于公众的腐败和反腐败认知。[③] 首先，对于手中没有公权力的普通民众，他们个人或亲友的直接腐败接触经历会显著强化其对政府是腐败的认知。而且，他们也很可能会将这些经验接触扩展到其他领域或者层级的政府部门，进而显著侵蚀对政府的整体清廉感知，拉低对政府在反腐败方面的绩效评价。其次，虽然有研究者从功能主义角度认为，腐败（主要指贿赂）为普通民众提供了一个接近政治权力的机会，克服了官僚机构的刚性，甚至也可能弱化了老百姓对政府的敌意，[④] 但对于普通民众来说，这种通过贿赂方式来“购买”原本应该免费提供的公共服务在很多时候也是一种无奈之举。因此，作为腐败行为的受害者，他们无疑会对政府产生更加负面的评价。

---

① 肖汉宇、公婷（2016）. 腐败容忍度与“社会反腐”：基于香港的实证分析. 公共行政评论，3：42-55.

② 李辉（2019）. 国外腐败问题研究：历史、现状和方法. 北京：中国方正出版社，第108页.

③ 李辉（2019）. 国外腐败问题研究：历史、现状和方法. 北京：中国方正出版社，第109页.

④ Nye, J. S. (1967). Corruption and Political Development: A Cost-Benefit Analysis. *American Political Science Review*, 61 (2): 417-427.

来自国内的大量实证研究也均发现，公众的直接腐败经历对其政府清廉感知具有显著的负向影响。倪星和孙宗锋年基于广东省的调查数据发现，有行贿和索贿经历的公众对政府的清廉感知更低。① 随后基于全国范围的个体调查数据和省级层面的汇总数据也均表明，直接的腐败经历与公众清廉感知之间呈显著的负相关。② 这种直接的腐败经历也会使得公众对地方政府的清廉感知显著低于对中央政府的。③ 此外，近期的研究也发现，直接的腐败接触经历会显著降低公众对政府的反腐败能力和绩效满意度评价。④

（二）工具理性与价值理性权衡

媒介信息和腐败经历强调的都是直接或间接的信息基础在公众清廉感知形成中的作用。然而，即使面对同样的信息内容，不同的公众也可能会做出不同的解读，对政府的清廉水平做出不同的评价。要解释这种差异，就需要回到公众对腐败行为的工具理性和价值理性两种抉择上。

1. 基于工具理性的权衡

在针对清廉感知的研究中，有一些研究文献可以被归为“宽恕”性清廉感知理论。⑤ 该派理论认为，有时候尽管社会公众也知道一些政客和政府是腐败的，但只要政府能够维持较高的经济绩效和提供更多其他现实好处（例如更多的工作机会、更少的税收、更优质的

---

① 倪星、孙宗锋（2015）. 政府反腐败力度与公众清廉感知：差异及解释——基于G省的实证分析. 政治学研究，1：71-85.

② 李辉、孟天广（2017）. 腐败经历与腐败感知：基于调查实验与直接提问的双重检验. 社会，6：194-215；倪星、张军（2018）. 廉洁拐点的地方经验与政策意涵——基于G省廉情评估调查数据的分析. 政治学研究，5：39-53.

③ 倪星、李珠（2016）. 政府清廉感知：差序格局及其解释——基于2015年度全国廉情调查的数据分析. 公共行政评论，3：4-20.

④ Li, H. & Meng, T. (2020). Corruption Experience and Public Perceptions of Anti-Corruption Crackdowns: Experimental Evidence from China. *Journal of Chinese Political Science*, 25: 431-456.

⑤ 李辉（2019）. 国外腐败问题研究：历史、现状和方法. 北京：中国方正出版社，第101-102页.

其他公共产品等），他们对政客或政府的腐败程度也变得更加宽容。实证研究也发现，在一些国家，大多数选民会在政客的腐败程度和能够给自己带来的经济好处二者之间做“权衡”。基于对希腊选举的实证分析，有研究者就发现，集体性的经济好处（如减税）会大幅提高公众的腐败容忍度。[①] 对巴西选举的研究也得到了相似的结论，经济状况比较好的社会上层阶级对政府腐败现象的态度比较温和，而贫困的下层阶级对待腐败现象的态度则更为激进。[②] 事实上，在有关公民政治态度的研究中，已经有大量研究表明，公众对政府行为和绩效的评价在很大程度上是建立在工具理性的判断基础上的。

容忍机制和效能机制是公众的主客观社会经济状况对反腐败绩效产生影响的两种主要机制。[③] 首先，在公众对腐败和反腐败的政治态度研究中，公众真的会因为经济上的好处而宽恕政府的腐败行为吗？实证研究发现，公众确实可能会因为政府在经济和公共服务等方面的优异绩效表现而将自己的选票继续投给腐败的政客，而不是将这些“混蛋”扔出去。因而，在一些国家中，选民之所以没有能够通过投票将腐败的政客清除出局，主要是因为其中存在一种“隐性交换”（implicit exchange），即良好的绩效表现在一定程度上弥补了腐败造成的不足。[④] 来自我国的调查数据分析结果也表明，公众的社会阶层地位与其对政府的清廉感知之间具有显著相关性，且总体上呈倒 U 型特征，社会中间阶层的公众对各级政府的清廉感知水平显

---

① Konstantinidis, I. & Xezonakis, G.（2013）. Sources of Tolerance Towards Corrupted Politicians in Greece: The Role of Trade Offs and Individual Benefits. *Crime, Law and Social Change*, 60（5）: 549-563.

② Winters, M. S. & Weitz-Shapiro, R.（2013）. Lacking Information or Condoning Corruption: When Do Voters Support Corrupt Politicians? *Comparative Politics*, 45（4）: 418-436.

③ 李辉（2019）. 国外腐败问题研究：历史、现状和方法. 北京：中国方正出版社，第 103 页.

④ Muñoz, J., Anduiza, E. & Gallego, A.（2016）. Why Do Voters Forgive Corrupt Mayors? Implicit Exchange, Credibility of Information and Clean Alternatives. *Local Government Studies*, 42（4）: 598-615.

著更高。[①] 这其中也可能是因为中间社会阶层对政府的贪腐行为具有更高的容忍度。李辉和孟天广的研究也发现，公众对政府的反腐败行动评价是功利主义的，当其能够获得更好的基本公共服务时，他们对政府反腐败行动的主观绩效评价会显著更好。[②]

其次，在效能机制方面，公众可能会将自身经济状况的改善归功于政府反腐败的努力，从而对政府的反腐败绩效给予更加积极的评价。李辉的研究发现，我国公众普遍认为政府的反腐败行动能够促进社会收入公平，降低社会不平等程度。[③] 同时，那些对自身经济状况越不满意的个人，越希望政府能够加大反腐败力度，以增进社会收入分配公平。因此，个人对自身的经济状况越满意，就越会认为政府的反腐败努力取得了显著成效，对政府的反腐败绩效评价也更积极。[④]

上述两种机制在本质上反映出公众对政府的清廉感知受到工具理性的支配，即公众在对政府的清廉水平做出评价时会受到政府在社会经济发展方面的绩效和自身的实际获益体验的影响。孙宗锋基于 2015 年全国廉情调查数据的分析也发现政府在经济发展和公共服务提供方面的绩效水平对公众的清廉感知具有显著的正向影响。[⑤]

2. 基于价值理性的审视

不过，公众的政府清廉感知除了受到工具理性的支配，还蕴含着价值理性的成分。首先是不公平感的影响。腐败与社会不平等之间有着非常强的联系，诸多研究都表明腐败，尤其是公共部门的权力寻

---

① 倪星、张军（2020）. 社会阶层地位与清廉感知：差异及解释——基于 2016 年度全国廉情调查数据的实证分析. 浙江大学学报（人文社会科学版），1：56-72.

② Li，H. & Meng，T.（2020）. Corruption Experience and Public Perceptions of Anti-Corruption Crackdowns：Experimental Evidence from China. *Journal of Chinese Political Science*，25：431-456.

③ 李辉（2017）. 患寡更患不均：不公平感如何影响民众对腐败与反腐败的认知. 复旦政治学评论，1：3-24.

④ 李辉（2019）. 国外腐败问题研究：历史、现状和方法. 北京：中国方正出版社，第 106 页.

⑤ 孙宗锋（2017）. 中国政府清廉感知双重差异及解释：一个混合研究. 中山大学博士论文.

租、裙带关系以及滥用自由裁量权等所产生的形形色色的掠夺性行为，都会加剧社会不平等。[①] 同时，由于较高程度的社会不公（包括经济和政治不平等），以及整个社会公平正义感的丧失，又会恶化社会的腐败程度。[②] 因此，越是腐败的政府体系，越容易加剧政治和经济的不平等状况。同时，越是不平等（包括权力垄断和经济收入的两极化），则越容易巩固富人的权力和利益，加剧政商勾结，由此产生更多的腐败现象。政治腐败与社会公平感之间存在密切而复杂的关系。奥尔森指出，政体腐败程度的降低与社会经济的发展，关键在于统治者与民众利益的一致性。[③] 然而，现实中许多政府采用了阿西莫格鲁和罗宾逊所称的“榨取型制度”（extractive institution），[④] 这种制度不可避免地加剧了统治者与民众间的利益分化，进而引发公众强烈的不公平感。在这种背景下，个体的主观感受发挥了关键作用。有研究表明，当个体对社会现状感到强烈不满或不公平时，他们往往将这种负面情绪归因于政治腐败。[⑤] 换言之，个人的社会不公平感与其对政治腐败的感知呈现正相关关系：不公平感越强，感知到的政治腐败程度就可能越高。有学者利用我国全国层面的调查数据分析发现，公众越倾向于认为社会不公平，对政府的腐败感知就越高；越倾

---

① Alesina, A. F. & Angeletos, G. (2005). Corruption, Inequality and Fairness. *Journal of Monetary Economics*, 52 (7): 1227-1244; Gyimah-Brempong, K. & Gyimah-Brempong, S. M. D. (2006). Corruption, Growth, and Income Distribution: Are There Regional Differences? *Economics of Governance*, 7 (3): 245 - 269; Mauro, P. (1998). Corruption and the Composition of Government Expenditure. *Journal of Public Economics*, 69 (2): 263-279.

② You, J. & Khagram, S. (2005). A Comparative Study of Inequality and Corruption. *American Sociological Review*, 70 (1): 136-157.

③ Olson, M. (1993). Dictatorship, Democracy, and Development. *American Political Science Review*, 87 (3): 567-576.

④ 德隆·阿西莫格鲁、詹姆斯·罗宾逊（2015）. 国家为什么会失败. 李增刚译. 长沙：湖南科学技术出版社，第 53 页.

⑤ Anderson, C. J. & Tverdova, Y. V. (2003). Corruption, Political Allegiances, and Attitudes Toward Government in Contemporary Democracies. *American Journal of Political Science*, 47 (1): 91-109.

向于认为财富分配不公平，对政府的腐败感知就越高。①

其次，不同的政体价值偏好也对公众的清廉感知产生影响。② 从理论上来说，公众对民主的价值偏好越强，其政府的腐败感知也会越高。因为民主一般被定义为一系列用于约束统治者滥用公共权力的制度安排。而腐败的定义恰恰相反，是对公共权力的滥用，把公共权力转化为个人谋取利益的工具和手段。所以二者之间的联系非常明确，如果个体对民主有着强烈的价值偏好，他就会从政治权力被约束的程度来评价政治制度。如果权力没有得到很好的约束，那么这种权力就会被贴上腐败的标签。因此，具有高民主价值观的人，他们希望政治或公共权力受到严格的限制，他们更有可能批判性地评估政治制度是否足以限制腐败机会。③

（三）政治嵌入性与清廉感知差异

政治嵌入性对于公众政治态度具有显著的影响。有研究者发现，在一些国家，人们对政府的腐败感知评价受到其政党身份的过滤，但是这种党派身份的过滤并不是对称性的，反对党的人士并不比无党派人士感知到更严重的政府腐败。④ 其他研究者指出，政党身份会使得人们对政府的清廉感知产生偏见。不过，政治意识和政党知识对这种偏见具有显著的调节作用，当公民的政治意识比较高的时候，他们受到这种偏见的影响显著更小。当政治知识匮乏时，受到党派偏见的影响就更大。因此，在一个知识丰富的社会，人们对腐败的容忍度可

① 李辉（2017）. 患寡更患不均：不公平感如何影响民众对腐败与反腐败的认知. 复旦政治学评论，1：3-24.

② 李辉（2019）. 国外腐败问题研究：历史、现状和方法. 北京：中国方正出版社，第106页.

③ Li，H.，Tang，M. & Huhe，N.（2016）. How Does Democracy Influence Citizens' Perceptions of Government Corruption? A Cross-National Study. *Democratization*，23（5）：892-918.

④ Blais，A.，Gidengil，E. & Kilibarda，A.（2015）. Partisanship，Information，and Perceptions of Government Corruption. *International Journal of Public Opinion Research*，29（1）：95-110.

能更低，更不容易受到党派偏见的影响。① 来自西班牙的调查数据分析结果也表明，政党认同能够解释为什么有的公众会投票支持一个腐败的政党。②

孙宗锋基于我国的大样本调查数据，详细考察了我国公众的政治嵌入性对其清廉感知的影响。③ 研究发现，政治嵌入性会显著提高公众对各级政府的清廉感知。与非共产党员相比，共产党员对各级政府的清廉感知显著更高，而且在体制内单位（即工作单位在党政机关、国企和事业单位）和参与过村委会或居委会投票的受访者对各级政府的清廉感知也比其他受访者显著更高。而且，与弱政治嵌入性（通过在体制内单位工作或参与过村委会或居委会的投票测量）相比，强政治嵌入性（通过是否为共产党员测量）使得人们认为各级政府更清廉。此外，这种政治嵌入性的影响也会受到宏观层面经济发展水平、反腐败力度和公共服务水平的调节。具体而言，经济发展水平高和反腐败力度大均使得政治嵌入性对公众的清廉感知的影响变小，而政府服务水平高则会加强政治嵌入性对公众清廉感知的影响。不过，政治嵌入性与清廉感知之间的关系可能存在样本自选择偏误（selection bias），即那些选择被吸纳到政治体制的人本身可能就对体制具有很高的信心，而组织也会选择有特定特征的个体。因而，必须剔除掉选择效应，才能准确评估政治嵌入性对清廉感知等反腐败绩效的影响。基于这一考虑，有研究采用倾向值匹配的方法，检验了政治嵌入性对反腐败信心的影响。结果发现，在控制选择效应的情况下，政治嵌入性对于各级政府的反腐败信心的影响略微有所下降，但

① Anduiza, E., Gallego, A. & Munoz, J. (2013). Turning a Blind Eye: Experimental Evidence of Partisan Bias in Attitudes Toward Corruption. *Comparative Political Studies*, 46 (12): 1664-1692.

② Cordero, G. & Blais, A. (2017). Is a Corrupt Government Totally Unacceptable? *West European Politics*, 40 (4): 645-662.

③ 孙宗锋（2017）. 中国政府清廉感知双重差异及解释：一个混合研究. 中山大学博士论文.

始终都存在显著的积极影响。① 尽管这一研究并不是直接分析政治嵌入性对清廉感知的影响，但其稳健的结果也说明政治嵌入性对清廉感知也可能存在显著的积极影响。

（四）个体人口特征与清廉感知差异

除了上述因素外，公众个体的性别、年龄和受教育程度等社会人口学特征也对其清廉感知具有一定影响。首先，在性别方面，有研究基于我国全国范围的大样本调查数据分析指出，由于女性群体的政治信任度较高，风险规避意识显著更强，更多通过官方媒体来获取腐败感知信息，她们对政府的清廉感知也较男性更高。② 最近的研究还发现，女性在本地担任领导职务会显著提升当地民众对地方政府的清廉感知，尽管这种正向效应主要体现在女性居民中。③ 其次，年龄方面，有研究基于G省的调查数据发现，年龄与总体的清廉感知之间存在着U型关系。年龄在52岁以下时，随着年龄增加，公众感知到的总体清廉水平在降低；而年龄在52岁以上时，随着年龄增加，公众感知到的总体清廉水平却在增加。④ 后续基于全国层面的数据分析结果尽管与此并不完全一致，但在多个模型中年龄与清廉感知之间总体上也呈现出一种先下降后上升的关系。⑤ 最后，受教育程度与清廉感知之间的关系并不稳健，基于G省的调查数据结果发现，受教育年数与清廉感知之间存在着显著的负相关关系，⑥ 而来自2015

---

① 倪星、马珍妙（2018）. 政治嵌入对于反腐败信心的影响——基于2017年全国廉情调查数据的倾向得分匹配分析. 廉政学研究，2：32-55.

② 倪星、熊晶（2020）. 个体特征、社会结构与清廉感知的性别差异——基于2016年度全国廉情调查的数据分析. 理论与改革，4：161-175.

③ 杜娟、朱旭峰（2021）. 地方领导性别与民众清廉感知：基于中国城市的实证研究. 公共管理与政策评论，1：127-142.

④ 倪星、孙宗锋（2015）. 政府反腐败力度与公众清廉感知：差异及解释——基于G省的实证分析. 政治学研究，1：71-85.

⑤ 倪星、张军（2020）. 社会阶层地位与清廉感知：差异及解释——基于2016年度全国廉情调查数据的实证分析. 浙江大学学报（人文社会科学版），1：56-72；孙宗锋（2017）. 中国政府清廉感知双重差异及解释：一个混合研究. 中山大学博士论文.

⑥ 倪星、孙宗锋（2015）. 政府反腐败力度与公众清廉感知：差异及解释——基于G省的实证分析. 政治学研究，1：71-85.

年全国范围的调查数据则显示，受教育年限与清廉感知之间也呈现出一种 U 型关系[①]。具体的影响机制还有待专门的研究分析。

二、宏观制度环境与公众清廉感知差异

根据安德森和辛格提出的“嵌入性公民”（nested citizens）理论，公众的政治态度和选择是在可识别的宏观政治或其他制度背景中形成的。[②] 因此，在分析公众的清廉感知差异时，研究者们不仅关注个体层面的信息来源、价值理性、政治嵌入性等，也从政治制度（尤其是国家的民主水平）、经济发展和文化环境三个方面的宏观制度环境差异来进行解释。[③]

（一）政治制度与个体清廉感知

关于政体与公众清廉感知之间的关系，既有研究主要讨论的是提高一个国家政体的民主化程度是否能够有效抑制腐败。这些研究为我们分析民主程度如何影响政治腐败感知提供了重要的视角。传统观点认为，民主能通过增强政治权力的多样性、提高公共政策决策的透明度，并加大对选民的负责程度，从而减少官员滥用职权的可能。较早的一些实证研究的结果基本支持了国家政体的民主化程度与公众清廉感知之间的这种正向关系。[④]

不过，这些研究也面临两个主要问题。一是在测量指标方面，大

① 孙宗锋（2017）. 中国政府清廉感知双重差异及解释：一个混合研究. 中山大学博士论文.

② Anderson, C. J. & Singer, M. M. (2008). The Sensitive Left and the Impervious Right: Multilevel Models and the Politics of Inequality, Ideology, and Legitimacy in Europe. *Comparative Political Studies*, 41: 564-599.

③ 李辉（2019）. 国外腐败问题研究：历史、现状和方法. 北京：中国方正出版社，第 109-113 页。

④ Bäck, H. & Hadenius, A. (2008). Democracy and State Capacity: Exploring a J-shaped Relationship. *Governance*, 21 (1): 1-24; Treisman, D. (2007). What Have We Learned About the Causes of Corruption from Ten Years of Cross-National Empirical Research? *Annual Review of Political Science*, 10: 211-244.

多数研究都是采用透明国际等国际组织发布的清廉印象指数等数据。由于这些指数的原始数据主要是基于企业精英或专家群体的感知计算的结果，其在应用中可能掩盖了不同政体背景下普通民众对政府清廉感知的差异。① 二是，民主化与国家或地区清廉水平之间的关系往往是复杂多变的，在某些情况下，民主化进程可能会暴露或加剧现有的腐败问题。例如，一些研究者指出，在新的民主体制初期，由于法律和监管体系尚未完全建立或者执行不力，民主化反而可能导致腐败的增加。② 因此，一些研究者将更多新兴民主国家或非民主国家纳入分析时，就对民主抑制腐败的效果产生了更多的疑问。例如，有研究者在大样本的跨国统计分析中发现，民主并没有对腐败产生明显的抑制作用。③ 其他一些研究者也指出，在民主化初期，新旧权力结构之间的冲突可能创造出腐败的新机会。④ 同时，在民主过渡期间，由于政治不确定性较高，会增加政治人物和利益集团之间的非法交易。⑤

此外，在民主体制下，作为其核心制度安排的选举和政治竞争也会对公众的清廉感知产生重要影响。研究发现，政治竞争的激烈程度与政治腐败的曝光频率紧密相关。如在美国，政治竞争对手常利用对

① Razafindrakoto, M. & Roubaud, F. (2010). Are International Databases on Corruption Reliable? A Comparison of Expert Opinion Surveys and Household Surveys in Sub-Saharan Africa. *World Development*, 38 (8): 1057-1069.

② Heywood, P. (1997). Political Corruption: Problems and Perspectives. *Political Studies*, 45 (3SI): 417-435.

③ Fisman, R. & Gatti, R. (2002). Decentralization and Corruption: Evidence Across Countries. *Journal of Public Economics*, 83 (3): 325-345.

④ Robinson, J. A. & Verdier, T. (2013). The Political Economy of Institutional Change: An Application to Corruption. *Journal of Public Economics*, 107: 215-227; Manow, P. (2015). Money, Competition, and Corruption: Campaign Finance, Competitive Elections, and Accountability. *Governance*, 28 (3): 333-348.

⑤ Keefer, P. & Knack, S. (2007). Boondoggles, Rent-Seeking, and Political Checks and Balances: Public Investment Under Unaccountable Governments. *Review of Economics and Statistics*, 89 (3): 566-572.

方的腐败行为作为竞选的攻击手段，通过这种方式揭露对手的不当行为。① 同时，随着新媒体的兴起，政治竞争的成本显著上升，尤其是在拉丁美洲，这种成本的增加导致有野心的政治家可能更倾向于采取腐败行为。② 有研究者基于对俄罗斯选举的研究也发现，政治竞争激烈的区域往往伴随着公众对腐败的更高感知。还有研究者指出，民主化过程中的政治竞争和媒体环境变化可能导致腐败行为的激增，特别是在新兴民主国家。③ 这些研究表明，尽管民主在理论上能够通过增加透明度和公众参与等抑制腐败，但实际上，政治竞争和高昂的竞选成本也可能成为腐败的催化剂。由此，恶化了公众的清廉感知。

基于跨国数据的多层次分析结果也表明，民主对腐败感知的影响呈现出双重性。一方面，国家的民主程度越高，公众的清廉感知水平也会越低（因为发展中国家的民主化转型往往伴随着大量的腐败事件的曝光，公众的腐败感知可能显著增加）；另一方面，民主作为一种宏观制度环境，会显著增强自我经济评价对腐败感知的负向影响。因此，民主程度对腐败感知的影响兼具“严厉”和“宽容”的双重效应。④ 还有研究者分析了为什么公民支持腐败的政府。通过对14个国家公众调查数据的多层次分析，作者指出，在政府机构较弱、庇护关系较强的国家，人们更有可能支持腐败的领导人，因为他们希望从这些领导人那里得到切实的利益。⑤ 其他研究也表明，在清廉程

① Kunicova, J. & Rose-Ackerman, S. (2005). Electoral Rules and Constitutional Structures as Constraints on Corruption. *British Journal of Political Science*, 35 (4): 573-606.

② Manow, P. (2015). Money, Competition, and Corruption: Campaign Finance, Competitive Elections, and Accountability. *Governance*, 28 (3): 333-348.

③ Charron, N. (2016). Do Corruption Measures have a Perception Problem? Assessing the Relationship Between Experiences and Perceptions of Corruption Among Citizens and Experts. *European Political Science Review*, 8 (1): 147-171.

④ 李辉、呼和那日松、唐敏（2015）. 民主、主观经济评价与腐败感知——基于亚洲、非洲与拉美舆情表合并数据的多层分析. 经济社会体制比较，3：162-174.

⑤ Manzetti, L. & Wilson, C. J. (2007). Why Do Corrupt Governments Maintain Public Support? *Comparative Political Studies*, 40 (8): 949-970.

度本身比较高的一些国家（如瑞典），公众对腐败行为的刺激反应更明显。[①]

（二）政府绩效与个体清廉感知

根据李普塞特有关政府“有效性”和“合法性”的论述，政府在经济发展和社会公共服务等方面的宏观绩效表现也是影响公众清廉感知的重要制度变量。李普塞特曾对有效性与合法性这两个概念进行了区分。有效性着重于实际行动的范畴，即当诸如多数居民、大型企业或者武装力量等具备影响力的群体评判政府的基本职能时，政治系统对这些职能的实现水平就体现为有效性，在现代社会语境下，其核心表征往往是经济发展水平。与之相对，合法性指的是政治系统促使人们形成并坚守现存政治制度乃社会最优制度这一信念的能力。[②] 简言之，有效性主要关注政府在经济和社会发展等关键功能的执行能力，而合法性则是指民众对政治制度的信任和支持度。这种区分帮助我们理解在经济表现良好时，民众可能对政府的一些不端行为持容忍态度；相反，在经济低迷时，批评和不满情绪更为高涨。[③] 总之，政府在经济、社会发展领域的绩效表现会直接影响到其合法性和有效性的公众评价，而这些因素又紧密地影响着民众对政治腐败的感知。这一复杂关系突出了研究公众清廉感知必须关注所在地区政府的宏观经济社会发展状况。

（三）文化环境与个体清廉感知

除了政治制度和政府绩效外，特定的社会文化环境也是塑造公众清廉感知的关键因素。在整体的文化环境方面，主要考虑的因素是宗教传统。腐败也可能与一个国家的宗教传统有关系，透明国际的居

---

① Klasnja, M. & Tucker, J. A. (2013). The Responsiveness of Citizens to Corruption: The Case of Sweden. *Journal of Politics*, 75 (3): 860-872.

② 李普塞特 (2011). 政治人：政治的社会基础. 张绍宗译. 上海：上海世纪出版集团. 第47页.

③ Keefer, P. (2007). Clientelism, Credibility, and the Policy Choices of Young Democracies. *American Journal of Political Science*, 51 (4): 804-821.

氏消费价格指数（CPI）数据显示，拥有新教传统的国家通常在清廉程度上表现较好，而有着较为保守的宗教传统的国家，腐败状况都比较严重。① 也有学者认为，那些比较强调人情关系和礼尚往来的文化传统会在现代社会催生更多的贿赂行为。而在较为世俗化和现代化的文化背景下，由于公私界限分明，腐败程度会相对较轻。利用世界价值观调查数据的多层次分析结果发现，较高程度世俗主义国家通常伴随着较低程度的腐败。②

此外，大量的实证研究也表明，公众的腐败容忍度与清廉感知之间具有显著的相关性。公众的腐败容忍度越高，其对政府的清廉感知越高。③ 而公众个体的腐败容忍度在宏观层面与其特定的文化偏好紧密相关。④ 对香港地区和内地大学生关于贪腐态度的调查表明，两地学生对贪腐的看法存在较大的差异，香港地区大学生对贪腐行为的容忍度明显更低。⑤ 这种对贪腐行为的不同容忍度也进一步影响了民众参与反腐败斗争的意愿和行动，是“社会嵌入式廉政治理”的关键变量。⑥ 因此，降低公众对腐败行为的容忍度，鼓励社会公众全方位参与反腐败也是反腐败能够取得成功的重要影响因素。⑦

① Treisman, D. (2007). What Have We Learned About the Causes of Corruption from Ten Years of Cross-National Empirical Research? *Annual Review of Political Science*, 10: 211-244.

② 李辉（2013）. 世俗主义与腐败——基于跨国数据的一项定量分析. 经济社会体制比较，4：183-198.

③ 倪星、孙宗锋（2015）. 政府反腐败力度与公众清廉感知：差异及解释——基于G省的实证分析. 政治学研究，1：71-85；倪星、张军（2018）. 廉洁拐点的地方经验与政策意涵——基于G省廉情评估调查数据的分析. 政治学研究，5：39-53.

④ 倪星（2020）. 公众腐败容忍度的区域差异及其影响因素研究——基于2016年度全国廉情评估调查数据的分析. 河南社会科学，10：40-49.

⑤ Gong, T., Wang, S. & Ren, J. (2015). Corruption in the Eye of the Beholder: Survey Evidence from Mainland China and Hong Kong. *International Public Management Journal*, 18 (3): 458-482.

⑥ 公婷、肖汉宇、杨丽天晴（2018）. 社会嵌入式廉政治理——香港的经验与启示. 复旦公共行政评论，2：114-138；肖汉宇、公婷（2016）. 腐败容忍度与“社会反腐”：基于香港的实证分析. 公共行政评论，3：42-55.

⑦ 公婷、肖汉宇、杨丽天晴（2018）. 社会嵌入式廉政治理——香港的经验与启示. 复旦公共行政评论，2：114-138.

第三节　新时代反腐败的特点与政治经济影响

党的十八大以来，以习近平同志为核心的党中央坚持把全面从严治党作为党的自我革命的重要内容，将反腐败斗争提升到新的高度。这一举措不仅彰显了党勇于自我革命的决心和能力，也吸引了国内外学者的广泛关注和研究。这些研究主要聚焦于两个方面：一是新时代以来高压反腐败行动的特点和战略目标，二是这次反腐败行动对政治和经济方面的影响，包括对公众清廉感知、腐败接触和政府信任、支持等方面的分析。以下将对这些研究文献进行梳理和分析。

一、新时代高压反腐败的特点与战略目标

（一）高压反腐败的新特点

学者们注意到，与之前的反腐败行动相比，党的十八大以来的反腐败斗争展现出鲜明的特点，体现了党自我革命的决心和力度。首先，反腐败力度显著提升，且腐败惩治高压态势成为一种常态。过勇指出，党的十八大期间查处的中管干部数量相当于1978年到2012年平均查处数量的10倍以上，而且党内监督全面加强，全面从严治党成为常态，我国的反腐败强度显著提升。[①] 这种持续高压的反腐态势充分彰显了党自我净化、自我完善的勇气。

其次，墨宁表示应该严肃看待党的十八大以来的反腐败斗争运动。她认为党的十八大以来的反腐败呈现出四个特点：它是一项长期的运动，让许多高级（包括一些级别非常高的）官员落马，通过机构改革增强了中央纪律检查委员会的权力，显著减少了中国经济领

① 过勇（2017）．十八大之后的腐败形势：三个维度的评价．政治学研究，3：2-11．

域的腐败寻租机会。[①] 这些特点反映了党中央推进反腐败斗争的系统性和长期性，体现了党的自我革命的深度和广度。田坤认为，党的十八大以来，我国的反腐败政策和措施经历了重大调整，呈现出新的特点。[②] 首先，党中央更加注重加强对反腐败斗争的全面领导，确保反腐工作始终沿着正确方向前进。其次，反腐策略从单一查处受贿转向受贿行贿一起查，全面打击腐败行为。与此同时，反腐败斗争的范围也不断扩大，开辟了国际追逃追赃的“第二战场”。在具体措施上，更加注重释放制度反腐的力量，通过完善制度建设来预防和遏制腐败。此外，反腐工作还着眼于从源头管控，密切关注从“好同志”到“腐败分子”的演变过程，加强对党员干部的日常管理和监督。这些调整体现了我国反腐败战略的全面化、系统化和深入化，反映了从被动应对到主动预防的重要转变。柯受田也认为持久性、高强度和对官员过度职务消费的重视是这次反腐败行动的主要特征。[③] 这些特征充分凸显了党中央推进全面从严治党的决心和力度。

（二）高压反腐败的战略目标和本质

在反腐败的战略目标和本质方面，学者们的分析更加深入地揭示了党的自我革命的内涵和意义。郑永年认为，这次反腐败行动的核心目标在于维护党的执政地位。他指出，党的十八大之后，中国将反腐败提到新的高度和最高议事日程，说明了中国的腐败问题本身也发展到了一个新的高度，其深度和广度已经深刻影响了执政党的形象和执政地位。因此，“这次反腐败行动的一个重要目标就在于最大限度地减少腐败对执政党所产生的致命影响，进而在最大程度上提

① Manion, M. (2016). Taking China's Anticorruption Campaign Seriously. *Economic and Political Studies*, 4 (1): 3-18.

② 田坤 (2022). 党的十八大以来我国反腐败政策和措施调整及动因. 马克思主义研究, 6: 44-54.

③ Quah, J. S. T. (2015). Hunting the Corrupt "Tigers" and "Flies" in China: An Evaluation of XI Jinping's Anti-Corruption Campaign (November 2012 to March 2015). *Maryland Series in Contemporary Asian Studies*, 1: 55-79.

高和巩固执政党的执政地位”[①]。这一观点深刻揭示了反腐败斗争作为党的自我革命的重要手段，其根本目的在于厚植党执政的政治基础，坚定广大人民群众对党的信心和信任，确保党成为中国特色社会主义事业的坚强领导核心。

其他研究者对党的反腐败目标进行了分析，指出这次反腐败行动不仅在于清除广泛存在的贪腐问题，还在于试图通过反腐败来改变中国的政治文化。[②] 这一观点揭示了党的自我革命不仅是对具体问题的整治，更是对党的政治生态的全面重塑。贝淡宁也认为党的十八大以来的反腐败有助于挽救中国的贤能政治体系。[③] 这些研究从不同角度阐释了反腐败斗争对于维护党的先进性和纯洁性的重要意义，凸显了反腐败作为党的自我革命重要内容的深远意义。

二、新时代高压反腐败的清廉效果和政治影响

腐败的恶化蔓延不仅严重损害党的形象和威信，也会削弱社会公众对党和政府的信任与支持，从而对国家的长治久安和党的长期执政构成重大威胁。因此，开展高压反腐败行动是党进行自我革命、维护党和国家根本利益的必然选择。在这一背景下，学者们从宏观角度对高压反腐败的总体成效进行了综合分析，并考察了高压反腐败行动对社会清廉氛围和政府公信力等方面的复杂影响。

（一）对高压反腐败的总体成效分析

对于党的十八大以来我国反腐败的总体成效，诸多国内外学者给出了比较积极的评价。这些评价不仅反映了反腐败行动的直接效

① 郑永年（2018）. 未来三十年（修订版）：新时代的改革关键问题. 北京：中信出版社，第 83 页.

② Keliher, M. & Wu, H. (2016). Corruption, Anticorruption, and the Transformation of Political Culture in Contemporary China. *The Journal of Asian Studies*, 75 (1): 5-18.

③ 贝淡宁（2016）. 贤能政治：为什么尚贤制比选举民主制更适合中国. 北京：中信出版社，第 97-101 页.

果，更体现了党自我革命的决心和成效。

首先，从腐败形势的总体改善来看，多位学者的研究都指向了积极的变化趋势。过勇从腐败程度、反腐败强度和腐败风险三个维度对党的十八大以来我国的腐败形势进行了评估分析。他认为，尽管当前的腐败风险仍然较高，但政府的反腐败强度明显增加，腐败程度也得到有效控制，腐败演变的倒U型曲线拐点正在出现。[①] 这一分析不仅揭示了反腐败斗争的阶段性成果，也为未来反腐工作的持续推进提供了理论依据。与此呼应，高波基于对国内腐败形势变化的定性观察分析，指出中国正迎来廉洁拐点。[②] 倪星和张军的研究则提供了更具体的实证支持。他们基于2013—2017年度G省的廉情评估调查数据进行实证分析，认为我国地方腐败治理的廉洁拐点正在浮现。[③] 这些研究从不同角度印证了党的自我革命在推动反腐败方面取得的实质性进展。

其次，关于反腐败行动的特点和成效，学者们给予了高度评价。郑永年认为，党的十八大以来的反腐败行动在广度、深度和高度等方面都是前所未有的，在制度建设方面也已经取得了一些进步，同时产生了很多正面效应。[④] 这一评价不仅肯定了反腐败行动的成效，也认可了党在推进自我革命过程中的制度创新，突出了反腐败斗争对于推动完善国家治理体系和治理能力现代化方面的重要贡献。任建明与许海莲在对党的十八大以来我国反腐败绩效管理过程中四个维度的显著变化分析基础上也指出，新近的反腐败行动取得了显著成效，它扭转了多年日益严峻的腐败形势，反腐败力量首度占了上风。[⑤] 这

① 过勇（2017）．十八大之后的腐败形势：三个维度的评价．政治学研究，3：2-11．

② 高波（2017）．廉洁拐点．北京：中信出版社，第4-9页．

③ 倪星、张军（2018）．廉洁拐点的地方经验与政策意涵——基于G省廉情评估调查数据的分析．政治学研究，5：39-53+125-126．

④ 郑永年（2018）．未来三十年（修订版）：新时代的改革关键问题．北京：中信出版社，第87-90页．

⑤ 任建明、许海莲（2017）．转型期中国严重腐败犯罪的表征、惩治得失及对策．西安交通大学学报（社会科学版），37（1）：86-92．

一评价凸显了党通过自我革命扭转腐败局势的决心和能力。

在制度建设和长效机制方面，学者们普遍认为，这场反腐败行动在严厉惩治腐败案件的同时，也加大了对体制机制改革的力度，[①] 这对于未来的反腐败制度化转向具有重要意义。这一观点突出了党的自我革命不只局限于惩治腐败，更注重从根本上推进制度建设，实现标本兼治。依靠制度优势、法治优势来惩治腐败也被认为是新时代以来中国特色反腐败之路的鲜明特征之一。[②] 这一时期，党和国家监督制度、反腐败体制机制更加成熟定型。这种制度化的反腐败策略和方针，为长期、持续的反腐败斗争奠定了坚实的基础。

从国际影响和评价的角度来看，哈佛大学亚洲中心高级研究员奥弗霍尔特表示，习近平领导的反腐败行动突显了官员渎职的严重性，而反腐败行动将有助于中国新时代的建设。[③] 其他研究者也认为党的十八大以来的反腐败运动在改善公众清廉感知、减少了官员的奢侈消费和明显的腐败行为等多个方面取得了显著成效，这场反腐败行动也不仅仅是单纯的反腐败措施，也是政治和经济改革的重要组成部分。[④] 这些国际视角的评价凸显了党的自我革命对中国整体发展的深远影响，同时也反映了国际社会对中国反腐败努力的关注和认可。

最后，关于反腐败与党的自我革命的关系，中共中央党史和文献研究院院长曲青山提出了深刻见解。他指出，党的十八大以来全面从严治党的实践，是新时代党的自我革命的生动实践，也是党领导伟大

---

① Manion, M. (2016). Taking China's Anti-Corruption Campaign Seriously. *Economic and Political Studies*, 4 (1): 3-18.

② 阚道远 (2024). 中国特色反腐败之路的生成逻辑、鲜明特征与发展趋向. 马克思主义研究, 7: 128-138.

③ Overholt, W. H. (2015). The Politics of China's Anti-Corruption Campaign. *East Asia Forum Quarterly*, 7 (2): 22-26.

④ Muzaffar, M. (2023). Effectiveness of Xi's Anti-Corruption Campaign in China: A Preliminary Study. *Political Horizons*, 1 (1): 1-8.

社会革命的重要保障。[①] 这一论述深刻阐明了反腐败斗争与党的自我革命、社会革命之间的内在联系，强调了反腐败在推动中国特色社会主义事业发展中的重要地位。

总的来说，上述评价不仅肯定了反腐败行动的直接成效，更体现了党通过自我革命实现长治久安的决心和能力，为中国特色社会主义事业的长远发展奠定了坚实基础。这场反腐败运动不仅改善了政治生态，也对经济发展、社会治理和国际形象产生了深远影响，彰显了中国共产党勇于自我革命、推动社会进步的决心和能力。通过多维度的分析和评价，我们可以更全面地理解党的十八大以来反腐败工作的重大意义和深远影响。

（二）高压反腐对社会清廉氛围的影响

除了对高压反腐败行动的总体性成效分析外，学者们还重点关注了这一行动对公众清廉感知、腐败经历、反腐败参与和公职人员的腐败容忍度等方面的影响。这些研究不仅为评估反腐败政策的社会效果提供了多维度的视角，也揭示了反腐败工作在实施过程中可能面临的复杂情况。

首先，在探讨腐败惩处力度与公众清廉感知之间的关系时，现有研究的发现并不完全一致，呈现出一定的复杂性。虽然有研究表明，扩大打击腐败的规模和办要案的策略能在一定程度上降低公众感知的腐败水平。[②] 然而，倪星和孙宗锋基于G省的公众调查数据的研究却发现，政府反腐败力度的加大并未显著提升公众的清廉感知。尽管反腐败力度与公众的反腐败满意度之间存在显著的正向关系，但其与清廉感知之间的关系并不明显。[③] 更进一步，孙宗锋和杨丽天晴利

① 曲青山（2023）. 自我革命是党永葆生机活力的力量源泉. 党史文汇，4：5-8.

② 朱琳、宫伏佳（2015）. 腐败主客观测量结果差异性研究. 经济社会体制比较，5：66-80.

③ 倪星、孙宗锋（2015）. 政府反腐败力度与公众清廉感知：差异及解释——基于G省的实证分析. 政治学研究，1：71-85.

用广东省 GZ 市和 JY 市两个地级市市委书记被调查的自然实验，采用倾向值匹配方法（PSM）考察了“打老虎”对公众清廉感知的影响。研究发现，“打老虎”行动不仅未能提升公众的清廉感知，反而对公众对政府的清廉感知造成非预期的负面影响，导致清廉感知水平短期内下降。[①] 此外，大量腐败案件的曝光也会导致公众对中央政府的清廉感知显著低于地方政府。[②] 孙宗锋的另一项研究采用锚定场景法（anchors vignettes）克服了个体之间主观评价的“不可比较性”问题，并在综合控制其他政府绩效、政治嵌入性和信息来源渠道等因素后发现，政府反腐败力度与公众对中央和省级政府清廉感知之间具有显著的负向关系，即反腐败力度越大，公众对中央和省级政府的清廉感知越低。[③] 这些研究结果揭示了反腐败工作与公众清廉感知之间的复杂关系，提示我们需要更深入地理解反腐败行动对公众认知的影响机制。

其次，相较于公众清廉感知的主观测量，腐败惩处力度对公众日常腐败经历和反腐败参与的影响也是衡量高压反腐败有效性的关键。在腐败经历方面，倪星和苏徐红利用 G 省的调查数据和政府反腐败案件数据，考察了高压反腐败对公众腐败接触事件的影响。[④] 研究发现，自上而下的反腐败行动，通过查处腐败官员的数量可以减少公众的密集社会网络中的贿赂行为。但惩处高官（县处级以上官员）似乎并未对公众的行贿和被索贿的概率产生显著影响。在公众的反腐败参与方面，苏徐红和倪星发现，政府的反腐败力度与公众的反腐败

① 孙宗锋、杨丽天晴（2016）．“打老虎”如何影响公众腐败感知差异？——基于广东省的准实验研究．公共行政评论，3：89-107.

② 倪星、李珠（2016）．政府清廉感知：差序格局及其解释——基于 2015 年度全国廉情调查的数据分析．公共行政评论，3：4-20.

③ 孙宗锋（2017）．中国政府清廉感知双重差异及解释：一个混合研究．中山大学博士论文．

④ Ni, X. & Su, X. (2019). Institutional Anti-Corruption in China: Effectiveness on Bribery Incidence. *Public Administration Review*, 79 (4): 538-551.

举报行为之间存在比较复杂的互补和替代效应。[①] 一方面，政府查处的高级官员越多，公众越不会采取实际行动，呈现出一种典型替代效应；另一方面，政府查处的基层官员越多，公众则越倾向于实际举报，呈现出一种典型的互补效应。这主要是因为公众认为检举高官可能收效甚微，而在举报“眼前”的基层干部腐败则更有成效。这些发现说明政府的不同腐败惩处策略可能对公众的腐败经历和反腐败参与产生截然相反的效果，需要进行更细致的分析和政策调整。

最后，在高压反腐败对公职人员和公众腐败容忍度的影响方面，从公职人员的角度来看，郭夏娟和涂文燕通过分析 2012—2017 年对 1039 名公职人员的调查数据，发现公职人员的腐败容忍度显著低于党的十八大之前。党的十八大以来我国反腐败行动的制度化和常态化转型是推动公职人员个体道德发展的重要制度因素。在高压反腐败行动过程中，公职人员经历了从集中反腐期的被动服从、制度初创期的道德心理偏差和松懈，到制度强化期的“习惯道德”形成的过程。[②] 然而，从公众的角度来看，情况却有所不同。基于 G 省的调查数据分析，倪星和张军发现，党的十八大以来，公众对腐败行为的容忍度并未显著降低，反而呈恶化趋势，表明高压反腐败行动在塑造腐败零容忍的社会文化氛围上尚未取得预期效果。[③] 这种公职人员与公众在腐败容忍度变化上的差异，反映了反腐败工作在不同群体中产生的效果可能存在显著差异，也提示我们需要采取更有针对性的策略来推进反腐败工作。

总的来说，这些研究结果揭示了高压反腐败对公众清廉感知、腐败经历和容忍度的影响是多方面的，且存在一定的复杂性和矛盾性。

---

① Su, X. & Ni, X. (2018). Citizens on Patrol: Understanding Public Whistleblowing Against Government Corruption. *Journal of Public Administration Research and Theory*, 28 (3): 406-422.

② 郭夏娟、涂文燕 (2019). 反腐制度与个体道德发展——基于十八大以来公职人员腐败容忍度的分析. 浙江大学学报（人文社会科学版），3: 160-176.

③ 倪星、张军 (2018). 廉洁拐点的地方经验与政策意涵——基于 G 省廉情评估调查数据的分析. 政治学研究，5: 39-53+125-126.

这不仅为进一步完善反腐败政策提供了重要的实证依据，也提示我们需要更全面、深入地理解反腐败工作的社会影响，以制定更加有效的反腐败策略。

（三）高压反腐败对政府公信力的作用

高压反腐败对公众的政治信任和支持的影响是学者们关注的另一个重点研究领域。这一领域的研究涉及公众对反腐败行动的反应，以及对政府整体信任度和政治支持方面的影响，同时也关注这些影响在不同群体中的差异。

多项研究表明，反腐败行动对公众的政治信任和支持产生了显著积极影响。朱江南等采用大数据分析方法，对 2012 年至 2015 年间有关重要案件的网上 37 万多条评论文本进行了探索性分析，结果发现，反腐败行动在一定程度上增强了公众对国家领导人的支持。[①] 研究还发现，案件的重要性与公众支持度呈现一定的相关性。季程远和孟天广利用 2015 年中国城市治理调查和 2012—2015 年各地反腐败案件的整合数据，检验了不同反腐败策略对公众政治信任的影响。[②] 研究结果显示，这些策略对公众的政治信任有一定的正向影响。在此过程中，公众对反腐败行动的满意度、对政府的清廉感知、对政府权力约束能力的评价起到了重要的中介作用。康思勤和朱江南利用 2010 和 2014 年两期中国家庭追踪调查和地级市层面的案件数据，采用双重差分方法（DID）研究也发现，反腐败措施对公众的政治信任有一定影响。[③] 然而，这种影响在不同群体中存在差异。对于体制内人员而言，其政治信任的变化与外部人员有所不同，这可能是因为他们对

① Zhu, J., Huang, H. & Zhang, D. (2019). "Big Tigers, Big Data": Learning Social Reactions to China's Anticorruption Campaign Through Online Feedback. *Public Administration Review*, 79 (4): 500-513.

② 季程远、孟天广（2020）. 反腐败与政治信任：结构偏好与规模偏好的影响差异. 上海交通大学学报（哲学社会科学版），2：99-112.

③ Kang, S. & Zhu, J. (2021). Do People Trust the Government More? Unpacking the Distinct Impacts of Anticorruption Policies on Political Trust. *Political Research Quarterly*, 74 (2): 434-449.

相关过程有更直接的了解。受教育程度高、信息获取渠道多样的群体，其政治信任的变化速度与其他群体也有所不同。因此，反腐败行动对不同社会群体的影响可能存在差异。

关于反腐败对公众政府治理绩效评价的影响，已有研究也提供了一些见解。柳建坤利用 2011 年和 2015 年中国社会调查数据（CSS）以及官方公布的案件数据，采用双重差分方法（DID）进行了研究。结果显示，各省政府的反腐败工作在一定程度上影响了当地民众对政府的治理绩效评价。这种影响在低收入和农业户口人群中表现得更为明显。[①] 苏毓淞等基于 2015 年中国城乡社会治理调查（CSGS）数据的实证分析也发现，反腐败行动对我国公众的政治信心有一定影响。[②]

尽管多数研究显示了反腐败的积极影响，但也有研究指出了一些需要关注的问题。王裕华和迪克逊的研究发现，反腐败行动可能会对公众的政治支持产生复杂的非预期影响。[③] 这可能是由于反腐败行动使得一些问题被曝光，影响了部分公众对政府的看法，特别是那些原本对政府持高度支持态度的群体。朱江南等的研究也指出，在推进反腐败工作时，需要平衡短期行动与长期制度建设的关系，以确保法律机构在长期腐败控制中发挥关键作用。[④] 这提示我们，在推进反腐败工作时，需要考虑到不同群体的反应，并关注反腐败的长期制度建设。同时，在揭露腐败问题的同时如何维护政府形象，也是需要慎重考虑的问题。

---

① 柳建坤（2019）. 从严反腐与中国政府绩效评价的优化——来自准自然实验的证据. 公共行政评论，4：44-61.

② 苏毓淞、汤峰、褚向磊（2021）. 全面从严治党何以提升中国民众的政治信心——来自 CSGS2015 的实证证据. 治理研究，2：26-38.

③ Wang, Y. & Dickson, B. J. (2022). How Corruption Investigations Undermine Regime Support: Evidence from China. *Political Science Research and Methods*, 10 (1): 33-48.

④ Zhu, J., Huang, H. & Zhang, D. (2019). "Big Tigers, Big Data": Learning Social Reactions to China's Anticorruption Campaign Through Online Feedback. *Public Administration Review*, 79 (4): 500-513.

三、高压反腐败对经济发展的影响

除了政治方面的影响，高压反腐败对经济发展的影响也是学者们广泛关注的一个议题。在宏观经济方面，王贤彬和王露瑶利用党的十八大之后到2014年末全国31个省区的季度数据，从实证角度分析了反腐败对地方经济增长的影响。① 数据分析结果发现，地区高级官员的落马会对地区内的经济增长造成即时和短期的抑制效应，地区每增加一名副厅级以上的落马官员，当季经济增长速度会降低约0.1个百分点。其中的作用机制主要在于反腐败行动会减缓地区投资，从而对地区经济发展产生抑制性影响。此外，这种负面影响在中西部地区更加明显，而且副省部级以上的官员落马事件对经济增长产生的影响更大。不过，高压反腐败行动虽然在短期内可能对地区经济增长造成一定冲击，但长期来看，对经济增长仍然具有正向效果。当然，也有一些国外研究者认为，（反）腐败问题与经济改革之间存在复杂的矛盾关系，高压反腐败行动对宏观经济的影响可能远比想象的复杂，其实际影响并不明确。②

在微观经济层面，大量的实证研究表明，高压反腐败对企业治理结构和整体绩效具有显著的正向影响。王茂斌和孔东民采用双重差分法（DID），深入考察了党的十八大以来的高压反腐败行动对我国上市公司治理、高管激励与股东价值的影响。③ 结果显示，党的十八大之后，处于高腐败地区的上市公司的现金持有量的市场价值明显

① 王贤彬、王露瑶（2016）. 反腐败与经济增长. 经济社会体制比较，2：61-74.

② Huang，Y. （2015）. The Truth About Chinese Corruption. *The Diplomat*. Available from https://carnegieendowment. org/publications/? fa=60265. Retrieved January 12，2019；Overholt W H. （2015）. The Politics of China's Anti-Corruption Campaign. *East Asia Forum Quarferly*，7（2）：22-26.

③ 钟覃琳、陆正飞、袁淳（2016）. 反腐败、企业绩效及其渠道效应——基于中共十八大的反腐建设的研究. 金融研究，9：161-176.

增加，其高管薪酬与业绩敏感度也显著提高。同时，这些公司的财务报表质量也得到了明显提升，盈余管理情况则显著减少。换言之，反腐败行动显著改善了公司的治理结构和绩效，从而增加了股东价值。钟覃琳等采用市场反应模型和 DID 模型系统从实证角度检验了反腐败对企业经济绩效的影响。① 他们的研究发现，党的十八大以来的高压反腐败行动引发了腐败严重的企业更加积极的市场反应，反腐败行动能够通过加快企业资产周转、缩短经营周期、优化投资效率和提高生产效率等中介渠道显著提升企业的绩效。

类似的，还有研究者利用 2009—2015 年我国上市公司的数据，考察了反腐败对企业创新融资和创新投资的影响。② 研究发现，党的十八大之后的高压反腐败行动会使企业更容易获得外部资金（主要是长期债务）。同时，没有政治关系的企业、非国有企业、非受监管行业的企业和年轻企业更能够从高压反腐败行动中获益。此外，位于反腐力度更大省份的企业将新增资金更多地投入研发和专利创造。这一研究结果与高压反腐败行动对企业家能力和创新影响的研究也不谋而合。利用中国上市公司企业家能力指数（CCEIBNU）和十八大之后的高压反腐败背景，王茂斌和孔东民分析了反腐败对企业家能力与企业创新的影响。③ 他们发现，反腐败增加了企业家寻租的成本和难度，使企业家能力会更多地配置到生产领域，从而促进企业增加创新投入，因此，反腐败会强化企业家能力对创新的促进作用。这种正向效应在非国有企业中更加显著，反腐败同时也会增强企业家人力资本对企业创新的积极贡献。

---

① 钟覃琳、陆正飞、袁淳（2016）. 反腐败、企业绩效及其渠道效应——基于中共十八大的反腐建设的研究. 金融研究，9：161-176.

② Xu, G. & Yano, G.（2017）. How Does Anti-Corruption Affect Corporate Innovation? Evidence from Recent Anti-Corruption Efforts in China. *Journal of Comparative Economics*, 45（3）：498-519.

③ 王茂斌、孔东民（2016）. 反腐败与中国公司治理优化：一个准自然实验. 金融研究，8：159-174.

当然，也有研究者认为高压反腐败行动对企业治理的影响有限。格里芬等认为，中共十八大以来的反腐败行动是现代历史上最大的反腐败运动，为研究反腐败行动的动机和效果提供了一个独特的自然实验。① 通过分析 2012 年到 2015 年 150 家上市公司（其中 130 家为国企，占比 87%）总裁或其他高管的情况，他们发现，虽然高压反腐败行动显著降低了国有企业的招待费和高管的薪酬，但在一些不太明显但重要的自我交易指标上并未见显著改善。因此，他们认为高压反腐败行动并没有显著改善企业文化，对企业绩效的影响有限。

综上所述，大多数研究表明反腐败措施对经济发展具有积极影响。从宏观层面来看，虽然反腐败措施短期内可能带来一定调整，但长远来看有望促进经济健康发展。在微观层面，这些措施促进改善了企业治理结构，提高了经营效率，并可能推动创新发展。尤其值得注意的是，反腐败措施可能为某些类型的企业创造了更公平的竞争环境，有利于资源的优化配置。虽然不同研究间存在一些差异，但总体而言，反腐败措施对经济发展的正面作用得到了广泛认可。

第四节　既有研究简要评述

综上所述，既有研究深入探讨了清廉感知对政治、经济的影响。尽管清廉感知并不等于客观的腐败水平，但它仍然是反映国家或地区腐败程度的一个重要指标。学者们利用丰富的宏观和微观调查数据充分讨论了清廉感知或腐败如何扭曲经济发展，并可能对政治稳定性构成威胁。鉴于清廉感知的重要性，学者们也从政治、经济、社会和个体特征等角度分析了影响公众清廉感知的主要因素。党的十八大以来我国的大规模持续高压反腐败行动也受到国内外学者的广

① Griffin, J. M., Liu, C. & Shu, T. (2016). Is the Chinese Anti-Corruption Campaign Effective? *Social Science Research Network.*

泛关注，既有研究不仅深入分析了这次反腐败行动所呈现出的一些新变化特点、本质和战略目标，而且利用大量的实证调查数据深入探讨了高压反腐败的总体清廉效果和对公众清廉感知、腐败经历、政府信任等方面的影响。这些研究为分析腐败惩处对清廉感知的影响提供了重要的基础性知识。不过，既有研究也存在以下三个方面的不足：

首先，腐败惩处与公众清廉感知之间的复杂关系尚待厘清。理论上，腐败惩处与清廉感知之间的关系是比较复杂的。这取决于公众对腐败惩处案件的解读。一方面，短期内大量腐败案件的密集曝光可能会对政府清廉形象造成巨大冲击，从而降低公众的清廉感知；另一方面，公众也可能比较理性地看待这种反腐败努力，认识到腐败惩处的震慑效应和存量清理效应，从而显著提高公众的清廉感知。既有研究虽然也注意到了这一问题，但所采用的实证检验数据均主要集中在高压反腐败行动的前期。因此，得出的结论倾向于认为腐败惩处力度与公众清廉感知之间可能存在显著的负向关系，对公众的腐败经历和容忍度的影响也并不显著。然而，随着高压反腐败成为常态，腐败惩处的清廉效果是否会出现逆转，仍然有待进一步的实证检验。有学者基于美国的调查数据实证分析发现，腐败惩处对公众的政府信任有比较复杂的影响。① 当公众看到政府惩处越来越多的腐败官员时，他们可能并不会简单地认为政府更加腐败了，而可能认为政府在不断增强反腐败力度，进而提升对政府的信任。然而，当公民看到腐败惩处案件减少时，他们不会简单地认为政府的腐败正在减少，而是可能会认为反腐力度不够，产生对政府绩效的负面评价，从而对政府缺乏信心。总之，腐败惩处与公众的清廉感知之间的复杂关系还需要进一步的实证分析来明确。

---

① Zhang, Y. & Kim, M. (2018). Do Public Corruption Convictions Influence Citizens' Trust in Government? The Answer Might Not Be a Simple Yes or No. *The American Review of Public Administration*, 48 (7): 685-698.

其次，既有研究未对惩处高级官员和查处基层官员的差异化影响进行分析。如苏徐红和倪星对腐败惩处与公众反腐举报行为的分析①，季程远与孟天广对不同的结构偏好的惩处策略对公众政府信任的分析所示，不同的腐败惩处策略对公众的清廉感知、腐败经历和腐败容忍度等也可能存在差异化的影响②。"打老虎"虽然能够充分彰显中央政府大力反腐败的坚定决心，但也可能会对公众的清廉感知造成强烈冲击，从而导致公众对上级政府的清廉感知的下降。相比之下，"拍苍蝇"解决的是群众身边的腐败问题，能够使得公众在反腐败过程中有更多切身的获得感，因此，会显著提升公众对政府的清廉感知。现有研究虽然也有对"打老虎"的清廉效果做出探索性分析，但其主要是基于地级市层面和高压反腐败行动前期阶段的数据，对于高压反腐败行动的中后期"打老虎"所产生的影响，尚待进一步的实证分析。

最后，既有研究在研究方法上也有待进一步优化改善。既有研究中分析腐败惩处与清廉感知之间关系时采用了多层次模型、倾向值匹配、锚定法等比较复杂的经济分析方法，但由于数据限制，其回归分析的数据结构均为截面数据，导致其在因果推断上的有效性相对较弱。同时，部分研究的数据样本范围仅限于特定省份或地区，其结论能否推广至全国尚未得到充分验证。因此，我们需要基于全国范围的多期大样本调查数据，采用更加严谨的因果推断方法，对腐败惩处与清廉感知之间的关系进行更深入的实证分析。

① Su, X. & Ni, X. (2018). Citizens on Patrol: Understanding Public Whistleblowing Against Government Corruption. *Journal of Public Administration Research and Theory*, 28 (3): 406-422.

② 季程远、孟天广（2020）. 反腐败与政治信任：结构偏好与规模偏好的影响差异. 上海交通大学学报（哲学社会科学版），2：99-112.

第三章　理论框架与研究假设

如前所述，相比于客观的腐败水平，公众对政府清廉程度的主观感知往往更加重要，因此大量的研究也试图从个体微观特征、宏观制度环境和政府绩效等方面来探寻公众清廉感知差异的成因。腐败惩处对公众的政府清廉感知的影响，本质上讨论的是政府在反腐败方面的客观绩效如何影响公众的主观绩效评价，这是公共管理学关注的核心议题之一。① 在既有研究中，腐败惩处力度作为塑造公众清廉感知的一项重要影响因素，也受到广泛关注。然而，遗憾的是，既有研究对于政府的反腐败行动会如何影响公众的清廉感知仍然莫衷一是，对于腐败惩处的内部结构，即“打老虎”和“拍苍蝇”的腐败惩处策略对公众的政府清廉感知可能产生的潜在差异化影响也缺乏深入分析。

从理论上讲，高级官员和基层官员贪腐行为本身在危害性、隐蔽性、敏感性等方面存在差异，加之政府在反腐败行动中对这两类贪腐案件采取的策略性宣传等，可能导致惩处高级贪腐官员和基层贪腐官员对公众的清廉感知产生完全不同的影响。深入考察这种腐败惩处力度内部的结构差异对于我们更好地理解腐败惩处对公众清廉感知的影响、制定适宜的反腐败惩处和宣传策略都具有重要意义。因此，这一主题的研究应该更加精细化地解构腐败惩处的内部结构，不

① Parks, R. B. (1984). Linking Objective and Subjective Measures of Performance. *Public Administration Review*, 44 (2): 118-127; Van Ryzin, G. G. (2004). Expectations, Performance, and Citizen Satisfaction with Urban Services. *Journal of Policy Analysis and Management*, 23 (3): 433-448; Yang, K. & Holzer, M. (2006). The Performance-Trust Link: Implications for Performance Measurement. *Public Administration Review*, 66 (1): 114-126.

仅要关注腐败惩处的规模，还需要分析惩处高级官员和基层官员对公众清廉感知的差异化影响。

党的十八大以来，我国开展的反腐败行动为我们检验这种差异效应提供了比较好的案例样本。在此次反腐败行动中，不仅有大量的基层贪腐官员被查处，还有一大批省部级官员被查处。因此，如本书的分析框架（图 3-0-1）所示，在既有研究的基础上，本书将研究焦点放在腐败惩处对公众的清廉感知影响之上，利用大样本的微观调查数据和客观腐败惩处案件相关数据，从实证角度深入检验腐败惩处的总体规模和结构对公众清廉感知可能产生的影响。具体而言，本书将腐败惩处区分为两个维度进行研究，一是腐败惩处的总体规模，即整体反腐败力度；二是腐败惩处的结构，即“打老虎”（查处高级贪腐官员）和“拍苍蝇”（查处基层贪腐官员）两种策略，分别考察它们对中央和县/市/区级以上三级地方政府、差序政府清廉感知可能产生的影响。除了考察腐败惩处对公众清廉感知的直接影响，本书还将从腐败惩处的震慑效应和绩效满意度两个角度对其中的中介作用机制进行实证分析。此外，基于公众清廉感知的“宽容理论”和政治嵌入性对公众清廉感知的影响研究，本书也将对公共服务绩效对腐败惩处的调节效应、腐败惩处对政治嵌入性的调节效应进行实证分析。

本章第一节首先从公职人员的贪腐行为决策角度讨论了惩处贪腐官员如何客观上减少腐败行为，以及腐败惩处的规模、“打老虎”和“拍苍蝇”对公众清廉感知可能造成的影响，在此基础上提出了相应的研究假设。第二节则从差序政府信任的相关理论出发，从制度绩效和文化心理两种路径来讨论腐败惩处的规模和结构对差序政府清廉感知可能产生的影响。第三节主要关注的是腐败惩处对公众清廉感知的震慑效应和绩效满意度提升两种内在作用机制。第四节着重于政府的公共服务绩效表现对腐败惩处与清廉感知关系的调节效应，以及腐败惩处对政治嵌入性与公众清廉感知关系的调节效应。最后一节是对本章内容的小结。

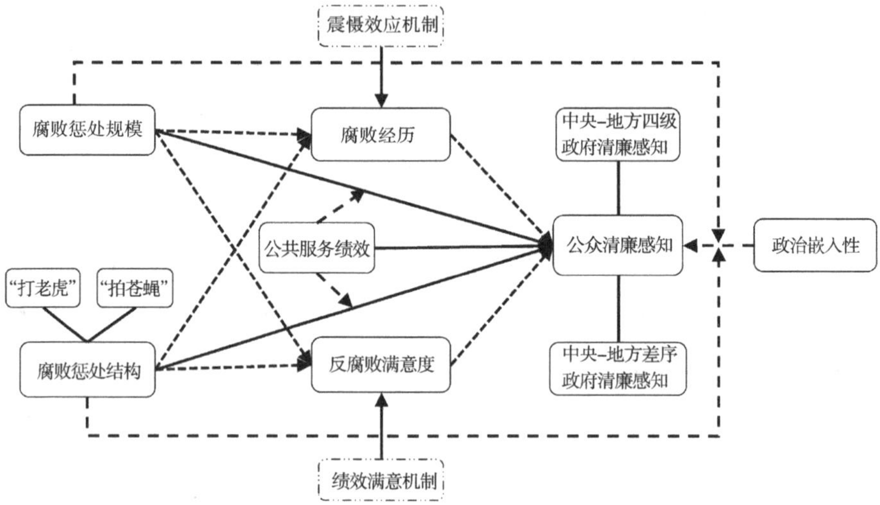

注：图中实线表示直接效应，短虚线表示中介效应，长虚线表示调节效应。

图 3-0-1　本书的总体分析框架

第一节　腐败惩处规模、结构与公众清廉感知

为了更好地回答腐败惩处的规模和结构会如何影响公众的清廉感知，本节首先从政府公职人员的腐败行为决策模型入手，分析为什么加大腐败惩处力度能够减少腐败行为的发生，进而讨论腐败惩处对公众清廉感知的影响，并提出相应的研究假设。

一、腐败惩处规模与公众清廉感知

（一）公职人员腐败行为决策分析

尽管一个国家或地区的腐败程度与政治、经济、社会文化和技术

等宏观因素密切相关，[①] 但在分析腐败行为发生的微观机制时，经济学视角中的成本-收益模型提供了一个具有广泛解释力的模型。[②]

诺贝尔经济学奖得主加里·S. 贝克尔曾运用微观经济学模型对犯罪行为与惩罚问题进行了深刻的分析。他指出："当人们从事违法行为的预期效用超过将时间及另外的资源用于从事其他活动所带来的效用时，此人便会从事违法行为，由此，一些人成为'罪犯'不在于他们的基本动机与别人有什么不同，而在于他们的成本-收益之后的理性选择结果。"[③] 因此，犯罪行为实际上是犯罪分子在权衡各种谋利方式的成本-收益情况之后做出的理性选择结果。法律经济学家理查德·波斯纳也认为，只有当犯罪行为带来的各种有形和无形预期收益超过其预期成本时，犯罪才会发生。[④] 公职人员的贪腐行为在本质上也是一种犯罪行为，其微观发生机制也可以利用成本-收益模型进行分析。

从公职人员个体角度来看，腐败的预期收入收益函数可以简化为：$E_g=f(m, s)\times(1-p)$。其中，E_g表示所有预期收益总和，m为金钱等系列有形物质因素，s为地位、个人满足感等系列精神或权力无形因素，p表示被惩处的概率。现实中，公职人员的权力大小是影响其收益的决定性因素，其权力越大，可支配的资源就越多，通过腐败行为获得的收益也就越高。相应地，从事腐败活动的预期成本函数则为：$F_g=C_y+C_i+C_f\times p$。其中，F_g为所有预期成本总和，C_y为预备成本，C_i为实施成本，C_f为风险成本，p表示被惩处的概率。其中，

① Jetter, M. & Parmeter, C. F. (2018). Sorting Through Global Corruption Determinants: Institutionsand Education Matter-Not Culture. *World Development*, 109: 279-294.

② 胡鞍钢、过勇（2002）. 公务员腐败成本-收益的经济学分析. 经济社会体制比较，4: 33-41；倪星（2012）. 惩治与预防腐败体系的评价机制研究. 广州：中山大学出版社，第73页.

③ 加里·S. 贝克尔（2008）. 人类行为的经济分析. 王业宇、陈琪译. 上海：格致出版社，第63页.

④ 理查德·波斯纳（2012）. 法律的经济分析（第七版）. 蒋兆康译. 北京：法律出版社，第92页.

腐败行为的预备成本主要与公职人员的受教育程度、工作努力程度等因素相关，制度漏洞、信息不对称程度、设租和创租的可能性等是影响实施成本的核心因素。在其他条件不变的情况下，贪腐官员被查处的概率主要受到司法机关或独立反腐败机构的办案能力影响，其办案能力越强，贪腐官员被查处的概率也就越高。因此，在面临腐败行为的决策时，只有当$E_g>F_g$时，公职人员才可能选择实施腐败行为。其中，腐败的潜在收益越大，公职人员发生腐败行为的可能性就越高，反之亦然。尽管在不同类型的腐败行为中，腐败行为的收益和成本的构成及其供求关系和均衡点情况会有所不同，但总体上均可以用这一模型进行解释。①

从上述模型分析中，我们可以发现，在其他条件不变的情况下，贪腐官员被惩处的概率p是影响成本-收益函数最重要的变量，对其从事贪腐行为具有决定性的影响。因此，提高贪腐官员的惩处概率历来被认为是减少腐败的一项重要措施，② 且在实证研究中也得到了比较充分的验证。

（二）腐败惩处效果的实证分析

腐败惩处对减少腐败行为的有效性一直是学术界关注的重点。近年来，大量实证研究为腐败惩处的有效性提供了强有力的支持，这些研究涵盖了实验室实验法、实地实验和计量方法等多种研究方法。

首先，实验研究方面，阿宾柯等通过实验室实验发现，严厉的腐败惩罚机制能够有效减少腐败行为，尽管参与者往往低估了被发现的可能性。③ 这项研究为理解腐败惩处的微观机制提供了重要洞见。

---

① 倪星（2012）. 惩治与预防腐败体系的评价机制研究. 广州：中山大学出版社，第75-79页；郑利平（2001）. 腐败成因的经济理性与预期效用的论析. 中国社会科学，1：91-99.

② Becker, G. S. (1968). Crime and Punishment: An Economic Approach. *Journal of Political Economy*, 76 (2): 13-68; Olken, B. A. (2009). Corruption Perceptions Vs. Corruption Reality. *Journal of Public Economics*, 93 (7): 950-964; 任建明、杜治洲（2009）. 腐败与反腐败：理论、模型和方法. 北京：清华大学出版社，第126-134页.

③ Abbink, K., Irlenbusch, B. & Renner, E. (2002). An Experimental Bribery Game. *Journal of Law, Economics, and Organization*, 18 (2): 428-454.

其次，自然实验研究也提供了有力证据。菲斯曼和米格尔利用联合国外交官员滥用外交特权避免支付停车罚单的自然实验，发现当执法部门获得直接没收违规外交官员外交牌照的权力后，官员滥用权力的行为显著减少。[①] 这项研究巧妙地利用了政策变化，为我们理解惩处力度与腐败行为之间的关系提供了独特视角。在另一项经典研究中，奥肯在印度尼西亚的公路项目中进行了一项随机实地试验，通过随机分配审查力度（100% vs. 4%），考察了加强审查监管对减少腐败的效果。研究发现，加大政府审查力度可以显著减少腐败程度，相比基准水平降低了 30%。[②] 这项研究为我们提供了关于审查力度与腐败程度之间因果关系的强有力证据。

最后，国内研究者也利用面板数据或大样本截面调查数据实证考察了反腐败力度对潜在腐败行为的影响。在较早的研究中，万广华和吴一平利用我国省级层面的面板数据实证考察了司法制度与实践的反腐败成效，结果发现，加大贪腐惩治执法力度能够显著降低地区腐败发生率。[③] 在高压反腐败行动中，地方高级官员的落马更是能够在随后一两年产生显著的震慑效应，有效减少了地方公职人员的贪腐行为，显著抑制地区可观测的腐败程度。[④] 利用广东省廉情评估调查的大样本数据，倪星和苏徐红实证考察了高压反腐败对日常腐败行为的影响，结果发现，地方查处的贪腐官员人数越多，公众在日常生活中的行贿概率显著越低。[⑤]

---

① Fisman, R., & Miguel, E. (2007). Corruption, Norms, and Legal Enforcement: Evidence from Diplomatic Parking Tickets. *Journal of Political Economy*, 115 (6): 1020–1048.

② Olken, B. A. (2007). Monitoring Corruption: Evidence from a Field Experiment in Indonesia. *Journal of Political Economy*, 115 (2): 200–249.

③ 万广华、吴一平（2012a）. 司法制度、工资激励与反腐败：中国案例. 经济学（季刊），3：997–1010；万广华、吴一平（2012b）. 制度建设与反腐败成效：基于跨期腐败程度变化的研究. 管理世界，4：60–69.

④ 王贤彬、黄亮雄、徐现祥（2016）. 高官落马遏制腐败了吗？——来自震慑效应的解释. 世界经济文汇，2：1–23.

⑤ Ni, X. & Su, X. (2019). Institutional Anti-Corruption in China: Effectiveness on Bribery Incidence. *Public Administration Review*, 79 (4): 538–551.

上述实证研究结果表明提高腐败惩处力度能够对潜在的腐败行为形成有效震慑，进而显著提高国家或地区的清廉水平。正是基于这些理论和实证依据，一些公认清廉程度较高的国家或地区，如新加坡和中国香港地区，长期坚持对腐败行为采取“零容忍”政策。① 党的十八大以前，我国的腐败问题之所以会不断恶化蔓延，其中一个重要的原因就是贪腐官员被惩处的概率比较低。② 党的十八大之后，我国开展的持久高压反腐败行动之所以能够取得显著成效，一个重要原因也在于它显著提升了贪腐官员被惩处的概率。

（三）腐败惩处规模与公众清廉感知的关系

对于大规模反腐败行动与客观清廉水平变化的关系，可以用过勇和宋伟提出的以下模型进行分析。如图 3-1-1 所示，假设 t_0 时期的腐败存量为 C_0，到了 t_1 期新增加的腐败数量为 C'，同期通过反腐败减少的腐败数量为 C''，则 t_1 期的腐败存量为 C_1，即 $C_1 = C_0 + C' - C''$。如果 $C_0 > C_1$，则说明腐败数量在增加；如果 $C_0 < C_1$，则说明腐败数量在减少。因此，如果新出现的腐败行为比同期被查处的多，则意味着腐败程度在增加，反之则是在降低。

在高压反腐败行动中，由于贪腐行为被查处的概率大幅提升，加之预防腐败的制度不断完善，公职人员从事贪腐活动的动机显著减弱，机会也显著减少。因此，新增的腐败数量 C' 很可能会小于同期查处的贪腐官员数量 C''。这意味着高压反腐败行动不仅能够清理长期存在的腐败存量，还能对潜在的贪腐行为（腐败增量）产生显著

① Quah, J. S. (2001). Combating Corruption in Singapore: What Can Be Learned? *Journal of Contingencies and Crisis Management*, 9 (1): 29-35; 公婷、王世茹（2012）. 腐败“零容忍”的政治文化——以香港为例. 复旦公共行政评论，2: 169-186; 吕元礼（2011）. 新加坡治贪为什么能? 广州：广东人民出版社，第 57-67 页.

② 魏德安（2014）. 双重悖论：腐败如何影响中国的经济增长. 蒋宗强译. 北京：中信出版社，第 57-67 页.

的抑制效应，从而提升政府的客观清廉水平。① 正因如此，一些学者通过理论分析或多期截面调查数据的观测对党的十八大以来我国的反腐败行动所取得的成效给予了充分的肯定，认为我国的清廉水平已经得到显著提升。②

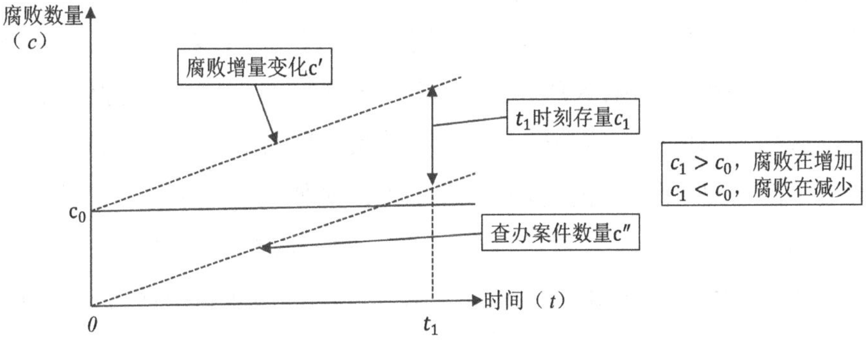

图 3-1-1 腐败惩处与客观清廉程度之间的关系

［资料来源：过勇、宋伟（2015）. 腐败测量. 北京：清华大学出版社，第 8 页.］

然而，腐败惩处对公众主观清廉感知的影响可能遵循不同的逻辑。理论上，高压反腐败行动中大量贪腐案件信息的曝光可能对公众心理造成强烈冲击，在短期内可能会恶化公众对政府的清廉感知。一些实证研究发现，政府的“打老虎”行动和腐败丑闻的爆发会对公众的政府清廉感知和政治信任造成显著的负向影响。③ 这种现象导致

① 过勇（2017）. 十八大之后的腐败形势：三个维度的评价. 政治学研究，3：2-11；任建明（2019）. 腐败增量与存量：概念界定、影响因素及政策建议. 江苏行政学院学报，4：74-82.

② 高波（2017）. 廉洁拐点. 北京：中信出版社，第 4-9 页；过勇（2017）. 十八大之后的腐败形势：三个维度的评价. 政治学研究，3：2-11；倪星、张军（2018）. 廉洁拐点的地方经验与政策意涵——基于 G 省廉情评估调查数据的分析. 政治学研究，5：39-53；郑永年（2018）. 未来三十年（修订版）：新时代的改革关键问题. 北京：中信出版社，第 87-90 页；钟龙彪（2019）. 反腐败斗争取得压倒性胜利的判定依据与巩固路径. 理论导刊，9：34-39.

③ Sole-Ollc，A. & Sorribas-Navarro，P.（2018）. Trust No More? On the Lasting Effects of Corruption Scandals. *European Journal of Political Economy*，55：185-203；孙宗锋、杨丽天晴（2016）. “打老虎”如何影响公众腐败感知差异？——基于广东省的准实验研究. 公共行政评论，3：89-107.

社会上曾一度流传着一种“越反越腐”的错误认知。① 但是，这种观点可能源于认知偏误。在高压反腐败行动中，公众能够通过媒体报道直接感知到被查处的腐败数量（C''），但由于腐败行为的隐秘性和敏感性，② 他们无法准确了解同期新增的腐败数量（C'），而是错误地将被查处的腐败数量直接等同于同期新增的腐败数量。因此，由于腐败存量和增量的复杂性以及严重的信息不对称，公众对于当前腐败形势的认知很容易陷入所谓的“越反越腐”的误区。③ 值得注意的是，这种认知偏误可能是暂时的。随着反腐败行动的深入和持续，公众有望能够更理性地评估政府清廉水平。例如，对广东省的廉情评估的多期调查发现，公众对政府的清廉感知经历短暂下降后呈持续上升趋势。④ 另一项利用亚洲风向标调查（ABS）数据的研究也发现，地区腐败惩处立案数与公众的腐败感知（清廉感知的对立表述）之间存在显著的负向关系，即地区腐败惩处力度越大，公众对政府的腐败感知越低。⑤

此外，高压反腐败行动不仅直接减少了腐败行为，还通过多重机制提升公众清廉感知。首先，持久高频率、高强度的腐败惩处力度在对潜在腐败行为形成强大震慑的同时，也能够向公众传递政府对腐败“零容忍”的坚定态度和决心，从而提升公众对政府清廉度的信心。其次，反腐败行动往往伴随着相关制度的完善，这种制度建设不仅为构建长效反腐机制奠定了基础，也进一步向公众展示了政府持续推进反腐的决心和作为，能够增强公众对长效反腐机制的信心。再次，持续的反腐败行动有助于塑造廉洁从政的政治文化。通过持续不

---

① 戴立言（2013）. 真的是“越反越腐”吗？新华每日电讯，2013 年 6 月 7 日，第 2 版.

② Treisman, D. (2007). What have We Learned About the Causes of Corruption from Ten Years of Cross-National Empirical Research? *Annual Review of Political Science*, 10: 211-244.

③ 过勇（2017）. 十八大之后的腐败形势：三个维度的评价. 政治学研究，3：2-11.

④ 倪星、张军（2018）. 廉洁拐点的地方经验与政策意涵——基于 G 省廉情评估调查数据的分析. 政治学研究，5：39-53+125-126.

⑤ 朱琳、宫伏佳（2015）. 腐败主客观测量结果差异性研究. 经济社会体制比较，5：66-80.

断的教育、宣传和实践，反腐败逐渐成为一种政治常态和文化氛围。这种政治文化的形成不仅会影响政府内部的行为规范，也会潜移默化地影响公众对政府清廉度的整体评价。当廉洁从政成为一种普遍期待和行为准则时，公众更容易感知到政府的清廉度提升。最后，反腐过程中的信息公开显著提升了政府透明度。在高压反腐败行动中，政府通过各种渠道公开披露腐败案件的调查进展和处理结果，这种透明度的提升使得公众能够更直接地了解政府的反腐努力。信息的公开不仅增强了公众对反腐行动的信任，也使得公众能够更客观地评估政府的清廉程度。透明度的提升有助于消除公众对政府腐败的猜疑，从而提升对政府清廉度的整体认知。

综上所述，震慑效应减少了新增腐败数量，制度建设能够巩固长效机制，政治文化可以塑造影响整体评价，而信息透明度的提升则能增强公众的直接感知，这些机制相互作用、相互强化，能够共同推动提升公众的清廉感知。通过这些多重路径，高压反腐败行动不仅在客观上减少了腐败行为，还在主观上提升了公众对政府清廉度的认知，从而产生了更为全面和持久的影响。因此，本书认为，在高压反腐败行动的中后期阶段，加大腐败惩处力度能够显著提升公众对政府的清廉感知。基于以上分析，本书提出如下假设：

假设 1.1：在其他条件不变的情况下，地方查处的贪腐官员人数越多，公众对各级政府的清廉感知越高。

二、腐败惩处结构与公众清廉感知

前文的模型和实证分析表明，加大整体反腐败力度（即扩大腐败惩处规模）能够显著提升地区的客观腐败水平，进而改善公众对政府的清廉感知。这种关系体现了反腐败行动的直接效果。然而，对于那些腐败已经蔓延至各个领域的国家或地区，要在事实上做到对腐败“零容忍”，将所有腐败都清理掉，无疑会带来经济、人力资源和社会稳定等方面的巨大压力与挑战。因此，国家或地区既不可能也没有能力惩治所有的腐败行为。[①] 在这种情况下，一个更为可行的策略是“抓典型、重宣传”，以达到事半功倍的效果。这种策略不仅能够集中资源打击重大腐败案件，还能通过媒体宣传形成强大的震慑效应，从而在有限资源下实现最大化的反腐效果。[②]

我国的反腐败行动长期以来一直强调对高级官员的打击，查办“大案”和“要案”也是纪检监察部门的重点工作。这些高级官员常被比喻为“老虎”，[③] 其案件作为典型案例被广泛宣传，以彰显政府坚决惩治腐败的决心。此外，这些高级官员的腐败行为往往涉案金额更大、影响范围更广，可能涉及多个部门和地区，其危害性也更为严重。因此，重点打击大案、要案不仅可以更有效地减少腐败造成的直接损失，也能够对其他官员形成更强的警示作用。同时，为了最大化惩处高级官员所带来的示范效应，政府采取了多管齐下的策略：不仅公开这些案件的调查和审判结果，还利用各种舆论工具进行深入宣传以吸引公众注意，包括新闻报道、电视专题片、警示教育等多种形式。这种全方位的宣传策略旨在提高公众对反腐行动的认知，并强化反腐败的社会氛围。当然，官方对于基层官员的贪腐行为也给予了相应的重视。在历次反腐败行动中，除了“打老虎”之外，“拍苍蝇”也是一个不可或缺的组成部分，并且是政府反腐败绩效宣传的重要内容之一。这些基层腐败案件虽然单个涉案金额可能较小，但数量众多，直接影响群众的切身利益，因此不容忽视。然而，相较而言，针对基层官员的惩处和宣传力度确实远不及针对高级官员的。这种差

① Zhu, L. (2015). Punishing Corrupt Officials in China. *The China Quarterly*, 223: 595-617.

② 朱琳、宫伏佳（2015）. 腐败主客观测量结果差异性研究. 经济社会体制比较，5：66-80.

③ 因为分析的层次不一样，在研究中，学者们对“老虎”的界定并不一致，一般在分析地级市层次时，会将县处级官员处理为“老虎”，而在分析省级层面时，会将厅局级或省级（含副省级）官员作为“老虎”的操作化测量指标。

异可能源于资源分配的考虑，以及对社会影响力的权衡。

从理论上讲，无论是查处高级官员还是基层官员，客观上都能显著提升地区的客观清廉水平。相比之下，查处高级官员对客观清廉水平的提升效果可能更为显著，因为其震慑效应更大，能够在更广泛的范围内产生影响。① 然而，对公众清廉感知差异的相关研究表明，公众的清廉感知作为一项主观评价内容，是一个颇为复杂的现象或结果，它同时受到制度环境、政府绩效和个体信息来源等多重因素的影响。这种复杂性意味着查处高级官员带来的客观清廉水平提升并不一定会快速直接地转化为公众清廉感知的显著改善。更重要的是，如表 3-1-1 所示，由于高级官员的腐败和基层官员的本身的特征差异，以及公众所面临的信息不对称程度和认知偏误等因素，导致政府在查处和曝光这两类腐败行为时对公众的清廉感知可能会产生截然不同的影响。

表 3-1-1　腐败类型与清廉感知影响差异

腐败类型	典型特征			信息不对称	反腐败策略	宣传重点	认知偏误	清廉感知影响	
	隐蔽性	敏感性	危害性					短期	长期
高级官员腐败	高	高	高	高	“打老虎”	是	存在	下降	上升
基层官员腐败	低	低	低	低	“拍苍蝇”	否	不显著	上升	上升

（一）查处高级官员对公众清廉感知的影响

高级官员腐败案件对公众清廉感知的影响是一个复杂的社会心理现象，涉及多个相互关联的因素。这些因素共同作用，形成了一个动态的认知环境，影响着公众对政府清廉程度的评估。

首先，信息解读与认知偏差在塑造公众对高层清廉状况的认知

① 王贤彬、黄亮雄、徐现祥（2016）. 高官落马遏制腐败了吗？——来自震慑效应的解释. 世界经济文汇，2：1-23.

中起着关键作用。当多起高级官员腐败案件被密集曝光时，公众可能误将其解读为高层腐败问题加剧，而非反腐力度加大的体现。这种认知偏差主要源于四个因素：信息不对称、负面信息效应、短期视角和确认偏误。信息不对称导致公众难以全面评估高层反腐败工作的实际成效，容易过度关注短期内被查处的高官数量，而忽视长期反腐趋势。例如，一些重大高官案件的调查可能需要长时间秘密进行，集中曝光时可能给公众造成高层腐败突然增多的错觉。负面信息效应使高官腐败案件在公众心理中占据主导地位，而查处的积极意义可能被低估。有研究表明，负面信息通常比正面信息对个体产生更强烈、更持久的影响。[①] 媒体对高官腐败案件的集中报道进一步强化了这种效应，导致公众可能对高层清廉状况产生过于悲观的判断。公众的短期视角倾向于忽视反腐败工作的长期成效和制度建设进展，过度关注近期查处的高官数量。这种短期关注可能导致人们忽视过去几年反腐工作在制度建设、预防机制等方面的长期积累。确认偏误则可能导致公众选择性地关注支持自己既有观点的信息，忽视相悖证据。例如，如果一个人原本就认为高层腐败问题严重，那么他可能会更加关注支持这一观点的新闻报道，而对反腐成效的正面报道则可能不以为意。这些因素共同作用，使得公众在面对高官腐败案件时更易产生前文所述的认知偏差，对高层清廉状况形成过于悲观的判断，甚至忽视反腐制度建设和预防措施的进展。

其次，高级官员腐败案件的特殊性使其对公众认知产生更大影响。这些“关键少数”的行为具有显著的示范效应，他们的腐败行为影响范围更加广泛。[②] 高级官员的决策和行为通常涉及重大公共利益，其腐败行为可能造成巨大的社会经济损失，远超普通腐败案件，

---

① Baumeister, R. F., Bratslavsky, E., Finkenauer, C. & Vohs, K. D. (2001). Bad Is Stronger than Good. *Review of General Psychology*, 5 (4): 323-370.

② 乔德福（2015）. 一把手腐败治理研究. 北京：法律出版社，第 3 页；何旗（2020）. 一把手腐败与政治生态污染及其修复——基于党的十八大后 36 名省级党委书记腐败案例的剖析. 理论探索，1：68-78.

因此更容易引起公众的强烈反响。例如，一个省级领导在重大基础设施项目决策中的腐败行为，可能导致数十亿甚至上百亿资金的浪费，影响整个地区的经济发展。此外，多起高级官员腐败案件的查处可能对政府公信力产生影响。当多个高级官员接连被查处时，公众可能对政府的整体运作产生疑虑。同时，高级官员腐败案件往往成为媒体焦点，获得更多报道和分析。[①] 持续的媒体曝光使得这些案件在公众视野中长期存在，可能导致公众对高层腐败问题的关注度过高，而忽视了其他同等重要的社会议题。例如，一个地方省级高官的腐败案件可能会在媒体上持续报道数周乃至数月之久，这种长期的关注可能导致公众对高级官员腐败问题的严重程度产生错误估计，进一步强化认知偏差。

再次，信息传播与公众认知之间的互动也是影响高级官员腐败案件查处感知的重要因素。与一般的基层官员相比，高级官员腐败案件的政治敏感性往往更高，这也导致官方在宣传这类案件时会更加谨慎。然而，官方对高级官员腐败案件查处信息发布的谨慎态度可能造成信息真空，公众在缺乏权威信息来源的情况下，可能转向从其他渠道获取信息，如社交媒体、网络论坛等。[②] 这些非官方渠道信息的准确性和可靠性难以保证，可能导致未经证实的消息、猜测甚至谣言广泛传播，进一步影响公众对高层反腐的认知。同时，高级官员腐败案件查处信息的分散性和碎片化也可能导致公众难以形成对案件的全面认识。在信息爆炸的时代，公众面临大量相关信息的涌入，但这些信息往往是碎片化的。没有专业背景的普通公众可能难以将这些

---

① Zhu, J., Lu, J. & Shi, T. (2013). When Grapevine News Meets Mass Media: Different Information Sources and Popular Perceptions of Government Corruption in Mainland China. *Comparative Political Studies*, 46 (8): 920-946; Zhu, J., Huang, H. & Zhang, D. (2019). "Big Tigers, Big Data": Learning Social Reactions to China's Anticorruption Campaign Through Online Feedback. *Public Administration Review*, 79 (4): 500-513.

② Hassid, J. (2012). Safety Valve or Pressure Cooker? Blogs in Chinese Political Life. *Journal of Communication*, 62 (2): 212-230.

信息碎片拼凑成完整的图景，从而影响对高层反腐败工作的准确理解。此外，官方调查和信息发布的时间周期可能无法满足公众的即时信息需求，造成认知差距，甚至引发怀疑。[①] 例如，从某高官被传出问题到官方正式宣布调查结果，可能需要数月甚至更长时间，这期间的信息缺失可能引发公众的各种猜测和质疑，影响对高层反腐败工作的认知和信任。

然后，认知落差与期望管理是影响公众感知的另一个重要方面。公众对高级官员往往抱有更高的道德期望，[②] 当这种理想化的形象与被查处的腐败现实发生冲突时，可能导致强烈的失望和愤怒情绪。这种心理落差不仅影响公众对个别高官的看法，还可能延伸至对整个高层领导群体的评价，影响公众对未来高层反腐工作的信心。例如，一个长期被塑造为廉洁典型的高官被查出严重腐败，可能会严重打击公众对高层领导的信任。同时，公众对高层清廉程度的认知往往具有一定的惯性，需要时间来调整。这种认知调整的滞后性可能导致过度悲观的评估，即使查处高级官员腐败案件取得了一定成效，公众的认知可能仍停留在先前的负面印象中，需要较长时间才能改变这种印象。这种认知惯性可能导致公众低估高层反腐工作的实际进展。此外，公众可能对查处高级官员腐败案件抱有过高期望，当现实进展不能满足这种期望时，可能产生挫折感，影响对高层反腐败工作的支持度。[③] 这种过高期望可能源于对高层反腐败工作复杂性认识的不足，或者对短期内可能取得的成果估计过于乐观。当现实与期望产生落差时，可能导致公众对高层反腐败工作的信心下降。例如，公众可能期望在短期内就能根除所有高层腐败问题，但实际上这需要长期的

① Luo, Y. & Wen, M. (2015). Can Corruption Be Measured? Comparing Global Versus Local Perceptions of Corruption in East and Southeast Asia. *Journal of Comparative Politics*, 47 (4): 457-482.

② 李连江（2012）. 差序政府信任. 二十一世纪，131：108-114.

③ Rothstein, B. & Eek, D. (2009). Political Corruption and Social Trust: An Experimental Approach. *Rationality and Society*, 21 (1): 81-112.

制度建设和持续努力。

最后，公众参与度与信任建立之间的关系也不容忽视。高级官员腐败案件的查处主要是自上而下的过程，公众直接参与的渠道相对有限。这种参与不足可能导致多方面问题：缺乏有效的公众参与机制可能弱化公众在高层反腐败中的监督作用，尽管完全公开高级官员腐败案件的调查过程可能不现实，但适度的公众参与可以增强高层反腐败工作的透明度和公信力。研究表明，公众参与能够显著提高反腐工作的效果和公信力。① 同时，参与不足也可能导致政府难以及时获取公众对高层反腐败工作的真实反馈，无法准确把握公众的关切点和期望，从而影响高层反腐败政策的制定和调整。此外，长期来看，公众在高层反腐败中的参与不足可能影响社会信任的积累，进而影响反腐工作的社会基础。如果公众长期感觉被排斥在高层反腐败进程之外，可能导致对政府工作的普遍不信任，这种不信任可能延伸到其他领域，影响政府施政的整体效果。

综上所述，高级官员腐败案件对公众清廉感知的影响是一个多层面、动态的过程。它涉及信息解读与认知偏差、案件特殊性、信息传播、认知落差与期望管理以及公众参与等多个相互关联的因素。在这些多重因素的共同作用下，即使在高压反腐败的中后期阶段，查处高级官员可能仍然会对公众的清廉感知产生显著负面影响。

然而，需要注意的是，这种负面冲击并非长久性的。随着时间推移和反腐败行动的持续开展，公众的认知可能会逐渐调整。在多重因素的作用下，初期的强烈负面反应可能会逐渐转变为对反腐败决心的认可，最终可能会对政府清廉形象产生正面影响。首先，随着反腐败行动成为常态，公众会从初期的震惊和怀疑逐渐转向对政府反腐决心的认可。其次，随着时间推移，反腐败行动的实际效果会进一步

① Jiang, G., Lo, T. W. & Li, C. (2013). Youths' Views on Corruption Control in China: Politics and Social Censure. *International Journal of Offender Therapy and Comparative Criminology*, 57 (12): 1498-1521.

显现出来，如腐败案件数量的减少、政府效率的提升等。再次，政府会采取更加开放和透明的信息披露策略，帮助公众更全面地了解反腐败进展。然后，反腐败相关的法律法规和监督机制的不断完善也能显著增强公众对长期反腐败效果的信心。最后，媒体对反腐败行动的报道方式也会从单纯报道案件转向更全面地分析和评估，帮助塑造更积极的公众认知。总之，在常态化推进高压反腐败行动的过程中，受到反腐败成效的进一步显现、信息透明度的提高和制度建设的推进等因素影响，查处高级官员也能显著提升公众对政府的清廉感知。基于以上分析，本研究提出如下假设：

假设 1.2a：在其他条件不变的情况下，查处地方省级官员会在短期内显著降低公众对政府的清廉感知，但长期来看，能够显著提升公众对政府的清廉感知。

（二）查处基层官员对公众清廉感知的影响

基层官员的贪腐行为对公众清廉感知的影响尤为显著，这主要源于公众与基层官员之间的直接接触和频繁互动。与高级官员的腐败问题相比，普通民众对基层官员的贪腐行为具有更直接、更清晰的认知。这种认知差异主要体现在以下几个方面：

首先，公众与基层官员（街头官僚）的频繁接触降低了信息不对称程度。李普斯基在其经典著作《街头官僚：公共服务中的个人困境》中指出，基层官员是公共政策实施的关键角色，他们与公众的直接互动塑造了公众对政府的整体印象。[①] 在日常生活中，无论是办理各种证件、申请社会福利，还是参与社区事务，公众都有大量机会与基层官员直接互动。这种频繁的接触不仅使得基层官员的行为表现更容易被观察和评判，还为公众提供了第一手的经验和感受。其次，基层官员的贪腐行为往往直接影响到公众的切身利益，因此具有更高的可见性和敏感度。例如，在办理业务时被要求额外付费等都是

① 迈克尔·李普斯基（2024）. 街头官僚：公共服务中的个人困境. 韩志明、颜昌武译. 北京：中国人民大学出版社.

公众能够直接感知和理解的腐败行为。相比之下，高级官员的贪腐行为可能更加隐蔽，涉及复杂的经济利益交换，普通民众难以直接观察和理解。

当政府通过高压反腐败行动查处基层腐败分子时，公众能够直接感受到这些行动的影响和成效。这种直接的反腐败获得感源于公众对基层腐败问题的深刻认知。相关研究表明，公众对反腐败效果的评价与他们在日常生活中的亲身经历密切相关。[①] 每一个被查处的基层腐败官员，都可能是公众曾经接触过或听说过的人物，因此这些案例能够给公众留下深刻印象，更能增强他们对反腐败行动有效性的信心。日本的例子很好地说明了基层官员廉洁对公众清廉感知的重要性。尽管日本高层可能存在政治献金等腐败问题，但由于普通公务员较少出现腐败行为，且一旦发生就会受到严惩，公众仍普遍认为政府较为廉洁。[②] 这表明，基层官员的清廉状况对塑造整体政府形象具有关键作用。

在加大力度惩治基层腐败的过程中，公众误将查处的腐败案件数量等同于新增腐败数量的概率会显著更低。相反，他们更倾向于将这些行动解读为政府积极打击腐败的表现。这种认知转变源于公众对基层腐败问题的直接了解，使他们能够更准确地判断反腐败行动的真实意图和效果。实证研究也支持了这一观点。钟伟军基于浙江省的研究数据显示，公众与基层公务员的直接接触印象以及对民生服务的满意度，是影响反腐败绩效评价的关键因素。[③] 这一发现强调了基层反腐败对提升整体政府清廉感知的重要性。当公众在日常生活

① Gong, T. & Wu, A. M. (2012). Does Increased Civil Service Pay Deter Corruption? Evidence from China. *Review of Public Personnel Administration*, 32 (2): 192-204; 李辉、孟天广 (2017). 腐败经历与腐败感知：基于调查实验与直接提问的双重检验. 社会, 6: 194-215.

② 严维耀 (2004). 日本廉政制度建设理论与实践. 北京：中国方正出版社; Quah, J. S. (2006). Curbing Asian Corruption: An Impossible Dream? *Current History*, 105 (690): 176-179.

③ 钟伟军 (2019). 基层公务人员印象、民生满意度与反腐败绩效公众感知——基于浙江省的实证分析. 湖南师范大学社会科学学报, 3: 30-39.

中感受到基层官员的廉洁和高效，他们对政府的整体评价也会随之提高。因此，高压反腐败行动中，加大对基层官员的惩处力度，不仅能够改善公众对基层公务员的印象，还能提升民生服务满意度，进而提高对政府的清廉感知。这种影响可能会形成一种良性循环：更清廉的基层环境促进更高效的公共服务，而更好的公共服务又进一步增强公众对政府的信任和支持。

随着反腐行动的持续开展，这种积极影响可能会逐渐扩大。短期内，清廉感知的提升可能更多地体现在对基层政府的评价上。但随着时间推移，这种积极评价可能会逐步延伸到对各级政府清廉度的整体认知。这种“自下而上”的清廉感知提升过程，可能比单纯依赖高层反腐败更加持久和稳定。此外，基层反腐败还可能带来一系列积极的社会效应。例如，它可能提高公众参与社区事务的积极性，增强社会信任，促进社会资本的积累。这些效应虽然不是清廉感知的直接测量指标，但却能在长期内为政府清廉形象的建立提供坚实的社会基础。基于以上分析，我们可以提出以下研究假设：

假设 1.2b：在其他条件保持不变的情况下，加大基层反腐败力度能够显著提升公众对各级政府的清廉感知，地区惩处的基层贪腐官员人数越多，随后公众对各级政府的清廉感知程度越高。

第二节　腐败惩处规模、结构与差序政府清廉感知

本节内容主要关注的是腐败惩处的规模和结构差异对差序政府清廉感知可能产生的影响。相关调查数据表明，我国公众对各级政府

的清廉感知也存在中央高-地方低的差序格局状态。[①] 然而，腐败惩处如何影响差序政府清廉感知尚未受到足够的关注。因此，本节主要从差序政府信任的相关理论出发，阐述腐败惩处对差序政府清廉感知可能产生的影响及其作用机制。

一、腐败惩处规模与差序政府清廉感知

20 世纪 90 年代初，张厚安和蒙桂兰在湖北研究农村民主选举时发现，农村居民对村委会、乡镇、省市和中央的评价存在一种从"仇人、恶人、好人、亲人到恩人"的独特评价谱系。[②] 随后，大量的调查研究陆续发现，我国的农民工群体、城市居民、基层干部和大学生等群体对中央政府和各级地方政府的信任水平均存在显著差异，公众对中央政府的信任水平显著高于对地方政府的。[③] 例如，胡荣等基于多个省份的大样本问卷调查发现，农民对高层政府的信任程度显著高于基层政府。[④] 肖唐镖和王欣对五个省份共 60 个农村居民的多期追踪调查研究也发现，农民群体对高层政府的信任度显著高于基层政府。[⑤] 管玥针对两所大学 1000 名大学生的抽样调查分析也发

---

① 倪星、李珠（2016）. 政府清廉感知：差序格局及其解释——基于 2015 年度全国廉情调查的数据分析. 公共行政评论，3：4-20；孙宗锋（2017）. 中国政府清廉感知双重差异及解释：一个混合研究. 中山大学博士论文.

② 张厚安、蒙桂兰（1993）. 完善村民委员会的民主选举制度推进农村政治稳定与发展——湖北省广水市村民委员会换届选举调查. 社会主义研究，4：38-43.

③ 管玥（2012）. 政治信任的层级差异及其解释：一项基于大学生群体的研究. 公共行政评论，2：67-99；李连江（2012）. 差序政府信任. 二十一世纪，131：108-114；胡荣、胡康、温莹莹（2011）. 社会资本、政府绩效与城市居民对政府的信任. 社会学研究，1：96-117；肖唐镖、王欣（2010）. 中国农民政治信任的变迁——对五省份 60 个村的跟踪研究（1999～2008）. 管理世界，9：88-94.

④ 胡荣、胡康、温莹莹（2011）. 社会资本、政府绩效与城市居民对政府的信任. 社会学研究，1：96-117.

⑤ 肖唐镖、王欣（2010）. 中国农民政治信任的变迁——对五省份 60 个村的跟踪研究（1999～2008）. 管理世界，9：88-94.

现，调查对象对各级政府的信任度呈层级递减的趋势。① 借鉴费孝通先生提出的“差序格局”概念，② 李连江将我国公众这种对上级高于下级，中央高于地方的政府信任现象正式命名为“差序政府信任”。③ 在差序政府信任的语境下，公众会倾向于认为中央政府是比较开明的，并且与自己是站在一起的，而地方政府则不代表自己的利益，且有可能与自己是对立的。④ 随后，这一独特的现象也受到诸多学者的持续关注和分析。⑤

对于差序政府信任现象的形成及原因，既有研究主要存在制度绩效论和文化心理论两种解释路径。⑥ 制度绩效论以理性选择理论为基础，认为公众对政府的信任是建立在公众对政府的绩效表现感知基础上的。⑦ 换言之，政府在政治、经济等方面的绩效表现是影响公众政府信任的核心变量，一个表现拙劣的政府是不可能赢得公众信任的。例如，奈等认为，国家经济绩效和公众对经济的评价影响着政治信任，较差的经济表现会导致更大的不信任。⑧ 同时，不断增加的

① 管玥（2012）. 政治信任的层级差异及其解释：一项基于大学生群体的研究. 公共行政评论，2：67-99.

② 费孝通（2018）. 乡土中国　生育制度. 厦门：鹭江出版社，第 28 页.

③ 李连江（2012）. 差序政府信任. 二十一世纪，131：108-114.

④ Li，L. & O'Brien，K. J.（1996）. Villagers and Popular Resistance in Contemporary China. *Modern China*，22（1）：28-61.

⑤ 高学德、翟学伟（2013）. 政府信任的城乡比较. 社会学研究，2：1-27；罗家德、帅满、杨鲲昊（2017）.“央强地弱”政府信任格局的社会学分析——基于汶川震后三期追踪数据. 中国社会科学，2：84-101；吕书鹏（2015）. 差序政府信任：概念、现状及成因——基于三次全国调查数据的实证研究. 学海，4：148-157；吕书鹏、肖唐镖（2015）. 政府评价层级差异与差序政府信任——基于 2011 年全国调查数据的实证研究. 北京行政学院学报，1：29-38.

⑥ Mishler，W. & Rose，R.（2001）. What Are the Origins of Political Trust? Testing Institutional and Cultural Theories in Post-Communist Societies. *Comparative Political Studies*，34（1）：30-62；Wong，T. K.，Wan，P. & Hsiao，H. M.（2011）. The Bases of Political Trust in Six Asian Societies：Institutional and Cultural Explanations Compared. *International Political Science Review*，32（3）：263-281.

⑦ 熊美娟（2010）. 政治信任研究的理论综述. 公共行政评论，6：153-180，203.

⑧ Nye，J. S.，Zelikow，P. & King，D. C.（1997）. *Why People Don't Trust Government*. Harverd University Press.

政治丑闻、政治腐败和丑闻曝光率的增加、战争等重大事件的发生等都会严重侵蚀公众对政府的信任。李连江也认为，政治信任主要来自公民对政府的经济和政治绩效的评估，对政策后果、政治家的能力和操守以及政治过程的正面感受会导致高信任，负面感受会导致低信任或不信任。[①] 基于韩国等地的实证研究发现，政府绩效表现是影响公众政治信任的关键变量之一。[②] 国内诸多学者的研究也充分证明，政府在经济发展、政务服务、城乡社区基本公共服务、公共政策和社会治理等方面的绩效表现是影响公众政府信任的重要变量。[③] 我国公众之所以会形成中央高-地低的差序政府信任格局，也主要是因为地方政府在政治、经济和社会服务与管理等方面的绩效表现比较差，没有满足公众的预期。[④]

和制度绩效论的解释不同，文化心理论更注重从宏大的历史和文化脉络角度来解释政府信任的形成机制。[⑤] 它从宏观和微观两个方面，将政府信任的形成原因分为威权主义等国家文化[⑥]和政治心理等

---

① 李连江（2012）. 差序政府信任. 二十一世纪，131：108-114.

② Kim, S. (2010). Public Trust in Government in Japan and South Korea: Does the Rise of Critical Citizens Matter? *Public Adminstration Review*, 70 (5): 801-810.

③ 陈永国、钟杨（2012）. 公共服务、政府管理对政府公信力的影响——中国城市政府公信力问题的调查研究. 上海交通大学学报（哲学社会科学版），3：16-23；胡荣、胡康、温莹莹（2011）. 社会资本、政府绩效与城市居民对政府的信任. 社会学研究，1：96-117；李艳霞（2015）. 何种治理能够提升政治信任？——以当代中国公众为样本的实证分析. 中国行政管理，7：59-65；吕书鹏、肖唐镖（2015）. 政府评价层级差异与差序政府信任——基于2011年全国调查数据的实证研究. 北京行政学院学报，1：29-38；马得勇、王正绪（2012）. 民主、公正还是绩效？——中国地方政府合法性及其来源分析. 经济社会体制比较，3：122-138；张书维、景怀斌（2014）. 政治信任的制度—文化归因及政府合作效应. 武汉大学学报（哲学社会科学版），5：77-84.

④ 陈丽君、朱蕾蕊（2018）. 差序政府信任影响因素及其内涵维度——基于构思导向和扎根理论编码的混合研究. 公共行政评论，5：52-69；吕书鹏（2015）. 差序政府信任：概念、现状及成因——基于三次全国调查数据的实证研究. 学海，4：148-157；吴结兵、李勇、张玉婷（2016）. 差序政府信任：文化心理与制度绩效的影响及其交互效应. 浙江大学学报（人文社会科学版），5：157-169；王浦劬、郑姗姗（2019）. 政府回应、公共服务与差序政府信任的相关性分析——基于江苏某县的实证研究. 中国行政管理，5：101-108.

⑤ 高学德、翟学伟（2013）. 政府信任的城乡比较. 社会学研究，2：1-27.

⑥ 李艳霞（2015）. 何种治理能够提升政治信任？——以当代中国公众为样本的实证分析. 中国行政管理，7：59-65.

人际社会化[①]两个方面。文化心理理论认为，民众的政府信任根植于文化传统和规范，并通过早期的社会生活得到传播，传统文化差异使得政府信任在不同国家、社会和族群间存在差异。[②] 文化对差序政府信任的形塑主要表现在传统政治文化的熏陶[③]、国家对媒体的控制[④]以及政治图像的生成和传播[⑤]等方面。

有国内学者从政治图像、政治接触和经济增长三个维度出发，认为中央政府主导政治图像的生产，话语权的优势使中央政府相较于地方政府更有能力生产取信于民的政治图像，从而导致差序政府信任格局的产生。[⑥] 管玥基于对大学生群体的政治信任调查分析指出，从政治社会化角度来看，“崇拜中央与归罪地方的政治文化、异地为官传统下基层官员与当地民众信任纽带的断裂、近年来媒体管制适度放开对央地负面新闻传播的不同影响等等”都是导致中央和地方差序政府信任格局形成的重要因素。[⑦] 张书维和景怀斌通过大样本调查数据也发现，政治权威主义和权威价值观对公众的央-地政府信任具有显著的影响。[⑧] 李艳霞基于东亚民主调查的实证分析也指出，儒

① 管玥（2012）. 政治信任的层级差异及其解释：一项基于大学生群体的研究. 公共行政评论，2：67-99.

② Mishler, W. & Rose, R. (2001). What Are the Origins of Political Trust? Testing Institutional and Cultural Theories in Post-Communist Societies. *Comparative Political Studies*, 34 (1): 30-62.

③ 胡晓利、李兆友（2018）. 中国差序政府信任生成的政治文化机理. 学习与实践，12：60-66.

④ Kennedy, J. J. (2009). Maintaining Popular Support for the Chinese Communist Party: The Influence of Education and the State-Controlled Media. *Political Studies*, 57 (3): 517-536.

⑤ Hibbing, J. R. & Theiss-Morse, E. (2002). *Stealth Democracy: Americans' Beliefs About How Government Should Work*. Cambridge University Press.

⑥ 叶敏、彭妍（2010）. “央强地弱”政治信任结构的解析——关于央地关系一个新的阐释框架. 甘肃行政学院学报，3：49-57.

⑦ 管玥（2012）. 政治信任的层级差异及其解释：一项基于大学生群体的研究. 公共行政评论，2：67-99.

⑧ 张书维、景怀斌（2014）. 政治信任的制度—文化归因及政府合作效应. 武汉大学学报（哲学社会科学版），5：77-84.

家文化传统仍然对公众的政治信任具有显著的影响。[①] 有实证分析也指出，威权主义价值观对差序政府信任的形成具有显著影响，且会调节政府绩效对差序清廉感知的影响。[②] 总之，我国在帝制时期形成的传统政治文化中的权威观念，对当前我国公众的政府信任心理仍然有着深刻的影响，是差序政府信任长期得以维持的重要因素。[③]

对差序政府信任现象的制度绩效解释和文化心理解释为我们分析腐败惩处与差序清廉感知之间的关系提供了重要启示。首先，从文化心理论角度而言，在传统权威主义政治文化等的影响下，我国公众会天然认为中央政府的清廉水平比较高。[④] 因此，传统文化因素奠定了公众对差序政府清廉感知的基本格局。其次，从制度绩效论角度而言，党的十八大以来开展的反腐败行动主要是由党中央和高层政府发起，是一场典型的“自上而下”的政治行动。它不仅充分彰显了党中央和政府严厉惩治腐败的坚定决心和能力，而且在客观的反腐败产出方面，查处的贪腐官员级别和数量也前所未有。对于这次反腐败行动所带来的显著成效，公众无疑会首先归功于中央政府的战略设计，因而在清廉感知方面也能够赢得公众更高的评价。事实上，相关调查数据也表明，党的十八大以来的反腐败行动帮助中央政府获得了更高的信任水平。[⑤] 在清廉感知方面，G 省持续多年的廉情调查

---

① 李艳霞（2015）. 何种治理能够提升政治信任？——以当代中国公众为样本的实证分析. 中国行政管理，7：59-65.

② 吴结兵、李勇、张玉婷（2016）. 差序政府信任：文化心理与制度绩效的影响及其交互效应. 浙江大学学报（人文社会科学版），5：157-169.

③ 胡晓利、李兆友（2018）. 中国差序政府信任生成的政治文化机理. 学习与实践，12：60-66.

④ 陈丽君、朱蕾蕊（2018）. 差序政府信任影响因素及其内涵维度——基于构思导向和扎根理论编码的混合研究. 公共行政评论，5：52-69；吕书鹏、肖唐镖（2015）. 政府评价层级差异与差序政府信任——基于 2011 年全国调查数据的实证研究. 北京行政学院学报，1：29-38.

⑤ Zhang, Y. & Kim, M. (2018). Do Public Corruption Convictions Influence Citizens' Trust in Government? The Answer Might Not Be a Simple Yes or No. *The American Review of Public Administration*, 48 (7): 685-698；季程远、孟天广（2020）. 反腐败与政治信任：结构偏好与规模偏好的影响差异. 上海交通大学学报（哲学社会科学版），2：99-112.

数据也显示，公众对中央政府的清廉感知始终高于各级地方政府。[①] 因此，我们可以认为，在传统威权主义价值观和制度绩效归因的影响下，加大反腐败惩处力度能够显著有助于维持中央高-地方低的差序政府清廉感知格局。基于此，本书提出以下研究假设：

假设 2.1：在其他条件不变的情况下，地区查处的贪腐官员人数越多，相比于地方政府，公众对中央政府的清廉感知更高。

二、腐败惩处结构与差序政府清廉感知

腐败惩处的结构性差异对差序政府清廉感知的影响可能相对复杂一点。既有研究表明，查处高级官员会对公众的政府清廉感知和政治信任造成强烈的负面冲击。[②] 不过，这种冲击能否完全颠覆长期存在的中央高-地方低的差序清廉感知格局仍然有待实证检验。笔者认为，查处高级官员虽然可能会降低公众对中央政府的清廉感知，但并不足以颠覆我国长期存在的中央高-地方低的总体差序政府清廉感知格局。首先，查处高官也反映了中央强力反腐败的决心，虽然短期内可能会产生负面冲击，但从长远来看，其正面效果还是会比较明显的。因此，在高压反腐败行动的中后期阶段，它的负面影响可能会显著减弱。其次，传统的中央高-地方低的文化价值观念具有一定稳定性，很难轻易被改变。虽然查处高级官员可能会冲击公众对中央政府的清廉感知，但可能也会给公众造成一种印象：这些高级官员都已经这么腐败了，更别说基层官员了。因此，查处的高级官员越多，他们可能越会认为这个地区的地方政府比较腐败。最后，如果查处的高级

① 倪星、张军（2018）. 廉洁拐点的地方经验与政策意涵——基于G省廉情评估调查数据的分析. 政治学研究，5：39-53.

② Sole-Olle，A. & Sorribas-Navarro，P.（2018）. Trust No More? On the Lasting Effects of Corruption Scandals. *European Journal of Political Economy*，55：185-203；孙宗锋、杨丽天晴（2016）.“打老虎”如何影响公众腐败感知差异？——基于广东省的准实验研究. 公共行政评论，3：89-107.

官员是地方官员，那么其负面影响也主要局限在地方政府层级。对于中央政府而言，惩处了一些高级别的地方贪腐官员，更加能够凸显出中央政府的清廉。因此，笔者认为，查处地方高级官员也有助于维持差序政府清廉感知格局。基于此，本书提出以下研究假设：

假设 2. 2a：在其他条件不变的情况下，地区查处的高级官员人数越多，相比于地方政府，公众对中央政府的清廉感知更高。

最后，查处基层官员虽然能够在一定程度上提升公众对基层政府的清廉感知，但在短期内它也并不能显著改变中央更清廉、地方更腐败的差序清廉格局。而且，从制度绩效角度出发，公众会认为这并不是基层政府官员主动自我约束的结果，而是中央政府持续高压反腐败行动的产物。因此，查处基层官员在总体上也有助于维持中央高-地方低的差序政府清廉感知格局。基于此，本书提出以下研究假设：

假设 2. 2b：在其他条件不变的情况下，地区查处的基层官员人数越多，相比于地方政府，公众对中央政府的清廉感知更高。

第三节　两种作用机制：震慑效应与反腐败绩效满意度

本节主要关注腐败惩处影响公众清廉感知的中介效应机制。具体而言，主要从腐败惩处的震慑效应和反腐败绩效满意度两个角度来讨论，即腐败惩处通过减少公众的腐败经历、提升反腐败满意度来提升公众对政府的清廉感知。

一、震慑效应中介机制

在前述关于腐败惩处与公众清廉感知关系的模型中，我们强调，腐败惩处对清廉感知的影响主要包括两个方面。一是腐败惩处能够通过减少客观上的腐败存量从而改善地区的清廉水平，二是加大腐败惩处力度会显著提升贪腐官员被惩罚的确定性，从而对潜在的贪腐行为形成有效震慑。因此，腐败惩处主要通过减少存量，遏制腐败增量的机制来改善地区的清廉水平。我们虽然无法直接测量真实的腐败存量，但可以通过调查反腐败行动之后公众的腐败经历来检验腐败惩处的震慑效应。既有研究表明，腐败惩处能够减少公众的腐败经历。[①] 同时，大量的研究也表明腐败经历会显著降低公众的清廉感知，特别是索贿经历。[②] 在大规模的反腐败行动中，由于官员贪腐行为被惩罚的确定性显著提升，潜在的贪腐行为会显著减少。因此，公众在日常生活中直接的腐败经历也会相应减少。这种由于加大腐败打击力度带来的震慑效应可能有助于重塑公众对各级政府的清廉感知。因此，本书提出以下研究假设：

假设 3.1a：腐败经历在腐败惩处规模与政府清廉感知之间起到了部分中介作用，腐败惩处规模能够通过减少公众的腐败经历提升公众对各级政府的清廉感知。

在腐败惩处结构性差异方面，既有研究表明，虽然高级官员的落马能够在随后的几年内产生一定的震慑效应，遏制潜在的官员贪腐行为，但这种震慑效应的发挥往往需要一定的政治联系。[③] 而且，省部级以上官员的落马，主要体现的是中央主导的反腐败力度，它所传达的更多的是一种中央强力反腐败的政治决心和意志。因此，相比于查处更多的基层官员，这种“打老虎”行动虽然能够帮助中央政府

---

① Ni, X. & Su, X. (2019). Institutional Anticorruption in China: Effectiveness on Bribery Incidence. *Public Administration Review*, 79 (4): 538-551.

② 李辉、孟天广 (2017). 腐败经历与腐败感知：基于调查实验与直接提问的双重检验. 社会，6：194-215；孙宗锋.（2017）. 中国政府清廉感知双重差异及解释：一个混合研究. 中山大学博士论文；袁柏顺（2016）. 公众腐败感知与腐败的民间传说——基于 C 市城区公众腐败感知调查的一项研究. 公共行政评论，3：56-69.

③ 王贤彬、黄亮雄、徐现祥（2016）. 高官落马遏制腐败了吗？——来自震慑效应的解释. 世界经济文汇，2：1-23.

赢得更多的支持,[①] 但对减少公众的日常腐败经历的影响可能比较有限。相反，大规模的“拍苍蝇”行动则能够通过提升基层贪腐官员被惩处的确定性从而对潜在的群众身边的腐败问题产生更强的抑制效果。因此，“拍苍蝇”的反腐败行动更能够通过减少公众在日常生活中的腐败经历进而显著提升公众对各级政府的清廉感知。基于此，本书提出以下假设：

假设 3. 1b：腐败经历在“拍苍蝇”与政府清廉感知之间起到了部分中介作用，查处基层官员能够通过减少公众的腐败经历进而提升公众对各级政府的清廉感知。

二、反腐败绩效满意度中介机制

既有研究表明，公众对政府的清廉感知具有工具性的一面，对政府反腐败绩效的满意度能够显著提升公众对政府的清廉感知。例如，倪星和孙宗锋基于 G 省的调查数据发现，公众对政府的反腐败工作满意度越高，对政府的清廉感知也显著更高。[②] 李辉和孟天广的研究也表明，腐败惩处能够提升公众对政府的反腐败满意度。[③] 同时，相关实证研究也指出，公众对政府反腐败工作的满意度对公众的政府

① Zhu, J., Huang, H. & Zhang, D. (2019). “Big Tigers, Big Data”: Learning Social Reactions to China's Anticorruption Campaign Through Online Feedback. *Public Administration Review*, 79 (14): 500-513.

② 倪星、孙宗锋 (2015). 政府反腐败力度与公众清廉感知：差异及解释——基于 G 省的实证分析. 政治学研究, 1: 71-85.

③ Li, H. & Meng, T. (2020). Corruption Experience and Public Perceptions of Anti-Corruption Crackdowns: Experimental Evidence from China. *Journal of Chinese Political Science*, 25: 431-456.

清廉感知和差序政府清廉感知均具有显著的影响，[①] 公众对政府的反腐败工作满意度越高，其对政府的清廉感知越高。同时，腐败惩处力度对公众的反腐败工作满意度也具有显著影响，地区的腐败惩处力度越大，公众对政府的反腐败工作满意度越高。[②] 因此，从反腐败绩效满意度逻辑出发，笔者认为，改善腐败惩处的规模和结构能够通过显著提升公众的反腐败满意度进而提升公众对政府的清廉感知。基于此，本书提出以下研究假设：

假设 3. 2a：反腐败满意度在腐败惩处规模与政府清廉感知之间起到了部分中介作用，腐败惩处规模能够通过提升公众对政府的反腐败满意度进而提升公众对政府的清廉感知。

假设 3. 2b：反腐败满意度在“打老虎”与政府清廉感知之间起到了部分中介作用，“打老虎”能够通过提升公众对政府的反腐败满意度进而提升公众对政府的清廉感知。

假设 3. 2c：反腐败满意度在“拍苍蝇”与政府清廉感知之间起到了部分中介作用，“拍苍蝇”能够通过提升公众对政府的反腐败满意度进而提升公众对政府的清廉感知。

---

① 倪星、孙宗锋（2015）. 政府反腐败力度与公众清廉感知：差异及解释——基于 G 省的实证分析. 政治学研究，1：71-85；倪星、李珠（2016）. 政府清廉感知：差序格局及其解释——基于 2015 年度全国廉情调查的数据分析. 公共行政评论，3：4-20；孙宗锋（2017）. 中国政府清廉感知双重差异及解释：一个混合研究. 中山大学博士论文；钟伟军（2019）. 基层公务人员印象、民生满意度与反腐败绩效公众感知——基于浙江省的实证分析. 湖南师范大学社会科学学报，3：30-39.

② 倪星、孙宗锋（2015）. 政府反腐败力度与公众清廉感知：差异及解释——基于 G 省的实证分析. 政治学研究，1：71-85；Li，H. & Meng，T. （2020）. Corruption Experience and Public Perceptions of Anti-Corruption Crackdowns：Experimental Evidence from China. *Journal of Chinese Political Science*，25：431-456.

第四节 公共服务绩效与政治嵌入性的调节效应

在不同的制度情境之下，腐败惩处对清廉感知的正向或负向效应可能存在差异。同时，对于不同的群体，腐败惩处的效应也可能存在差异。本节主要关注政府公共服务绩效对腐败惩处与政府清廉感知之间关系的调节效应、腐败惩处对个体政治嵌入性与政府清廉感知之间关系的调节效应。

一、公共服务绩效对腐败惩处影响的调节效应

既有研究表明，公众对政府的清廉感知具有工具主义倾向，[①] 公众会因为地方政府在经济发展和公共服务等方面的优异绩效表现而对政府的清廉感知给予更加宽容的评价。例如，在一些国家中，虽然公民能够利用选票将一些贪腐官员“扔出去”（throw the rascals out），但腐败的政客获得更多的选票继续当选的现象也屡见不鲜。对于公众宽容这些腐败政客的行为，有研究者认为主要是因为这其中存在一种“隐性交换”，即政客可以通过经济发展和公共服务等方面的良好绩效表现来赢得公众更多的支持。[②]

有研究者基于亚洲、非洲和拉美地区的舆情调查整合数据分析也发现，公众的自我经济水平评价越高，对政府的清廉感知也更高，

① 李辉（2019）. 国外腐败问题研究：历史、现状和方法. 北京：中国方正出版社，第101页.

② Muñoz, J., Anduiza, E. & Gallego, A. (2016). Why Do Voters Forgive Corrupt Mayors? Implicit Exchange, Credibility of Information and Clean Alternatives. *Local Government Studies*, 42(4): 598-615.

而且这种正向效应会得到民主制度的增强。① 国内研究者基于我国多个城市的调查数据分析也指出，地方经济发展水平与公众的清廉感知之间具有显著的正相关，城市人均 GDP 越高，公众对本地政府的清廉感知越高。② 在公共服务绩效方面，孙宗锋以地方政府的教育支出占 GDP 的比重和地级市政府医疗卫生支出占 GDP 的比重作为地方公共服务支出绩效的测量指标，考察了其对公众清廉感知的影响。③ 结果发现，地级市政府的教育支出占 GDP 的比重与公众的政府清廉感知之间的关系为负，但是并未通过显著性检验；相反，越高的地级市政府医疗卫生支出占 GDP 的比重则显著提升了公众的中央和地级市政府的清廉感知。在另一项关于国内公众对政府反腐败绩效评价的实证研究中，研究者也发现，公众对政府的反腐败行动评价是功利主义的，当其能够获得更好的基本公共服务时，他们对政府反腐败行动的主观绩效评价会显著更好。④ 因此，总体上，地方政府公共服务水平的提升能够使得公众对政府的清廉感知评价更为宽容。

从这一理论出发，笔者认为腐败惩处对公众清廉感知的影响可能会受到地方公共服务绩效的调节。具体而言，地方政府在公共服务绩效方面的良好表现会显著增强腐败惩处规模和查处基层官员对公众清廉感知的正向影响，同时会适当减弱查处高级官员对公众清廉感知带来的负面冲击。基于此，本书提出以下研究假设：

假设 4.1a：地方公共服务绩效水平对腐败惩处规模与清廉感知

---

① 李辉、呼和那日松、唐敏（2015）. 民主、主观经济评价与腐败感知——基于亚洲、非洲与拉美舆情表合并数据的多层分析. 经济社会体制比较，3：162-174.

② 倪星、孙宗锋（2015）. 政府反腐败力度与公众清廉感知：差异及解释——基于 G 省的实证分析. 政治学研究，1：71-85；邓雪琳、孙宗锋（2018）. 经济绩效、政府规模与腐败感知差异——基于全国 77 个地级市的调查. 中国行政管理，2：101-108.

③ 孙宗锋（2017）. 中国政府清廉感知双重差异及解释：一个混合研究. 中山大学博士论文.

④ Li, H. & Meng, T. (2020). Corruption Experience and Public Perceptions of Anti-Corruption Crackdowns: Experimental Evidence from China. *Journal of Chinese Political Science*, 25: 431-456.

之间的关系具有显著的调节效应，在地方公共服务绩效水平比较高的情况下，查处的贪腐官员人数越多，公众对政府的清廉感知越高，反之则越低。

假设 4.1b：地方公共服务绩效水平对“打老虎”与清廉感知之间的关系具有显著的调节效应，在地方公共服务绩效水平比较高的情况下，查处的高级官员人数越多，公众对政府的清廉感知越高，反之则越低。

假设 4.1c：地方公共服务绩效水平对“拍苍蝇”与清廉感知之间的关系具有显著的调节效应，在地方公共服务绩效水平比较高的情况下，查处的基层官员人数越多，公众对政府的清廉感知越高，反之则越低。

二、腐败惩处对个体政治嵌入性的调节效应

如前所述，政治嵌入性也是影响公众清廉感知的一个重要变量。在一些国家中，公众的政党身份和政党认同往往会对其政府清廉感知评价具有显著的影响，党内人士对于所在党派政府官员的清廉感知会显著更高。[①] 同时，政治意识和政党知识对这种偏见具有中和调节作用：当公众的政治意识比较高的时候，他们受到这种偏见的影响显著更小；当公众政治知识匮乏时，其受到党派偏见的影响就更大。因此，在一个知识丰富的社会，公众对腐败的容忍度可能更小，更不

① Blais, A., Gidengil, E. & Kilibarda, A. (2015). Partisanship, Information, and Perceptions of Government Corruption. *International Journal of Public Opinion Research*, 29 (1): 95-110; Anduiza, E., Gallego, A. & Munoz, J. (2013). Turning a Blind Eye: Experimental Evidence of Partisan Bias in Attitudes Toward Corruption. *Comparative Political Studies*, 46 (12): 1664-1692; Cordero, G. & Blais, A. (2017). Is a Corrupt Government Totally Unacceptable? *West European Politics*, 40 (4): 645-662.

容易受到党派偏见的影响。① 来自西班牙的调查数据分析结果也表明，政党认同能够解释为什么有的公众会投票支持一个腐败的政党。② 在对我国公众的清廉感知实证分析中，研究者也发现党员群体对各级政府的清廉感知显著更高。孙宗锋基于我国的大样本调查数据，详细考察了在政治嵌入性对公众清廉感知的影响。③ 研究发现，政治嵌入性会显著提高公众对各级政府的清廉感知。与非共产党员相比，共产党员对各级政府的清廉感知显著更高，而且在体制内单位（即工作单位为在党政机关、国企和事业单位工作的人）和参与过村委会或居委会投票的受访者对各级政府的清廉感知也比其他受访者显著更高。此外，与弱政治嵌入性（通过在体制内单位工作或参与过村委会或居委会的投票测量）相比，强政治嵌入性（通过是否为共产党员测量）使得人们认为各级政府更清廉。同时，孙宗锋的研究发现，政治嵌入性对清廉感知的影响会受到宏观层面经济发展水平、反腐败力度和公共服务绩效的调节。④ 具体而言，经济发展水平高和反腐败力度大均使得政治嵌入性对清廉感知的影响变小，而公共服务绩效则会加强政治嵌入性对公众清廉感知的影响。

不过，孙宗锋的研究仅仅考察了整体的反腐败力度对政治嵌入性的调节作用，而且主要采用中纪委网站上公布的案件数据作为地区腐败惩处力度的测量指标，分析数据也集中在高压反腐败行动的前期阶段。笔者认为，在高压反腐败行动的中后期阶段，随着腐败惩处对清廉感知的影响变化，地方腐败惩处绩效对政治嵌入性的调节

① Anduiza, E., Gallego, A. & Munoz, J. (2013). Turning a Blind Eye: Experimental Evidence of Partisan Bias in Attitudes Toward Corruption. *Comparative Political Studies*, 46 (12): 1664-1692.

② Cordero, G. & Blais, A. (2017). Is a Corrupt Government Totally Unacceptable? *West European Politics*, 40 (4): 645-662.

③ 孙宗锋 (2017). 中国政府清廉感知双重差异及解释：一个混合研究. 中山大学博士论文.

④ 孙宗锋 (2017). 中国政府清廉感知双重差异及解释：一个混合研究. 中山大学博士论文.

效应也可能存在差异。具体而言，政治嵌入性对清廉感知的正向影响可能会随着地区腐败惩处总体规模和查处基层官员数量的增多而得到增强，同时地区查处更多的高级官员也会对政治嵌入性比较强的公众造成一定负面冲击，弱化其对清廉感知的正向影响。基于此，本书提出以下研究假设：

假设 4.2a：腐败惩处规模对政治嵌入性与政府清廉感知之间的关系具有调节作用，在地区查处的贪腐官员人数比较多的情况下，政治嵌入性与清廉感知之间的正向关系会得到增强。

假设 4.2b："打老虎"对政治嵌入性与政府清廉感知之间的关系具有调节作用，在地区查处的高级官员人数比较多的情况下，政治嵌入性与清廉感知之间的关系为负相关。

假设 4.2c："拍苍蝇"对政治嵌入性与政府清廉感知之间的关系具有调节作用，在地区查处的基层官员人数比较多的情况下，政治嵌入性与清廉感知之间的正向关系会得到增强。

第五节 小 结

本章主要关注的是腐败惩处的规模和结构对清廉感知可能产生的潜在影响。从公职人员的腐败行为决策相关理论出发，本章首先讨论了腐败惩处对潜在贪腐行为的约束影响。在高压反腐败行动中，腐败惩处在减少腐败存量的同时，也能够通过提高贪腐官员被查处的确定性，从而对潜在的贪腐行为形成有效震慑。因此，严厉惩治腐败历来被认为是控制腐败的重要手段。不过，腐败惩处对清廉感知的影响比较复杂，大规模贪腐案件的曝光可能会冲击公众的心理，导致其降低对政府清廉感知。但公众也可能会因为政府的良好绩效表现而做出较高的清廉感知评价。笔者认为，在高压反腐败行动的中后期阶段，腐败惩处对清廉感知的影响在总体上以正向影响为主，但由于高级官员和基层官员自身的特征差异、腐败惩处中的策略性特征等差异，腐败惩处结构对公众清廉感知的影响可能存在差异。具体而言，即使在高压反腐败行动的中后期阶段，查处高级官员对公众的清廉感知可能仍然会造成显著的短期负面冲击，相反，查处基层官员则能显著提升公众的清廉感知。在差序清廉感知方面，从既有研究中对差序政府信任的制度绩效解释论和文化心理解释理论出发，笔者认为虽然加大地区腐败惩处力度能够显著提升公众对地方政府的清廉感知，但由于这次反腐败行动“自上而下”的特性，目前的反腐败行动在总体上仍然难以逆转整体的中央高-地方低的差序清廉感知格局，甚至会对该格局起到强化作用。此外，本章也对腐败惩处影响清廉感知的震慑效应和绩效满意度两种机制进行了讨论，认为腐败惩处主要通过减少公众的日常腐败经历、提升反腐败工作满意度来对清廉感知产生显著的积极影响。在第四节中，本书还讨论了不同情境下腐败惩处的效应差异。具体而言，基于公众对政府清廉感知的宽恕理论，笔者认为，地方政府在公共服务绩效方面的表现会对腐败惩处的影响具有调节效应。同时，腐败惩处也对公众的个体政治嵌入性与清廉感知之间的关系具有调节效应。

第四章　研究方法：数据收集、变量操作与模型设定

本书关注的是腐败惩处对公众清廉感知会产生怎样的影响。在实证研究中，相比于定性研究，依托大样本的量化统计分析能够更加准确地刻画变量之间的相关性乃至因果关系。因此，本研究采用量化研究方法，通过整合多渠道来源的宏观层面数据与全国范围的大样本微观调查数据来检验第三章中提出的相关研究假设，进而回答本书的研究问题。

本章第一节是对本书数据资料收集情况的简要说明，第二节是对各个变量的操作化说明以及简单的描述性统计分析，第三节介绍相关统计分析模型的设定，最后是对本章内容的小结。

第一节　数据资料收集

本书所使用的数据同时包括个体层面的微观调查数据和省级层面被查处的贪腐官员人数、地方经济社会发展情况等统计数据。其中，个体层面的调查数据主要来源于中山大学廉政研究团队开展的全国廉情评估调查，宏观层面的变量数据则主要来自各省纪委发布的年度工作报告、国家统计局公布的各省宏观经济社会方面的统计数据和樊纲、王小鲁等编制的《中国分省份市场化指数报告》。

一、个体微观层面数据收集

2015年以来，笔者参与了由中山大学廉政研究团队开展的2015—2019年各个年度的全国廉情评估调查，全程参与了各个年度的调查问卷修改、调查执行、数据分析和调研报告撰写。本书研究中所涉及的个体层面的相关数据均来源于2015—2019年度的全国廉情评估调查问卷。①

2015—2019年的全国廉情评估调查采用简单随机抽样方法，除2016年度外，② 均以地级行政区（包括地级市、地区、自治州和盟，简称为地级市）作为抽样框，将地级行政区的推论边际误差设定为正负0.07，保证各地区有效样本量不少于196个。因此，各个年度的调查都涵盖了全国31个省级行政区③及其下辖地级行政区，且除2016年外，调查数据的汇总计算结果最低均可以推论至地级市层次。各个年度的调查样本量见表4-1-1。

表4-1-1　各年度调查样本量

年份	样本量	比例（%）	累计百分比（%）
2015年	83305	20.87	20.87
2016年	47483	11.90	32.77
2017年	87338	21.88	54.65
2018年	87607	21.95	76.61
2019年	93349	23.39	100.00

各个年度的具体调查执行工作均由中山大学廉政研究团队面向

① 本书涉及的相关变量的问题问卷节选见附录一，感谢中国人民大学倪星教授、朱琳副教授提供的帮助和支持。

② 2016年度的调查因为经费限制，最低层次的推论仅到省一级，样本量也显著更少。

③ 香港、澳门和台湾地区未执行。

全国进行公开招标，选择三家有资质的电话调查公司完成。各个调查公司采用 CATI（计算机辅助电话访问）方式完成数据采集，并提交相关数据结果和质量报告。为了保证收集数据的质量，每一份问卷的访问执行均被录音，在经过调查公司的内部 QC 部门和第三方质检公司抽查核查后，项目团队成员也对相关调查执行的录音情况进行抽检核查。在 2015 年度首次开展的全国廉情调查正式开始之前，我们先期进行了一定规模的预调查，然后对问卷进行了适度的调整修改，尤其将较为敏感的问题进行了去敏感化处理。后续年度的调查中也会吸取前期调查执行中的教训，对问卷中的相关内容进行微调，对具体调查执行中可能存在的问题提出改进建议。此外，我们也通过设置受访者在抽样地区居住年限、年龄大小、是否手机或固定电话机主本人为受访者进行初步筛选，只有符合条件的受访者才会进入后续有关清廉感知的正式问题访问。最后，由于电话调查本身可能存在着一定的偏差，例如先被读出来的选项有可能被优先选择。因此，在各个年度的调查执行中，对于清廉感知等相关问题，我们均通过程序设计要求随机选择一部分受访者的问题选项由访员正序读出，另一部分受访者的问题则采用逆序方式读出。例如，在询问受访者“总体来说，您认为目前________省/自治区/直辖市中央党政机关的腐败程度如何?”时，采用正序读出的受访者听到的选项分别为［1］非常腐败、［2］比较腐败、［3］比较不腐败、［4］非常不腐败、［5］一般，而采用逆序读出的受访者听到的选项分别顺序分别为［1］非常不腐败、［2］比较不腐败、［3］比较腐败、［4］非常腐败、［5］一般。①

① 另外，正序和逆序读出中还包含“不了解”和“拒答”两个选项，未予读出，由访员根据实际情况记录。

二、宏观变量数据

本书的核心变量是各地区的腐败惩处规模和结构相关数据主要来自各省纪委发布的年度工作报告，[①] 其他经济社会方面的宏观变量则主要来自国家统计局公布的各省相关统计数据以及《中国分省份市场化指数报告》。为了解决因果关系的问题，本书收集的宏观数据都采用滞后一期的设计，即主要收集的是2014—2018年的数据。

在腐败惩处的规模和结构方面，本书主要对各省纪委发布的年度工作报告进行人工收集整理。由于各地纪委反腐败的情况保密性比较强，2016年以前很多省份的年度工作报告都没有公开发布，所以在腐败惩处的总体规模和查处的基层官员方面，本书仅收集到了各省2016—2018年的数据。其中，查处的基层官员人数用各省纪委年度工作报告中“群众身边的腐败问题”模块的相关数据进行替换。个别省份在年度工作报告中未予以报告的情况，笔者再通过互联网进行检索补充，尽最大可能补齐。在“打老虎”方面，笔者本拟对各地查处的厅局级以上官员人数进行测量，但比较遗憾的是各省年度工作报告中公布了厅局级以上官员人数的比较少，缺失非常严重。笔者也曾尝试通过互联网报道查找补充，但最后缺失比例仍然比较高，除2018年有18个省能找到准确数据外，其他省份的均缺失非常严重，2016—2017年各省缺失的情况更严重。基于此，本书最终采用的是各省查处的省级（含副省级，统称省级）官员数量进行测量。这部分的数据主要来自中国经济网整理的党的十八大、党的十九大以来落马省部级官员名单。同时，为了核对内容的准确性，本书又利用爬虫软件从中央纪委网站的审查调查栏目爬取了公布的“中管干部”执纪审查情况并进行了核对，删掉了其中中央企业和事业单位

① 部分数据存在缺失的情况，主要通过互联网检索补充。

相关的官员，整理形成最终数据。

地区经济发展水平、财政分权、政府规模等其他经济社会方面的统计数据主要来自国家统计局主办的国家数据网站。[①] 市场化发展程度方面的数据则来自樊纲、王小鲁等编制的《中国分省份市场化指数报告》。

总之，本书使用的数据来源并非单一的微观调查数据或官方统计数据。这种多来源渠道的数据有助于克服采用单一调查数据时可能面临的共同来源偏误（common source bias，简称 CSB）问题，[②] 提高估计结果的准确性。最后，需要指出的是，无论是主观数据还是客观数据，它们共享一个共同的变量，即省级行政区划编码。通过共享的省级行政区划编码，本书可以将省级层面的数据与全国廉情调查中个体层面的数据进行一一匹配，由此进行多层次模型的数据分析和结果呈现。

第二节 变量操作化与描述

一、因变量：公众清廉感知

本研究的因变量为公众对政府的清廉感知，即公众清廉感知，具体包括两个维度，一是公众对中央和县/市/区级以上三级地方政府的清廉感知，二是公众对各级政府的差序政府清廉感知，即公众对中央

① 具体网址：https：//data. stats. gov. cn/index. htm。

② Favero, N. & Bullock, J. B. (2014). How (Not) to Solve the Problem: An Evaluation of Scholarly Responses to Common Source Bias. *Journal of Public Administration Research and Theory*, 25 (1): 285-308; Podsakoff, P. M., MacKenzie, S. B. & Podsakoff, N. P. (2012). Sources of Method Bias in Social Science Research and Recommendations on How to Control It. *Annual Review of Psychology*, 63: 539-569.

和三级地方政府的清廉感知差异。前者反映的是横向的个体差异，后者反映的是纵向政府层级差异。

需要特别说明的是，这里的“政府”并非仅指狭义的行政机构，而是采用了一个更为宽泛的“广义政府”概念。[①] 这一概念同时涵盖了中国特色社会主义制度下的党组织和政府机构，在学术研究和日常话语实践中，一般将二者统一简称为“政府”。这种处理方式有其理论和现实依据。首先，在中国的政治体制中，党和政府的职能高度融合，难以泾渭分明地区分。党组织不仅在政策制定中发挥关键作用，还通过各级党委领导直接参与行政管理和公共事务。因此，从公众视角出发，党和政府往往被视为一个整体。其次，在反腐败工作中，党的纪律检查委员会和政府的监察委员会合署办公，形成了统一的反腐败工作机制。这种制度安排进一步模糊了党政界限，使得公众在感知清廉程度时难以有效区分，也无须区分党组织和政府机构。最后，从方法论角度看，将党政部门统一概念化为“政府”，有助于简化研究模型，提高分析的可操作性和结果的可解释性。这种处理方式在国内外学者研究中国政治现象时也被广泛采用。[②] 总之，本研究中的公众清廉感知实际上反映的是公众对整个党政系统清廉程度的整体评价。这一概念化处理方式不仅符合中国的政治现实，也与学术研究中的惯例相一致。

对于公众清廉感知的测量，现有大型调查和国际机构一般采用直接提问的方式进行，如亚洲风向标调查（ABS）、世界价值观和国内的中国社会状况综合调查等均直接询问受访者对中央和地方政府的清廉感知。不过，在回答的量表选择上，除个别问卷中（如亚洲风向标调查）采用的是四分量表外，其他大部分都用五分量表。

---

① 陈国权、皇甫鑫（2022）. 广义政府及其功能性分权. 政治学研究，4：25-36.

② Zhu，J.，Lu，J.，& Shi，T.（2013）. When Grapevine News Meets Mass Media：Different Information Sources and Popular Perceptions of Government Corruption in Mainland China. *Comparative Political Studies*，46（8）：920-946；倪星、孙宗锋（2015）. 政府反腐败力度与公众清廉感知：差异及解释——基于G省的实证分析. 政治学研究，1：71-85.

本研究中使用的全国廉情调查评估问卷在借鉴既有测量的基础上，采用五级量纲的测量方法，并且询问了受访者对中央和县/市/区级以上三级地方政府的清廉感知。具体问题为：（1）总体来说，您认为目前中央党政机关的腐败程度如何？（2）总体来说，您认为目前________省/自治区/直辖市党政机关的腐败程度如何？（3）总体来说，您认为目前________市/地区/盟党政机关的腐败程度如何？（4）总体来说，您认为目前________区/县/市党政机关的腐败程度如何？回答选项均为“非常腐败”“比较腐败”“一般”“不太腐败”“非常不腐败”“拒答”和“不了解”。统计分析时，本研究将各选项分别转换为1—5分的量表赋值，数值越大表示清廉感知越高，“拒答”和“不了解”则处理为缺失值。通过这四个问题，本研究形成了公众对各级政府的清廉感知测量。

差序政府清廉感知则通过中央政府清廉感知与三级地方政府清廉感知赋值转化后直接相减得到。为了分析方便，本书进一步对相减结果进行重新编码，将-4到-1分重新编码为1，表示公众对中央政府的清廉感知比对地方政府的低；0分编码为2，表示公众对中央政府的清廉感知和对地方政府的清廉感知相同；1—4分编码为3，表示公众对中央政府的清廉感知比对地方政府的高。因此，差序政府清廉感知也是一个定序变量。

二、自变量：腐败惩处规模与结构

本研究中的腐败惩处包括两个方面：一个是腐败惩处的规模，另一个是腐败惩处的结构。腐败惩处的规模是指地区的总体反腐败力度，采用各省纪委工作报告中立案审查的官员人数进行测量。为了消除地区政府人员规模的影响，在实证分析中，本研究采用各省每万名公职人员中被立案审查的官员人数进行测量。同时，考虑到公众对于所在地区查处官员人数并没有那么精确的认知，本书也对其进行对数化处理。

腐败惩处的结构包括“打老虎”和“拍苍蝇”两个维度，分别代表对高级官员和低层级官员的惩处。对于“老虎”的测量，在既有研究中并没有统一的标准，有研究者以地级市为分析单位时，将查处的县处级官员处理为“老虎”,[①] 还有研究者以地级市市委书记作为“老虎”[②]。因此，这主要取决于作者的分析层次。对于本书而言，本研究关注的层次主要在省一级，因此理论上用各省查处的厅局级及以上官员数作为“打老虎”的测量是比较合适的。不过，由于这部分的数据缺失比较严重，本研究采用省级（含副省级）官员作为“老虎”的测量。党的十八大以来，中央坚持“老虎”“苍蝇”一起打，各个省都有多名省级官员落马。因此，它能够很好地反映出各省“打老虎”的力度。更重要的是，相比于厅局级官员，这些省级官员被查处曝光之后所产生的社会影响显著更大。而目前关于查处这类官员对公众清廉感知影响的研究还比较少。因此，本书最终采用以各省被查处的省级官员人数作为“打老虎”变量的测量。

虽然理论上一个地方的“打老虎”与“拍苍蝇”之间可能存在比较强的关联性，即一些高级官员的落马往往是由一些基层官员牵引出来的，同时高级官员的落马也可能造成更多基层官员被查处。然而，本研究的数据显示，二者之间的净相关系数仅为0.124，且并未通过显著性检验。因此，我们在实证分析中将其进行区分也是比较合理的。此外，本书还关注一类比较特别的“大老虎”，即各省级行政区的书记或省长。相比于一般的副省级及以上官员，省委书记或省长被查处往往会引起更大的舆论关注和轰动，对公众的清廉感知影响

① 季程远、孟天广（2020）. 反腐败与政治信任：结构偏好与规模偏好的影响差异. 上海交通大学学报（哲学社会科学版），2：99-112；Ni，X. & Su，X.（2019）. Institutional Anticorruption in China：Effectiveness on Bribery Incidence. *Public Administration Review*，79（4）：538-551.

② 孙宗锋、杨丽天晴（2016）.“打老虎”如何影响公众腐败感知差异？——基于广东省的准实验研究. 公共行政评论，03：89-107.

也更大。但是这类案例相对比较少，且往往独立于公众的清廉感知之外，可以视为一个外生的随机事件。因此，在第六章的分析中，本书将存在这类案件的省份作为准实验分析案例，采用更加严谨的因果推断方法来评估“打老虎”对公众清廉感知的影响。

对于“拍苍蝇”的测量，本研究则采用各省纪委工作报告中立案审查的群众身边的腐败和作风问题人数进行测量。党的十八大以来，除了前所未有的“打老虎”，中央到地方也强调对基层贪腐官员的惩处力度，尽管在各省的纪委工作报告中并未详细报告查处的基层官员人数，但其中立案审查的群众身边的腐败和作风问题则可以作为一个代理变量。因为各地查处的群众身边的腐败和作风问题主要是指普通民众在日常生活中会遇到的一些教育、医疗、社会保障等民生领域的官员贪腐问题，其中涉及的官员主要是在基层一级，因此，本书将其作为“拍苍蝇”变量的代理变量。同样，为了消除地区政府规模的影响，本书也采用各省每万名公职人员中被查处的基层官员人数进行测量，并以对数形式纳入分析统计模型中进行分析。

三、中介变量：腐败经历与反腐败工作满意度

本研究的中介变量包括两个，一个是公众在日常生活中的腐败经历，另一个是公众对政府的反腐败工作满意度。其中，腐败经历反映的是公众在日常生活中遭遇各类腐败行为的可能性情况。由于腐败行为的隐秘性和敏感性，在社会调查中很难通过直接的方式对公众进行提问以获得腐败行为经历的信息。因此，研究者们一般采用间接的提问方式来获得公众的腐败经历情况。[①] 本书亦遵循这类测量方

① 李辉、孟天广（2017）. 腐败经历与腐败感知：基于调查实验与直接提问的双重检验. 社会，6：194-215；倪星、孙宗锋（2015）. 政府反腐败力度与公众清廉感知：差异及解释——基于G省的实证分析. 政治学研究，1：71-85；袁柏顺（2016）. 公众腐败感知与腐败的民间传说——基于C市城区公众腐败感知调查的一项研究. 公共行政评论，3：56-69.

法，通过询问受访者在过去一年里是否有“为了办事方便向公职人员请客送礼”“办事时公职人员索要好处”来测量其腐败经历的情况。前者测量的是公众的行贿经历情况，后者测量的是公众被公职人员索贿的情况。由于我们采用的是电话访问方式，公众在回答这种敏感问题时的真实性可能比直接面访相对更高。而且，列表实验的方法发现，我国公众在回答这类问题时的敏感性并没有那么高。[①] 因此，本书对于腐败经历的测量结果基本上是可信的。这两个问题的回答选项均为“是”和“否”，因此，统计分析时，将其处理为虚拟变量，“1”表示有行贿或被索贿经历，“0”表示否。

对于反腐败工作满意度的测量，既有研究一般采用公众对政府反腐败工作的满意度评价进行直接测量。[②] 本书也采用公众对各级政府反腐败工作的满意度评价进行直接测量。和清廉感知的测量类似，在问卷调查中，我们也直接询问了公众对中央、所在省、地级市和县市区级政府反腐败工作的满意度评价，回答选项也均为“很不满意”到“很满意”的五分程度量表。[③] 统计分析时将相应选项赋值为 1 到 5 的数值。

四、控制变量：宏观地区环境与个体微观特征

本研究的控制变量包括省级层面的宏观制度环境变量，即地区经济发展水平、财政分权化程度、市场化程度、地方公共服务绩效水平、地区，地区公职人员相对工资等。其中地区经济发展水平采用地区年度人均 GDP 进行测量，财政分权化程度采用省级公共财政支出

① 李辉、孟天广（2017）. 腐败经历与腐败感知：基于调查实验与直接提问的双重检验. 社会，6：194-215.

② Li, H., Xiao, H. & Gong, T. (2015). The Impact of Economic Well-being on Perceptions of Anti-Corruption Performance: Evidence From China. *Policy and Society*, 34 (2): 97-109; 胡荣（2007）. 农民上访与政治信任的流失. 社会学研究，3：39-55.

③ 选项中也同时包含了“不了解”和“拒答”，“一般”选项在提问时也未读出。

占中央财政支出比重进行测量，市场化程度采用樊纲和王小鲁等编制的市场化指数进行测量，地方公共服务绩效水平采用一般公共服务支出占财政总支出的比重进行测量，地区公职人员相对工资采用地方公职人员平均工资占地区城镇人口平均工资比重进行测量。这些测量与既有研究都具有一致性。之所以选择这些变量，主要是因为在既有研究中，这些变量能够在一定程度上预测地区的腐败水平，因此，控制这些变量有助于更好地控制不可观测的客观腐败水平，从而减少因为遗漏变量偏误导致的内生性问题。

在个体层面，本研究对公众的腐败容忍度和腐败感知消息来源渠道进行了控制。腐败容忍度测量的是公众对于腐败行为的认知和态度，我们主要通过受访者对以下五道题目的腐败程度评价来测量：(1) 公职人员把办公室的纸、笔带回家给家人使用；(2) 公职人员为私人事务使用公车；(3) 公职人员利用职务之便为子女找工作；(4) 公职人员接受监管对象（如工程承包商）请客吃饭；(5) 公职人员接受监管对象（如工程承包商）送的钱财。其回答选项亦为“非常腐败”“比较腐败”“一般”[①]“不太腐败”“非常不腐败”“拒答”和“不了解”。因此，统计分析时，本书首先将每题的回答转化为1—5分的量表赋值，“拒答”和“不了解”则处理为缺失值，然后计算五道题目的算术平均值，形成腐败容忍度指数。指数数值越大，表示公众对贪腐行为的容忍度越高。腐败感知消息来源渠道则包括官方新闻、小道消息、互联网三类。尽管这三类渠道之间并非完全互斥，存在一定交叉，但由于我们在问卷中采用的是多选题形式，而且在实证分析中将其处理为虚拟变量，因此，我们比较的是非官方新闻渠道、非小道消息渠道和非互联网来源渠道。此外，本研究也对受访者的性别、年龄段、受教育程度、政治面貌、工作单位类型、居住地等进行了控制。其中，政治面貌和工作单位类型是政治嵌入性程度

① 在调查中，所有五级备选项中“一般”“拒答”选项未读出。

的代理变量。具体而言，对于党员群体和在党政企事业单位工作的受访者，我们可以认为其政治嵌入性程度相对较高。各个变量的操作化汇总如表 4-2-1 所示。

表 4-2-1　变量操作化说明

变量属性	变量名称	变量操作化
因变量	公众清廉感知	公众对各级政府的腐败感知评价
	差序政府清廉感知	公众对中央政府的腐败感知评价和三级地方政府腐败感知评价之差
自变量	腐败惩处规模	纪委立案审查案件总数/各省每万名公职人员数自然对数
	“打老虎”（惩处省级官员）	纪委立案审查的副省级及以上官员人数
	“拍苍蝇”（惩处基层官员）	纪委立案审查的群众身边腐败和作风问题人数自然对数
中介变量	反腐败工作满意度	公众对各级政府反腐败工作的满意度评价
	行贿经历	公众在过去一年是否有“为了办事方便向公职人员请客送礼”的经历
	索贿经历	公众在过去一年是否有“办事时公职人员索要好处”的经历

续表

变量属性		变量名称	变量操作化
控制变量	省级层面变量	地区经济发展水平	各省人均 GDP 自然对数
		财政分权程度	地方财政收入/中央财政收入
		公共服务绩效水平	地方一般公共服务支出/财政总支出
		公职人员相对工资	地方公职人员平均工资/城镇职工平均工资
		市场化程度	樊纲、王小鲁等编制的市场化指数
	个体层面变量	腐败容忍度	腐败容忍指数
		官方新闻	虚拟变量：感知消息来源是官方新闻赋值为 1，否赋值为 0
		互联网	虚拟变量：感知消息来源是互联网赋值为 1，否赋值为 0
		小道消息	虚拟变量：感知信息来源是社会小道消息赋值为 1，否赋值为 0
		性别	虚拟变量：男性赋值为 1，女性赋值为 0
		年龄	分类变量：16—24 岁、25—34 岁、35—44 岁、45—54 岁、55—64 岁、65 岁及以上
		受教育程度	受教育程度类别赋值为受教育年限
		政治面貌	虚拟变量：党员赋值为 1，其他赋值为 0
		工作单位类别	虚拟变量：党政企事业单位赋值为 1，其他赋值为 0
		居住地	虚拟变量：城市赋值为 1，其他赋值为 0

注：年龄变量之所以处理为年龄段，处理为分类变量是为了尽量减少缺失值，保存样本量。

五、变量简单描述性统计分析

表4-2-2是对各变量的简单描述性统计分析结果。从表中可以看出，2017—2019年三期调查数据结果中，中央和县/市/区级以上三级政府的整体清廉感知得分在3.3分（5分制）左右，中央政府的清廉感知得分（3.471分）略高于三级地方政府，因此，中央与三级地方政府的差序清廉感知均值也在2.05分（3分制）左右。公众对各级政府的反腐败满意度评价得分在3.8分（5分制）左右，且也呈现出中央高-地方低的差序格局状态。腐败容忍指数的均值为1.968分（5分制），说明公众对贪腐行为的容忍度比较低。行贿和索贿经历两个变量的信息则表明，公众在日常生活中直接的腐败经历均值比例比较低，分别为11.9%和11.3%。在消息来源方面，来自官方新闻报道和互联网的比例相对较高，分别为40.6%和45.1%。不过，主要消息来源为小道消息的比例也达到了38.0%。个体特征方面，本书的分析样本中男性略微居多，比例为67.6%。年龄群体则以中青年群体为主，平均受教育年限约为12年，即高中毕业。党员群体和在党政企事业单位工作的群体占比为17.3%和22.0%。这两个比例之所以相对较高，可能与研究主要采用电话调查方式采集数据有关。[①] 城乡方面以城市居民为主，比例为60.7%。

宏观层面的变量中，在腐败惩处案件方面，由于个别省份的数据存在缺失，查处贪腐官员总人数变量和基层官员人数的有效观测值分别为91个和84个，对数化处理后的均值分别约为5人和4人。查处的省级官员方面最多的为3人，最少为0人，平均为0.5人。经济发展水平、市场化指数和财政分权等变量的数据也比较完整，有效观测值均为93个。最后，在总体的样本量方面，2017—2019年的样本

① 可能党员群体和体制内群体的电话（手机）持有量更高，空闲时间相对也较多，愿意接受访问的可能性也相对略高。

比例分别为 32.6%、32.7%和 34.8%，2019 年略微偏多。不过，由于个别变量的缺失情况不一致，在后续的统计分析中实际参与的样本量也略微存在差异。

表 4-2-2　各变量描述性统计分析

变量名称	观测值	均值	标准差	最小值	最大值
中央政府清廉感知	211104	3.471	1.294	1	5
省级政府清廉感知	215253	3.287	1.310	1	5
地级市政府清廉感知	209091	3.319	1.310	1	5
县市区政府清廉感知	218968	3.318	1.338	1	5
中央-省级差序政府清廉感知	199756	2.082	0.595	1	3
中央-地级市差序政府清廉感知	191272	2.068	0.635	1	3
中央-县市区差序政府清廉感知	198628	2.055	0.659	1	3
中央政府反腐败满意度	238161	4.170	0.821	1	5
省级政府反腐败满意度	233666	3.891	0.963	1	5
地级市政府反腐败满意度	221186	3.756	1.052	1	5
县市区政府反腐败满意度	228039	3.664	1.125	1	5
腐败容忍度指数	241757	1.968	0.773	1	5
行贿经历（有=1）	228919	0.119		0	1
索贿经历（有=1）	238441	0.113		0	1
官方新闻（是=1）	242143	0.406		0	1
互联网（是=1）	242143	0.451		0	1
小道消息（是=1）	242143	0.380		0	1
男性（是=1）	242142	0.676		0	1
16—24 岁（是=1）	200071	0.197		0	1
25—34 岁（是=1）	200071	0.310		0	1
35—44 岁（是=1）	200071	0.219		0	1
45—54 岁（是=1）	200071	0.156		0	1
55—64 岁（是=1）	200071	0.076		0	1
65 岁及以上（是=1）	200071	0.042		0	1

续表

变量名称	观测值	均值	标准差	最小值	最大值
受教育年限	242144	12. 510	3. 338	6	19
受教育年限平方	242144	167. 500	79. 960	36	361
共产党员（是=1）	240485	0. 173		0	1
党政企事业单位（是=1）	239671	0. 220		0	1
城市居民（是=1）	242142	0. 607		0	1
ln 查处贪腐官员总人数	91	5. 427	0. 584	3. 826	6. 418
查处省级官员人数	93	0. 505	0. 717	0	3
ln 查处基层官员人数	84	4. 153	0. 931	1. 981	5. 833
ln 人均 GDP/元	93	10. 935	0. 395	10. 227	11. 851
市场化指数	93	5. 905	1. 435	1. 560	8. 510
财政分权程度	93	0. 013	0. 012	0. 001	0. 053
公共服务支出比重	93	0. 087	0. 018	0. 042	0. 145
公职人员相对工资	93	1. 113	0. 148	0. 851	1. 542
2017 年	268294	0. 326		0	1
2018 年	268294	0. 327		0	1
2019 年	268294	0. 348		0	1

注：(1) 由于2016各省腐败案件方面的数据难以收集，在后续的多层次模型分析中，本书仅利用了2017—2019年三个年度的调查数据作为混合截面数据进行分析。此外，由于各个变量存在不同程度的缺失，所以相比于总体样本量，部分变量的样本量相对较少，差序政府清廉感知也因为各级政府清廉感知中存在一定缺失，样本量较各级政府清廉感知略少。ln 查处贪腐官员总人数和 ln 查处基层官员人数也因为个别省份和个别年份存在缺失而样本量较少。(2) 行贿经历、索贿经历、官方新闻、互联网等变量均为虚拟变量，其均值栏为取值为 1 的比例。将年龄变量处理为虚拟变量主要是为了尽可能减少样本损失。

第三节　统计模型设定

一、多层次模型设定

由于本研究的核心解释变量和被解释变量之间存在着不同的层次问题，且个体是嵌入在特定的省份当中，采用一般的统计模型并不能解决多层次数据导致的个体不独立问题。因此，在实证分析中，本书采用的是多层次分析模型（multilevel model）。采用多层次模型不仅能够解决个体数据的嵌套性问题，还能够在一定程度上提升估计结果的因果推论，帮助我们更好地评估宏观的制度环境因素对个体造成的影响。同时，由于因变量政府清廉感知为五分定序变量，因此，在后续估计中，本书主要采用多层次定序 logit 回归模型进行估计。具体模型设定如下：

$$\Pr(y_{ij} > k \mid x_{ij}, k, u_j) = \mathrm{H}(x_{ij}\boldsymbol{\beta} + z_{ij}u_j - k_k)$$

y_{ij} 代表第 j 组，第 i 个观测值；i（$i \sim 1.\ 2 \cdots N$）代表 j（$j \sim 1.\ 2.\ 3.\ \cdots M$）组里的观测值，$M$ 代表独立的第二层次所有组，即省份；固定效应为 x_{ij}，k 表示 cutpoints（即截距），H（·）是代表累计概率的 logitstic 累计概率分布函数。其中，$\boldsymbol{\beta}$ 是回归系数（固定效应），在我们的参数中，自变量被 *cutpoints* 体现。z_{ij} 是随机效应，在随机截距模型中，z_{ij} 变为 1，u_j 代表随机截距。

当然，在进行稳健性检验过程中，由于部分变量被转化为了二分变量或连续变量。因此，当因变量为二分变量时，本书采用的是多层次 logit 模型，而当因变量为连续变量时，采用的是一般的多层次线性模型。其中，多层次 logit 模型设定如下：

$$\Pr(y_{ij} = 1 \mid x_{ij}, k, u_j) = \mathrm{H}(x_{ij}\boldsymbol{\beta} + z_{ij}u_j)$$

y_{ij} 代表第 j 组，第 i 个观测值；$i(i \sim 1.2\cdots N)$ 代表 $j(j \sim 1.2.3.\ \cdots M)$ 组里的观测值，M 代表独立的第二层次所有组，即省份；固定效应为 x_{ij}，H（·）是代表累计概率的 logitstic 累计概率分布函数。其中，β 是回归系数（固定效应），z_{ij} 是随机效应，在随机截距模型中，z_{ij} 变为 1，u_j 代表随机截距。

一般的线性多层次模型设定如下：

个体层面：$Y_{ij} = \beta_{0j} + \beta_{1j} X_{ij} + \varepsilon_{ij}\ \varepsilon_{ij} \sim N(0,\ \sigma^2)$

省级层面：$\beta_{0j} = \gamma_{00} + \gamma_{01} W_j + \mu_{0j}$

$\beta_{1j} = \gamma_{10} + \gamma_{11} W_j + \mu_{1j}$

其中，Y_{ij} 为个体 i，嵌入到省份 j 中；β_{0j} 是省份 j 的随机截距项；β_{1j} 是省份 j 的随机系数项，β_{0j} 和 β_{1j} 都是其所在组层一变量的函数，ε_{ij} 表示随机误差项。

二、PSM-DID/CEM-DID 模型设定

由于我们正好拥有部分省委书记或省长被查处前后的调查数据，为更加严谨地评估省委书记或省长的落马对公众清廉感知可能产生的影响，本书主要采用的是 PSM-DID 进行估计，并采用 CEM-DID 进行稳健性检验。之所以没有直接采用传统的 DID 估计策略，是因为本书的廉情调查数据并非个体层次的追踪数据，并非严格意义上的面板数据。因此，在进行 DID 分析之前，本书先采用倾向值匹配方法（PSM）和广义精确匹配（CEM）方法对干预组省委书记或省长被查处省份的样本）和控制组的观测值进行预处理，使其尽可能地达到平衡。

匹配之后，本书采用双重差分（DID）模型进行估计，模型设定具体如下：

$Y_{jt} = \alpha + \gamma D_t + \beta X_{jt} + u_i + \varepsilon_{jt}$　　（$i=1,\ \cdots,\ n;\ t=1,\ 2$）

其中，D_t 为是否存在省委书记或省长虚拟变量（$D_t = 1$，且 $t =$

2，表示省委书记或省长落马后；$D_t=0$，且$t=1$，表示省委书记或省长落马前；X_{jt}为相关解释变量，u_i为不可观测的个体特征，ε_{jt}为随机误差项。

第四节　小　结

本章主要介绍了本书的研究数据资料来源、变量操作化和统计模型设定。为了更好地刻画腐败惩处与清廉感知之间的关系，本书选用的是定量研究方法。本书既有省级层面的腐败惩处案件和经济发展等宏观数据，也有针对公众个体的多期廉情调查评估数据。多期和多渠道来源的数据和跨层次的数据有利于克服使用单一来源问卷调查数据所面临的共同偏差问题，也可以解决部分内生性问题。在统计模型方面，本书主要采用的是多层次回归分析模型和双重差分（DID）模型，同时在双重差分分析模型之前，本书还采用倾向值匹配（PSM）和广义精确匹配（CEM）对政策前后的数据进行了匹配，以解决个体的自选择偏误，更好地满足DID的分析要求。

第五章　腐败惩处与清廉感知：多层次回归分析结果

本章为腐败惩处对公众清廉感知影响的多层次回归分析结果。第一节和第二节分别介绍了腐败惩处的规模和结构等变量对中央和县市区级以上三级地方政府、差序政府清廉感知的影响。第三节聚焦在腐败惩处对清廉感知的影响机制上，主要包括腐败惩处的震慑效应和绩效满意度中介效应检验结果。第四节是公共服务绩效对腐败惩处的调节效应和腐败惩处对政治嵌入性的调节效应分析结果。除了汇报基准回归结果外，也同时报告了多种稳健性检验分析结果，以增强本研究实证分析结果的稳健性。第五节对腐败惩处影响清廉感知的多层次回归分析结果进行小结。

需要说明的是，由于研究中的相关变量同时包含了省级层面和个体层面，因此采用多层次模型进行估计。同时，为了检验采用多层次模型是否合理，本书首先计算了各级政府清廉感知的组内相关系数 ICC（intra-class correlation）的数值，结果中央-地方各级政府清廉感知的 ICC 值分别为 0.019、0.025、0.023、0.019。这说明在没有其他解释变量的情况下，个体清廉感知的差异中大约有 2% 是由省级层面的差异导致的。虽然这一比例并不高，但考虑到研究中的因变量为 5 级定序变量，这会严重削弱地区之间的差异性。事实上，后续的分析中各个模型的似然比检验（likelihood-ratio test）结果也均表明多层次模型的估计结果更优。因此，在后续的分析模型中，本书均采用多层次模型进行估计。

第一节 腐败惩处规模、结构与公众清廉感知

一、基准回归结果

基于 2017—2019 年混合截面调查数据，采用多层次定序 logit 回归模型，本书首先对腐败惩处的规模、结构和公众的各级政府清廉感知之间的关系进行了实证检验。回归分析结果如表 5-1-1 所示，其中各个模型的 Wald chi 2 值均通过了 0.001 水平的显著性检验，likelihood-ratio（LR）test 检验结果也均在 0.01 水平上显著，说明各个模型在总体上是有效的，而且比直接采用定序 logit 模型进行估计更优。

表 5-1-1 显示，在同时控制腐败惩处结构和其他宏观与微观相关变量情况下，查处贪腐官员总人数与公众的各级政府清廉感知之间的优势比（odds ratio）均大于 1，且均在 0.01 的水平上显著。这说明腐败惩处的总体规模对四级政府清廉感知均具有显著的正向影响，各省前一年查处的贪腐官员人数越多，公众对各级政府的清廉感知越高，假设 1 得到验证。

腐败惩处结构方面，查处省级官员人数与三级地方政府清廉感知之间的优势比均小于 1，且在 0.01 的水平上显著。这说明“打老虎”（查处省级官员）会显著降低公众对地方政府的清廉感知水平。虽然查处省级官员与中央政府清廉感知之间的关系也为负（odds ratio 小于 1），但并未通过显著性检验。因此，总体来看，“打老虎”对政府清廉感知具有显著的负向影响，假设 2.1 基本得到验证。查处基层官员人数与中央政府、地级市政府和县市区政府清廉感知之间均显著为正（odds ratio 均大于 1），与省级政府之间的关系虽然为负，但

并未通过显著性检验。这说明，“拍苍蝇”（查处基层官员）在总体上能够显著提高公众对中央政府和地级市、县市区政府的清廉感知，假设 2.2 也基本得到验证。

省级层面的控制变量方面，地方经济发展水平（以人均 GDP 衡量）与中央政府清廉感知之间呈显著的负向关系（odds ratio 小于 1），与地方政府清廉感知之间的关系则不显著。公共服务支出比重在总体上与各级政府清廉感知之间均具有显著的正向关系，而且与三级地方政府之间关系均通过了显著性检验。这说明，各省在一般公共服务方面的支出比重越高，公众对地方政府的清廉感知也会显著更高。这与影响清廉感知的公共服务绩效改善逻辑具有一致性。

个体层面的控制变量方面与之前的研究发现也基本一致。首先，反腐工作满意度和腐败容忍度与各级政府清廉感知之间具有显著的正向关系，公众对政府的反腐败工作越满意，对腐败行为的容忍度越高，对政府的清廉感知也越高。

其次，行贿和索贿两种腐败经历数量则与各级政府清廉感知之间呈显著的负向关系。官方新闻和互联网两种信息来源渠道在总体上与各级政府的清廉感知之间则具有显著的正向关系，小道消息则会显著降低公众对各级政府清廉感知评价。

再次，个体人口特征方面，和女性相比，男性群体对各级政府的清廉感知相对更高。年龄段与各级清廉感知之间的关系结果则比较有意思，与 15—24 岁的群体相比，其他各年龄段的群体在总体上对各级政府的清廉感知显著更低。不过，35—54 岁年龄段的群体对中央政府的清廉感知则比 15—24 岁的群体显著更高。受教育年限与中央政府和省级政府清廉感知之间的关系呈显著的 U 型关系，与地级市和县市区政府之间的关系则为正，但不显著。与非党员和在体制外（非党政企事业单位）工作群体相比，党员和在党政企事业单位工作的受访者对各级政府的清廉感知也显著更高。这也再次说明政治嵌入性对公众的清廉感知具有显著的影响。城市居民相对农村居民对中央政府的清廉感知显著更低，但对县市区政府的清廉感知评价显著更高。

最后，年份固定效应方面，和2017年相比，2018年和2019年公众对各级政府的清廉感知显著更高。这也部分说明高压反腐败取得了显著成效，我国整体清廉水平得到显著提升。

表5-1-1　腐败惩处与各级政府清廉感知多层次定序logit回归分析结果

	模型1.1	模型1.2	模型1.3	模型1.4
	中央政府	省级政府	地级市政府	县市区政府
省级层面变量				
ln查处贪腐官员总人数	1.085***	1.108***	1.104***	1.092***
	(0.026)	(0.028)	(0.029)	(0.026)
查处省级官员人数	1.000	0.959***	0.969***	0.963***
	(0.009)	(0.009)	(0.009)	(0.009)
ln查处基层官员人数	1.034***	0.988	1.021**	1.029***
	(0.010)	(0.010)	(0.010)	(0.010)
ln人均GDP	0.743***	1.105	1.124	0.946
	(0.076)	(0.144)	(0.163)	(0.099)
市场化程度	1.027	1.058	1.014	0.989
	(0.032)	(0.042)	(0.038)	(0.031)
财政分权程度	0.175	0.011	0.017	4.173
	(0.603)	(0.050)	(0.079)	(15.087)
公共服务支出比重	2.324	34.146**	220.912***	52.085***
	(3.212)	(54.725)	(361.507)	(73.358)
公职人员相对工资	1.188	1.008	1.124	1.114
	(0.186)	(0.184)	(0.226)	(0.176)
个体层面变量				
反腐败工作满意度	2.074***	2.444***	2.757***	2.903***
	(0.013)	(0.014)	(0.015)	(0.015)

续表

	模型 1.1	模型 1.2	模型 1.3	模型 1.4
	中央政府	省级政府	地级市政府	县市区政府
腐败容忍度	1.406***	1.481***	1.435***	1.411***
	(0.009)	(0.009)	(0.009)	(0.009)
行贿经历（参照组：无）	0.684***	0.663***	0.664***	0.676***
	(0.011)	(0.011)	(0.011)	(0.011)
索贿经历（参照组：无）	0.633***	0.562***	0.554***	0.561***
	(0.010)	(0.009)	(0.009)	(0.009)
官方新闻（参照组：其他）	1.242***	1.366***	1.373***	1.412***
	(0.012)	(0.014)	(0.014)	(0.014)
互联网（参照组：其他）	1.007	1.116***	1.152***	1.195***
	(0.010)	(0.011)	(0.012)	(0.012)
小道消息（参照组：其他）	0.789***	0.758***	0.750***	0.756***
	(0.008)	(0.007)	(0.008)	(0.007)
男性（参照组：女性）	1.352***	1.193***	1.170***	1.148***
	(0.014)	(0.012)	(0.012)	(0.012)
25—34 岁（参照组：16—24 岁）	0.968**	0.869***	0.873***	0.887***
	(0.013)	(0.012)	(0.012)	(0.012)
35—44 岁（参照组：16—24 岁）	1.071***	0.916***	0.945***	0.960***
	(0.016)	(0.014)	(0.015)	(0.015)
45—54 岁（参照组：16—24 岁）	1.058***	0.862***	0.895***	0.924***
	(0.018)	(0.015)	(0.016)	(0.016)
55—64 岁（参照组：16—24 岁）	0.865***	0.711***	0.721***	0.731***
	(0.019)	(0.016)	(0.017)	(0.016)
65 岁及以上（参照组：16—24 岁）	0.783***	0.724***	0.724***	0.748***
	(0.022)	(0.021)	(0.022)	(0.022)
受教育年限	0.914***	1.020*	1.037***	1.046***
	(0.010)	(0.011)	(0.011)	(0.011)

续表

	模型 1.1 中央政府	模型 1.2 省级政府	模型 1.3 地级市政府	模型 1.4 县市区政府
受教育年限平方	1.005***	1.001**	1.000	1.000
	(0.000)	(0.000)	(0.000)	(0.000)
共产党员 （参照组：非共产党员）	1.341***	1.418***	1.403***	1.407***
	(0.018)	(0.020)	(0.020)	(0.020)
党政企事业单位工作 （参照组：其他单位工作）	1.191***	1.233***	1.271***	1.277***
	(0.015)	(0.016)	(0.017)	(0.017)
城市 （参照组：农村）	0.891***	0.988	1.000	1.053***
	(0.009)	(0.011)	(0.011)	(0.011)
2018 年 （参照组：2017 年）	1.076***	1.051**	1.018	1.020
	(0.019)	(0.021)	(0.021)	(0.019)
2019 年 （参照组：2017 年）	1.271***	1.190***	1.110***	1.096***
	(0.032)	(0.034)	(0.032)	(0.028)
截点 1	0.274	78.109***	127.796***	19.285***
	(0.305)	(108.671)	(192.954)	(21.889)
截点 2	1.618	536.071***	963.171***	135.287***
	(1.800)	(745.845)	(1454.295)	(153.561)
截点 3	1.885	626.381***	1132.779***	158.857***
	(2.097)	(871.498)	(1710.391)	(180.315)
截点 4	17.053**	8236.398***	17210.285***	2497.940***
	(18.969)	(11460.303)	(25987.579)	(2835.544)
随机效应				
常数方差	1.020***	1.039***	1.027***	1.021***
	(0.006)	(0.011)	(0.008)	(0.006)
群组观测值	31	31	27	31
个体观测值	159967	161562	157141	165172
Wald chi 2	26782.900	44676.804	52847.240	62293.960
log likelihood	-200268.176	-190022.276	-177162.787	-183044.325

续表

	模型 1.1	模型 1.2	模型 1.3	模型 1.4
	中央政府	省级政府	地级市政府	县市区政府
LR test	653.935	1343.524	958.837	751.868

注：（1）表中各变量系数为 odds ratio 值，括号内为标准误，* $p<0.1$，** $p<0.05$，*** $p<0.01$；（2）反腐败工作满意度分别对应四个层级政府；（3）地级市政府模型中因为 4 个直辖市没有地级市，群组观测值为 27 个。

二、稳健性检验

1. 将因变量处理为二分变量

由于本书的因变量公众清廉感知是一个五分量表的定序变量，因此，在前述分析中采用的是多层次定序 logit 进行估计，但其中各模型可能并未严格满足定序 logit 回归隐含的平行回归假设（parallel regression assumption）。[①] 为了进一步评估估计结果的稳健性，本书首先将因变量重新编码为二分变量进行重新估计。具体而言，本书将“非常腐败”“比较腐败”“一般”赋值编码为 0，而将“不太腐败”和“非常不腐败”赋值编码为 1，然后采用多层次 logit 进行估计。

如图 5-1-1 所示，采用多层次 logit 重新估计的结果与表 5-1-1 中的估计结果基本一致。首先，腐败惩处规模与各级政府清廉感知之间仍然具有显著的正向关系（odds ratio 均大于 1），说明查处的贪腐官员人数越多，公众对各级政府的清廉感知越高。其次，查处省级官员对各级政府的清廉感知影响也仍然为负，且主要在三级地方政府模型中显著，说明“打老虎”会显著降低公众对各级地方政府的清廉感知。最后，查处基层官员依然对中央政府、地级市政府和县市区政府的清廉感知具有显著的正向影响。不过，其对省级政府的负向效

① Williams, R. (2016). Understanding and Interpreting Generalized Ordered Logit Models. *Journal of Mathematical Sociology*, 40 (1): 7-20.

应也在 0.1 的水平上显著。

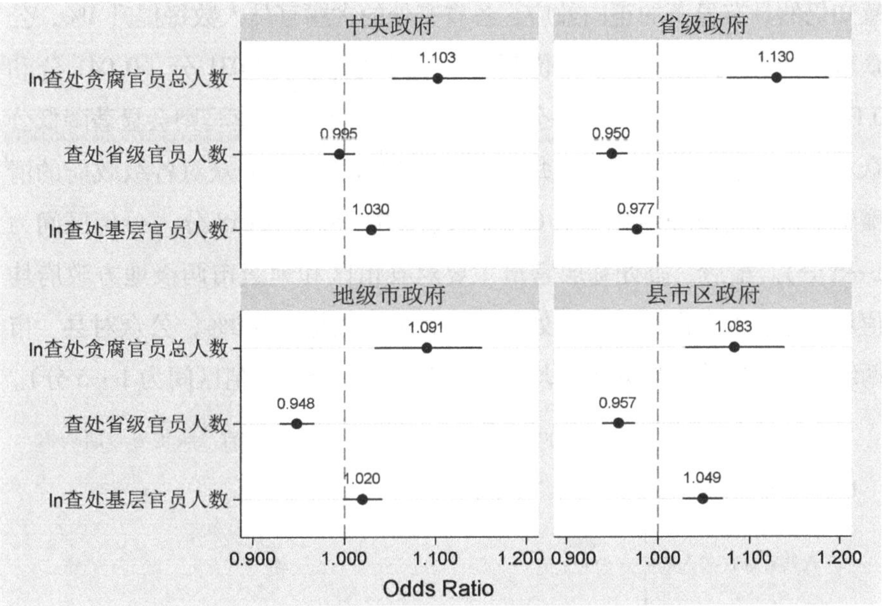

注：(1) 与表 5-1-1 一样，图中各模型均对省级层面和地级市层面的相关变量进行了控制；(2) 各模型的省级层面有效群组观测值和个体观测值与表 5-1-1 相同；(3) 各模型的 Wald chi 2 值均在 0.001 水平上显著，且 likelihood-ratio (LR) test 检验结果均在 0.01 及以上水平上显著。

图 5-1-1　稳健性检验之因变量处理为二分变量

2. 将因变量处理为各级政府均值

在现实中，社会公众对于各级政府的区分可能并没有那么清晰，而是仅仅有模糊的区分或认知。因此，本书采用均值计算的方式对各级政府的清廉感知进行了重新计算，生成三个新的因变量。首先，将县市区级政府和地级市政府的清廉感知进行合并去均值，形成两级地方政府清廉感知（icpilocal 1）；其次，将三级地方政府处理为一个变量，形成地方政府清廉感知（icpilocal 2）；最后，将各级政府清廉感知合并为一个变量，形成中央-地方四级政府清廉感知（icpilocal 3）。经过均值处理之后的各个变量成为一个连续变量，因此本书采用多层次线性模型进行估计。

如图 5-1-2 所示，将因变量处理为各级地方政府均值的结果与前述回归结果也基本一致。首先，腐败惩处总体规模对公众的各级政府清廉感知仍然具有显著的正向效应，各省查处的贪腐官员人数每提升 1%，公众对各级政府清廉感知评价得分均值分别提升 0.031 分、0.041 分和 0.041 分（分值区间为 1—5 分）。其次，省级官员的落马则会显著降低公众对各级政府的清廉感知，每落马一名省级官员，公众对各级政府的清廉感知得分均值分别会降低 0.020 分、0.023 分和 0.018 分（分值区间为 1—5 分）。最后，查处基层官员主要对县市区和地级市两级地方政府均值具有显著的正向影响，查处的基层官员人数每提升 1%，公众对县、市两级地方政府清廉感知得分均值会提升 0.011 分（分值区间为 1—5 分）。

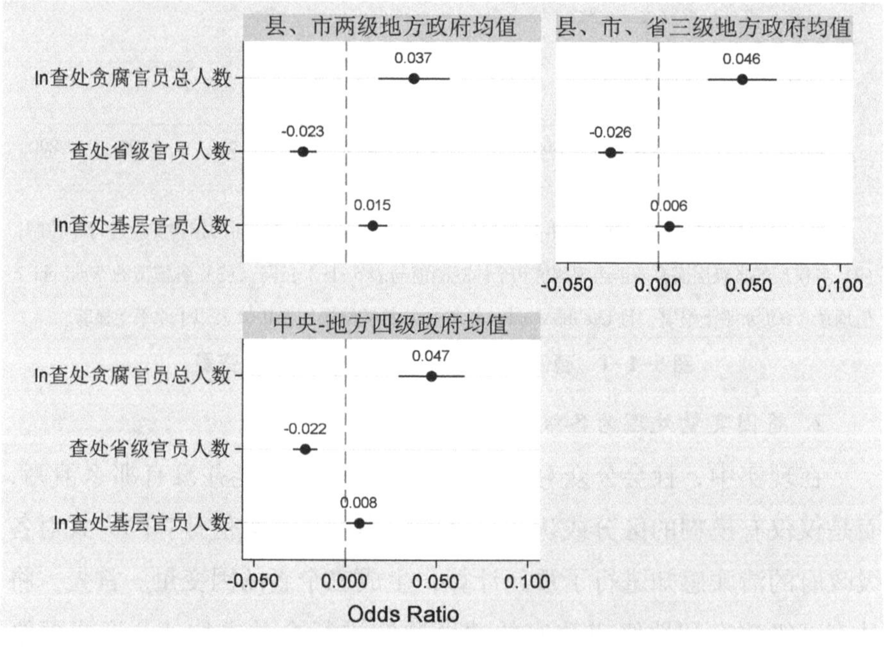

注：（1）与表 5-1-1 一样，图中各模型均对省级层面和地级市层面的相关变量进行了控制；（2）各模型的省级层面有效群组观测值均为 31 个①，个体观测值分别为 17292 个、175884 个、179013 个；（3）各模型的 Wald chi 2 值均在 0.001 水平上显著，且 likelihood-ratio（LR）test 检验结果均在 0.01 及以上水平上显著。

图 5-1-2　稳健性检验之因变量处理为政府均值

① 4 个直辖市的仅包含县市区一级政府清廉感知。

第二节　腐败惩处规模、结构与差序政府清廉感知

一、基准回归结果

差序政府清廉感知方面，如表 5-2-1 所示，在控制腐败惩处结构的情况下，腐败惩处规模与各级政府差序清廉感知之间的关系并不显著。不过，如图 5-2-1 所示，在未控制腐败惩处结构的情况下，相比于地方政府，腐败惩处规模在总体上更能提高公众对中央政府的清廉感知，其在中央-县市区政府模型中均通过了显著性检验。腐败惩处结构方面，相比于地方政府，“打老虎”和“拍苍蝇”在总体上均能显著提高公众对中央政府的清廉感知。这也再次说明高压反腐败行动对中央政府具有显著的正向影响。

省级层面的控制变量方面，首先，人均 GDP 与各级政府差序清廉感知之间具有显著的负向关系，这意味着地方经济发展程度越高，公众对地方政府的清廉感知越会显著高于中央政府。其次，公共服务支出比重与差序政府清廉感知之间具有显著的负向关系，即地方公共服务支出比重越高，公众对地方政府的清廉感知越会显著高于中央政府。这与之前提到的倪星和李珠的研究也具有一致性，进一步验证了地方公共服务绩效提升对于改善政府清廉感知的重要性。最后，除公职人员相对工资在中央-省级模型中显著为正向关系外，市场化程度、财政分权与差序政府清廉感知之间的关系并不显著。

个体层面的控制变量方面，首先，差序反腐败满意度与差序政府清廉感知之间也具有显著的正向关系，意味着公众对各级政府的反腐败绩效满意度对于其清廉感知的纵向差异也具有一定解释力。腐

败容忍度与差序政府清廉感知之间在总体上则为负相关，不过仅在中央-省级政府模型中显著。这意味着公众对腐败行为的容忍程度越高，对省级政府的清廉感知会比中央政府显著更高。个体腐败经历与差序政府清廉感知之间则显著为正相关，说明公众在日常生活中遭遇的腐败经历会显著降低其对地方政府的清廉感知。消息来源渠道方面，官方新闻渠道和互联网的消息来源渠道与差序政府清廉感知之间显著为负相关。这可能是因为在高压反腐败行动中，一些前所未有的中央层面的贪腐官员在官方媒体和互联网上被大肆曝光出来，从而破坏了公众对中央政府的清廉感知印象。不过，小道消息与差序政府清廉感知之间的关系则显著为负，意味着社会上的小道消息对地方政府的清廉感知更具侵蚀性。

个体人口特征方面，与女性相比，男性群体对中央政府的清廉感知显著更高；与15—24岁的群体相比，其他各年龄段的群体对中央政府的清廉感知也显著更高；受教育年限与差序政府清廉感知之间也呈U型关系。不过，政治嵌入性方面，党员和在党政企事业单位工作的群体对地方政府的清廉感知比中央政府显著更高。这可能是因为在高压反腐败行动中，政治嵌入性比较强的群体获知了更多高层贪腐官员的信息，同时一些中央级别的贪腐官员曝光也使得其之前对中央政府的美好清廉印象受到巨大冲击。当然，其中原因比较复杂，需要未来的研究进行讨论检验。最后，和农村地区相比，城市中的居民对地方政府的清廉感知也显著高于中央政府。这可能也主要得益于城市为地区居民提供了比较便利的公共服务等。时间固定效应方面，2019年总体上为正相关，且在中央-地级市政府和中央-县市区政府模型中均显著，这说明公众对中央政府的清廉感知显著更高，反腐败对于提升中央政府的绩效具有更加显著的作用。

表 5-2-1 腐败惩处与差序政府清廉感知两层次定序 logit 回归分析结果

	模型 2.1	模型 2.2	模型 2.3
	中央-省级政府	中央-地级市政府	中央-县市区政府
省级层面变量			
ln 查处贪腐官员总人数	0.996	1.008	1.010
	(0.026)	(0.027)	(0.024)
查处省级官员人数	1.056***	1.055***	1.041***
	(0.010)	(0.011)	(0.010)
ln 查处基层官员人数	1.043***	1.001	1.017*
	(0.011)	(0.011)	(0.010)
ln 人均 GDP	0.645***	0.685***	0.722***
	(0.060)	(0.067)	(0.055)
市场化程度	0.977	1.015	1.028
	(0.028)	(0.026)	(0.024)
财政分权程度	0.818	67.878	0.837
	(2.486)	(201.428)	(2.078)
公共服务支出比重	0.047**	0.024***	0.084**
	(0.062)	(0.030)	(0.095)
公职人员相对工资	1.455**	0.831	1.132
	(0.219)	(0.137)	(0.145)
个体层面变量			
差序反腐败工作满意度	1.665***	1.954***	2.134***
	(0.018)	(0.020)	(0.020)
腐败容忍度	0.968***	0.991	0.996
	(0.007)	(0.007)	(0.006)
行贿经历（参照组：无）	1.101***	1.108***	1.110***
	(0.020)	(0.020)	(0.019)

续表

	模型 2.1	模型 2.2	模型 2.3
	中央-省级政府	中央-地级市政府	中央-县市区政府
索贿经历（参照组：无）	1.249***	1.312***	1.319***
	(0.023)	(0.024)	(0.023)
官方新闻（参照组：其他）	0.898***	0.895***	0.867***
	(0.010)	(0.010)	(0.009)
互联网（参照组：其他）	0.885***	0.855***	0.831***
	(0.010)	(0.009)	(0.009)
小道消息（参照组：其他）	1.052***	1.052***	1.051***
	(0.011)	(0.011)	(0.011)
男性（参照组：女性）	1.207***	1.240***	1.265***
	(0.014)	(0.014)	(0.014)
25—34 岁（参照组：16—24 岁）	1.150***	1.149***	1.140***
	(0.018)	(0.017)	(0.017)
35—44 岁（参照组：16—24 岁）	1.226***	1.214***	1.179***
	(0.021)	(0.020)	(0.019)
45—54 岁（参照组：16—24 岁）	1.252***	1.212***	1.185***
	(0.024)	(0.023)	(0.022)
55-64 岁（参照组：16—24 岁）	1.195***	1.214***	1.197***
	(0.030)	(0.030)	(0.029)
65 岁及以上（参照组：16—24 岁）	1.113***	1.120***	1.102***
	(0.037)	(0.036)	(0.034)
受教育年限	0.938***	0.939***	0.939***
	(0.011)	(0.011)	(0.011)
受教育年限平方	1.002***	1.002***	1.002***
	(0.000)	(0.000)	(0.000)
共产党员（参照组：非共产党员）	0.954***	0.961***	0.944***
	(0.015)	(0.014)	(0.014)

续表

	模型 2.1	模型 2.2	模型 2.3
	中央-省级政府	中央-地级市政府	中央-县市区政府
党政企事业单位工作（参照组：其他单位工作）	0.956***	0.941***	0.948***
	(0.014)	(0.013)	(0.013)
城市（参照组：农村）	0.906***	0.893***	0.826***
	(0.011)	(0.011)	(0.010)
2018 年（参照组：2017 年）	1.003	1.022	1.018
	(0.019)	(0.019)	(0.017)
2019 年（参照组：2017 年）	1.045*	1.093***	1.080***
	(0.026)	(0.027)	(0.024)
截点 1	0.003***	0.008***	0.031***
	(0.004)	(0.008)	(0.026)
截点 2	0.082**	0.139*	0.473
	(0.085)	(0.144)	(0.404)
随机效应			
常数方差	1.015***	1.010***	1.009***
	(0.004)	(0.003)	(0.003)
群组观测值	149657	143312	149336
个体观测值			
Wald chi 2	4700.725	7753.135	11047.464
log likelihood	−130916.802	−132420.874	−141094.867
LR test	361.380	215.900	215.465

注：（1）表中系数为 odds ratio，括号内为标准误，* $p<0.1$，** $p<0.05$，*** $p<0.01$；（2）差序反腐败工作满意度分别对应三个层级的差序政府清廉感知；（3）中央-地级市政府模型中 4 个直辖市没有地级市，群组观测值为 27 个。

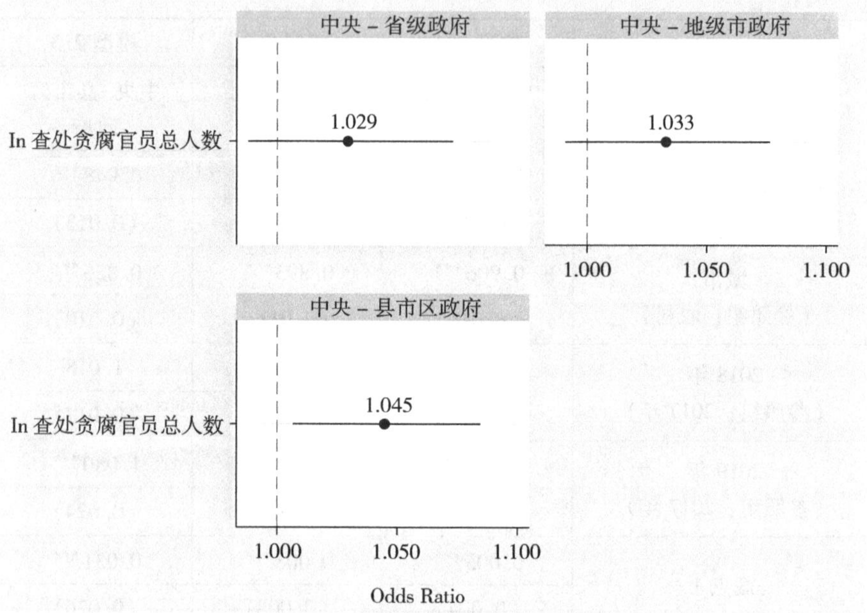

注：（1）与表 5-2-1 中的模型一样，图中各模型均对省级层面和个体层面除查处的省级官员人数和基层官员人数以外的相关变量进行了控制；（2）各模型的省级层面有效群组观测值分别为 31 个、27 个和 31 个，个体层面观测值分别为 164305 个、156157 个、164287 个；（3）各模型的 Wald chi 2 值均在 0.001 水平上显著，且 likelihood-ratio（LR）test 检验结果均在 0.01 及以上水平上显著。

图 5-2-1 腐败惩处规模与差序政府清廉感知

二、稳健性检验

为了进一步检验模型估计结果的稳健性，本书将差序政府清廉感知处理为二分变量，采用多层次 logit 回归进行重新估计。具体而言，将中央政府清廉感知减去各级地方政府清廉感知得到结果为负值的情况编码为 0，而将结果为正值的情况编码为 1，结果为 0（相等）的情况处理为缺失。

如图 5-2-2 所示，采用多层次 logit 回归估计结果与表 5-2-1 中的结果也基本一致。首先，腐败惩处总体规模对差序政府清廉感知的影响并不显著。其次，相比于各级地方政府，查处省级官员会显著提高公众对中央政府的清廉感知。最后，相比于省级政府，查处基层官员更能显著提高公众对中央政府的清廉感知。

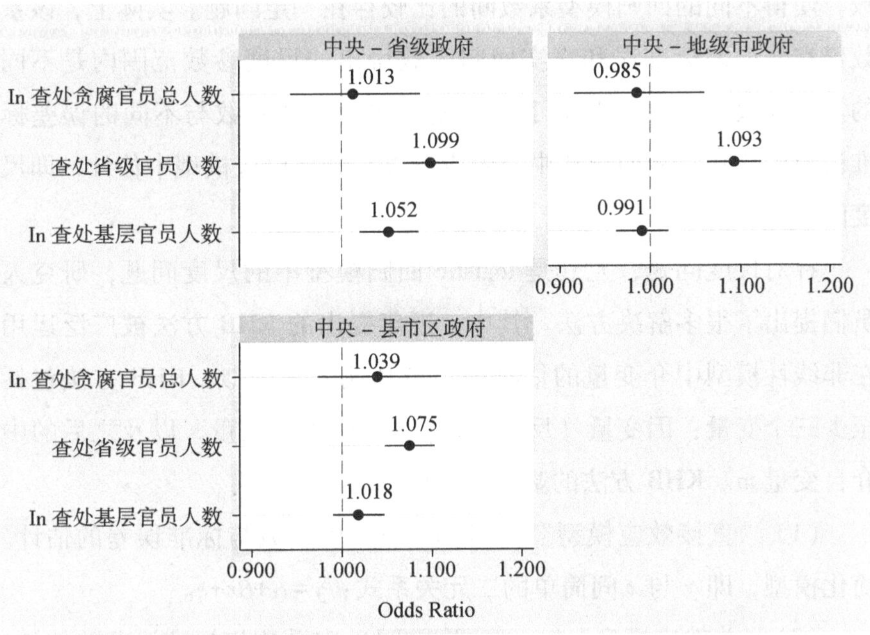

注：（1）与表 5-2-1 中的模型一样，图中各模型均对省级层面和个体层面除查处的省级官员人数和基层官员人数以外的相关变量进行了控制；（2）各模型的省级层面有效群组观测值与表 5-2-1 一样，个体层面观测值分别为 54162 个、58656 个、65562 个；（3）各模型的 Wald chi 2 值均在 0.001 水平上显著，且 likelihood-ratio（LR）test 检验结果均在 0.01 及以上水平上显著。

图 5-2-2　腐败惩处与差序政府清廉感知稳健性检验之因变量处理为二分变量

第三节　震慑效应和绩效满意度中介机制检验分析

为了检验腐败惩处对清廉感知的震慑效用机制和绩效满意度两种作用机制，本书以公众在日常生活中的腐败经历和对政府的反腐败工作满意度作为腐败惩处影响清廉感知的重要中介变量，进行实证检验。由于测量尺度的问题，一些在因变量为连续变量的模型（如 OLS）中检验中介效应的成熟技术并不能轻易推广到 logistic 回归和其他非线性模型中①。因为这些模型没有从误差、方差单独估计系数，使得不同的回归模型系数间的比较存在一定问题。实际上，该系数仅在从误差标准误和真实回归系数得出的尺度参数范围内是不同的。中介效应的估计取决于不同模型间的估计系数与不同的误差标准误差的比较，从而导致中介效应难以在分类反应模型中估计，即尺度问题。②

针对尺度问题，尤其是 logistic 回归模型中的尺度问题，研究人员们提出了很多解决方法。其中，近年提出的 KHB 方法被广泛运用在非线性模型中介变量的估测中。与其他方法类似，KHB 方法包括至少三个变量：因变量（反应变量）y，初始自变量 x 以及之后的中介自变量 m。KHB 方法的基本步骤如下：

（1）“直接效应模型”（full model）中系数与标准误差的估计。简化模型，即 y 与 x 间简单的二元关系式：$y=\alpha+\beta x+e$。

（2）“总效应模型”（reduced model）中系数与标准误差的估计。完整模型，即 x 通过 m，对 y 的影响：$y=\alpha+\beta_1x+\beta_2m+u$。

（3）“中介效应模型”（diff model）中差分系数即该系数的标准误差估计。差分模型，即计算加入 m 后 x 的回归系数相对于 y 的变化。差分模型用于估计由于 m 导致的中介（或混杂）数量，从而解释任何与非线性反应模型相关的尺度变换。

---

① 方杰、温忠麟、张敏强、任皓（2014）. 基于结构方程模型的多层中介效应分析. 心理科学进展，3：530-539；温忠麟、张雷、侯杰泰、刘红云（2004）. 中介效应检验程序及其应用. 心理学报，5：614-620.

② Breen, R., Karlson, K. B. & Holm, A. (2013). Total, Direct, and Indirect Effects in Logit and Probit Models. *Sociological Methods & Research*, 42 (2): 164-191; Breen, R., Karlson, K. B. & Holm, A. (2018). A Note on a Reformulation of the KHB Method. *Sociological Methods & Research*, 50 (2): 901-902.; Karlson, K. B., Holm, A. & Breen, R. (2012). Comparing Regression Coefficients Between Same-Sample Nested Models Using Logit and Probit. *Sociological Methodology*, 42 (1): 286-313.

（4）差分系数（$\beta-\beta_1$）用来衡量中介变量 m 的效果：如果差分系数为正，x 的系数在中介变量的作用下减小；如果差分系数为负，x 的系数在中介变量的作用下增加，即中介变量的抑制作用。

（5）计算混杂百分比 $\frac{\beta-\beta_1}{\beta}$，用来衡量相对于原始直接效应模型中的系数，总效应模型里中介的数量，即中介效应比例。

KHB 方法有效地解决了与估计系数不可分离性即非线性回归中的误差方差相关的尺度问题，且能适用于多种类别的 logistic 回归模型，因而已经在政治学、社会学、心理学和公共卫生等领域中得到广泛应用。① 由于本书的因变量是定序变量，因此，本书也采用 KHB 方法来检验腐败经历和反腐败工作满意度在腐败惩处影响清廉感知中可能存在的中介效应。

一、震慑效应机制：基于腐败经历的检验

腐败经历的 KHB 中介效应分析结果如表 5-3-1 和表 5-3-2 所示。从表中可以看出，腐败经历在腐败惩处的规模、结构与公众对政府的清廉感知之间确实发挥了重要的中介作用。

如表 5-3-1 中所示，作为中介变量，行贿经历在腐败总体惩处规模影响各级政府清廉感知的过程中产生的中介效应比例分别 3.22%、4.16%、3.36%和 3.54%；在查处基层官员影响各级政府清

① Edgell, P. A., Hartmann, D., Stewart, E. & Gerteis, J. H. (2016). Atheists and Other Cultural Outsiders: Moral Boundaries and the Non-Religious in the United States. *Social Forces*, 95 (2): 607-638; Hesselman, S., Högberg, U., Råssjö, E., Schytt, E., Löfgren, M. & Jonsson, M. (2018). Abdominal Adhesionsin Gynaecologic Surgery After Caesarean Section: A Longitudinal Population-Based Register Study. *British Journal of Obstetrics and Gynaecology*, 125 (5): 597-603; Linde, J. & Erlingsson, G. Ó. (2013). The Eroding Effect of Corruption on System Support in Sweden. *Governance*, 26 (4): 585-603; Newbury, J. B., Arseneault, L., Beevers, S., Kitwiroon, N., Roberts, S., Pariante, C. M., Kelly, F. J. & Fisher, H. L. (2019). Association of Air Pollution Exposure with Psychotic Experiences During Adolescence. *Jama Psychiatry*, 76 (6): 614-623.

廉感知过程中发挥的中介效应比例则分别为7.09%、4.60%、6.16%和5.87%。因此，相比于在腐败惩处规模与各级政府清廉感知之间的中介效应比例，行贿经历在“拍苍蝇”与各级政府清廉感知之间的中介效应比例显著更高。这说明，与整体的打击规模相比，“拍苍蝇”更能够通过减少公众的行贿经历来提升公众对各级政府的清廉感知。此外，行贿经历在查处省级官员与清廉感知之间的中介效应并未通过显著性检验。这说明“打老虎”并未通过减少公众的行贿经历来改善公众对政府的清廉感知。

类似地，表5-3-2的结果表明，索贿经历在腐败惩处规模影响各级政府清廉感知的过程中产生的中介效应比例分别为4.28%、4.68%、4.50%和4.79%；在查处基层官员影响各级政府清廉感知的过程中产生的中介效应比例分别达10.03%、8.17%、10.39%和9.85%。相比于在腐败惩处规模与各级政府清廉感知之间的中介效应比例，索贿经历在“拍苍蝇”与各级政府清廉感知之间的中介效应比例也显著更高，二者之间的差异也显著高于索贿经历的中介效应差异。这说明，与整体的打击规模相比，“拍苍蝇”也更能够通过减少公众的索贿经历来提升公众对各级政府的清廉感知。而且，相比于行贿经历，索贿经历在腐败惩处与政府清廉感知之间发挥的中介作用显著更强。最后，索贿经历在查处省级官员与清廉感知之间的中介效应也并未通过显著性检验。这说明“打老虎”也并未通过减少公众的索贿经历来改善公众对政府的清廉感知。

综上所述，腐败惩处规模和查处基层官员均会对基层公职人员的潜在贪腐行为形成强烈震慑效应，从而减少公众在日常生活中的直接腐败经历，进而改善公众对政府的清廉感知。同时，与腐败惩处规模相比，“拍苍蝇”更能减少公众的日常腐败经历，进而提升公众对政府的清廉感知。与行贿经历相比，索贿经历在腐败惩处规模、“拍苍蝇”与政府清廉感知之间所发挥的中介效用也显著更强。“打老虎”虽然客观上也会对政府官员的潜在贪腐行为产生震慑效应，但其在减少公众的日常腐败经历方面的作用似乎比较有限，因而并未通过减少公众的腐败经历而显著提升公众对各级政府的清廉感知。因此，本书关于腐败惩处影响公众清廉感知的震慑效应中介机制基本得到验证。

表 5-3-1　行贿经历中介效应 KHB 分解结果

效应分解与比例		模型 3.1	模型 3.2	模型 3.3	模型 3.4
		中央政府	省级政府	地级市政府	县市区政府
ln 查处贪腐官员总人数	总效应模型（reduced model）	0.118***	0.104***	0.114***	0.099***
		(0.010)	(0.010)	(0.011)	(0.010)
	直接效应模型（full model）	0.114***	0.100***	0.110***	0.095***
		(0.010)	(0.010)	(0.011)	(0.010)
	中介效应模型（diff model）	0.004**	0.004***	0.004**	0.004**
		(0.002)	(0.002)	(0.002)	(0.002)
	中介效应比例（%）	3.22	4.16	3.36	3.54
查处省级官员人数	总效应模型（reduced model）	-0.011*	-0.115***	-0.080***	-0.076***
		(0.007)	(0.007)	(0.007)	(0.007)
	直接效应模型（full model）	-0.011	-0.114***	-0.080***	-0.075***
		(0.007)	(0.007)	(0.007)	(0.007)
	中介效应模型（diff model）	-0.000	-0.001	0.000	-0.000
		(0.002)	(0.002)	(0.002)	(0.002)
	中介效应比例（%）	0.98	0.89	0.37	0.50
ln 查处基层官员人数	总效应模型（reduced model）	0.042***	0.039***	0.032***	0.041***
		(0.006)	(0.006)	(0.006)	(0.006)
	直接效应模型（full model）	0.039***	0.037***	0.030***	0.039***
		(0.006)	(0.006)	(0.006)	(0.006)
	中介效应模型（diff model）	0.003*	0.002**	0.002**	0.002**
		(0.002)	(0.001)	(0.001)	(0.001)
	中介效应比例（%）	7.09	4.60	6.16	5.87

注：（1）括号内为标准误，$^{*}p<0.1$，$^{**}p<0.05$，$^{***}p<0.01$；（2）与前述模型一样，表中各个中介效应分析模型中也均对相关变量进行了控制。

表 5-3-2　索贿经历中介效应 KHB 分解结果

效应分解与比例		模型 3.5	模型 3.6	模型 3.7	模型 3.8
		中央政府	省级政府	地级市政府	县市区政府
ln 查处贪腐官员总人数	总效应模型（reduced model）	0.154***	0.116***	0.125***	0.122***
		(0.008)	(0.008)	(0.009)	(0.009)
	直接效应模型（full model）	0.147***	0.110***	0.119***	0.116***
		(0.008)	(0.008)	(0.009)	(0.009)
	中介效应模型（diff model）	0.007***	0.005***	0.006***	0.006***
		(0.001)	(0.001)	(0.001)	(0.001)
	中介效应比例（%）	4.28	4.68	4.50	4.80
查处省级官员人数	总效应模型（reduced model）	−0.010	−0.113***	−0.078***	−0.076***
		(0.006)	(0.007)	(0.007)	(0.007)
	直接效应模型（full model）	−0.009	−0.110***	−0.077***	−0.073***
		(0.006)	(0.007)	(0.007)	(0.007)
	中介效应模型（diff model）	−0.001	−0.003	−0.001	−0.002
		(0.002)	(0.001)	(0.002)	(0.002)
	中介效应比例（%）	1.11	2.80	1.55	3.03
ln 查处基层官员人数	总效应模型（reduced model）	0.042***	0.041***	0.035***	0.041***
		(0.006)	(0.006)	(0.006)	(0.006)
	直接效应模型（full model）	0.038***	0.038***	0.031***	0.037***
		(0.006)	(0.006)	(0.006)	(0.006)
	中介效应模型（diff model）	0.004**	0.003*	0.004*	0.004**
		(0.002)	(0.002)	(0.002)	(0.002)
	中介效应比例（%）	10.03	8.17	10.39	9.85

注：（1）括号内为标准误，$^{*}p<0.1$，$^{**}p<0.05$，$^{***}p<0.01$；（2）与前述模型一样，表中各个中介效应分析模型中也均对相关变量进行了控制。

二、绩效满意度机制：基于反腐败满意度的检验

同样，采用KHB中介效应分析方法，本书检验了反腐败满意度在腐败惩处与政府清廉感知之间所起的中介效应。

如表5-3-3所示，反腐败满意度在腐败惩处规模与公众的各级政府清廉感知之间发挥了显著的中介作用，腐败惩处规模能够通过提升公众的反腐败满意度进而显著提升其对各级政府的清廉感知。具体而言，反腐败满意度在腐败惩处规模与各级政府清廉感知之间发挥的中介效应比例分别为30.05%、31.50%、32.39%和32.70%。

其次，“打老虎”在三级地方政府模型中也发挥了显著的中介作用，具体比例分别为18.22%、15.56%、33.68%和41.60%。然而，如前述分析结果所示，“打老虎”与各级政府的清廉感知总体上显著为负相关。这说明，虽然“打老虎”能够显著提升公众对政府的反腐败满意度，并进而在一定程度上改善公众对政府的清廉感知，但这种正向效果也并未显著改变“打老虎”带来的负面冲击。因此，“打老虎”对公众的反腐败绩效评价的影响远比想象的复杂，一方面它虽然能够显著提升公众对政府的反腐败满意度，但另一方面它在短期内也仍然会显著冲击公众对政府的清廉感知。

最后，“拍苍蝇”在各级政府模型中的中介效应也均通过了显著性检验，中介效应比例分别为16.99%、29.35%、21.36%和16.81%。因此，“拍苍蝇”也能通过显著提升公众对政府的反腐败满意度进而提升公众对政府的清廉感知。

综上所述，无论是腐败惩处规模，还是“打老虎”和“拍苍蝇”，均能显著提升公众对政府的反腐败满意度，并进而提升公众对各级政府的清廉感知。因此，本书提出的绩效满意度中介机制假设得到验证。不过，相比于“拍苍蝇”，加大反腐败力度更能通过提升公众的反腐败满意度来改善公众对各级政府的清廉感知评价。同时，反腐败满意度虽然也在“打老虎”与政府清廉感知之间具有显著的正

向中介作用，但这种效应尚不足以扭转“打老虎”对公众清廉感知造成的负面冲击。因此，“打老虎”对公众的主观反腐败绩效评价具有比较复杂的影响。

表 5-3-3　反腐败满意度中介效应 KHB 分解结果

中介效应分解与比例		模型 4. 1	模型 4. 2	模型 4. 3	模型 4. 4
		中央政府	省级政府	地级市政府	县市区政府
ln查处贪腐官员总人数	总效应模型 (reduced model)	0. 126***	0. 175***	0. 233***	0. 185***
		(0. 013)	(0. 013)	(0. 016)	(0. 013)
	直接效应模型 (full model)	0. 088***	0. 120***	0. 158***	0. 125***
		(0. 013)	(0. 013)	(0. 016)	(0. 013)
	中介效应模型 (diff model)	0. 038***	0. 055***	0. 076***	0. 061***
		(0. 005)	(0. 007)	(0. 011)	(0. 010)
	中介效应比例 (%)	30. 05	31. 50	32. 39	32. 70
查处省级官员人数	总效应模型 (reduced model)	0. 015**	-0. 124***	-0. 117***	-0. 126***
		(0. 006)	(0. 007)	(0. 007)	(0. 007)
	直接效应模型 (full model)	0. 013**	-0. 104***	-0. 077***	-0. 073***
		(0. 006)	(0. 007)	(0. 007)	(0. 007)
	中介效应模型 (diff model)	0. 003***	-0. 019***	-0. 039***	-0. 052***
		(0. 001)	(0. 007)	(0. 011)	(0. 010)
	中介效应比例 (%)	18. 22	15. 56	33. 68	41. 60
ln查处基层官员人数	总效应模型 (reduced model)	0. 026***	0. 081***	0. 066***	0. 072***
		(0. 007)	(0. 005)	(0. 006)	(0. 005)
	直接效应模型 (full model)	0. 022***	0. 057***	0. 052***	0. 060***
		(0. 007)	(0. 005)	(0. 006)	(0. 005)
	中介效应模型 (diff model)	0. 004**	0. 024***	0. 014***	0. 012***
		(0. 002)	(0. 003)	(0. 003)	(0. 003)
	中介效应比例 (%)	16. 99	29. 35	21. 36	16. 81

注：（1）括号内为标准误，* $p<0.1$，** $p<0.05$，*** $p<0.01$；（2）与表 5-1-1 中的模型一样，表中各个中介效应分析模型中也均对相关变量进行了控制。

三、稳健性检验

为了进一步检验上述分析结果的稳健性，本书采用与前面类似的方法，通过重新编码的方式将因变量处理为二分变量①，然后分别检验行贿经历、索贿经历和反腐败满意度的中介效应稳健性。数据结果表明，本书的分析结果具有比较好的稳健性。

如表 5-3-4 和表 5-3-5 所示，将因变量处理为二分变量的稳健性检验分析结果也与前述结果基本一致。尽管中介效应的比例与前述模型中存在一定差异，但腐败惩处总体规模和查处基层官员人数均能够通过显著减少公众的行贿经历和索贿经历，进而提升公众对各级政府的清廉感知。而且，相比于腐败惩处规模，腐败经历在查处基层官员与公众的政府清廉感知之间的中介效应比例明显更高，索贿经历所发挥的中介效应也显著更强。同时，“打老虎”在整体上也并未能通过显著减少公众的腐败经历而改善公众对政府的清廉感知。

表 5-3-6 的结果与前述反腐败满意度的中介效应分析结果也基本一致。尽管具体的中介效应比例存在差异，但腐败惩处规模、“打老虎”和“拍苍蝇”也均能显著提升公众对政府的反腐败满意度，进而改善公众对政府清廉感知的评价。这进一步说明反腐败满意度在腐败惩处规模和结构影响政府清廉感知的过程中发挥了重要的中介作用。

① 在反腐败满意度模型中，为了与因变量清廉感知形成对应，也采用类似的方式将反腐败满意度处理为了二分变量。

表 5-3-4　行贿经历中介效应 KHB 分析稳健性检验结果

中介效应分解与比例		模型 3. 1a	模型 3. 2a	模型 3. 3a	模型 3. 4a
		中央政府	省级政府	地级市政府	县市区政府
ln查处贪腐官员总人数	总效应模型（reduced model）	0. 142***	0. 121***	0. 132***	0. 111***
		(0. 012)	(0. 012)	(0. 014)	(0. 013)
	直接效应模型（full model）	0. 138***	0. 117***	0. 127***	0. 107***
		(0. 012)	(0. 012)	(0. 014)	(0. 013)
	中介效应模型（diff model）	0. 004**	0. 005***	0. 004**	0. 004**
		(0. 002)	(0. 002)	(0. 002)	(0. 002)
	中介效应比例（%）	2. 83	3. 96	3. 23	3. 65
查处省级官员人数	总效应模型（reduced model）	-0. 019**	-0. 127***	-0. 086***	-0. 080***
		(0. 008)	(0. 008)	(0. 009)	(0. 008)
	直接效应模型（full model）	-0. 019**	-0. 126***	-0. 086***	-0. 079***
		(0. 008)	(0. 008)	(0. 009)	(0. 008)
	中介效应模型（diff model）	-0. 000	-0. 001	0. 000	-0. 000
		(0. 002)	(0. 002)	(0. 002)	(0. 002)
	中介效应比例（%）	1. 48	0. 89	0. 38	0. 55
ln查处基层官员人数	总效应模型（reduced model）	0. 068***	0. 060***	0. 066***	0. 076***
		(0. 006)	(0. 006)	(0. 007)	(0. 007)
	直接效应模型（full model）	0. 064***	0. 057***	0. 064***	0. 073***
		(0. 006)	(0. 006)	(0. 007)	(0. 007)
	中介效应模型（diff model）	0. 003***	0. 002***	0. 002***	0. 003***
		(0. 001)	(0. 001)	(0. 001)	(0. 001)
	中介效应比例（%）	5. 02	4. 13	3. 67	4. 16

注：（1）括号内为标准误，* $p<0.1$，** $p<0.05$，*** $p<0.01$；（2）与表 5-1-1 中的模型一样，表中各个中介效应分析模型中也均对相关变量进行了控制。

表 5-3-5　索贿经历中介效应 KHB 分析稳健性检验结果

中介效应分解与比例		模型 3. 5a 中央政府	模型 3. 6a 省级政府	模型 3. 7a 地级市政府	模型 3. 8a 县市区政府
ln 查处贪腐官员总人数	总效应模型 (reduced model)	0. 172***	0. 134***	0. 143***	0. 146***
		(0. 010)	(0. 010)	(0. 011)	(0. 011)
	直接效应模型 (full model)	0. 165***	0. 128***	0. 137***	0. 139***
		(0. 010)	(0. 010)	(0. 011)	(0. 011)
	中介效应模型 (diff model)	0. 007***	0. 006***	0. 006***	0. 007***
		(0. 001)	(0. 001)	(0. 001)	(0. 001)
	中介效应比例（%）	4. 14	4. 56	4. 41	4. 63
查处省级官员人数	总效应模型 (reduced model)	−0. 018**	−0. 124***	−0. 083***	−0. 081***
		(0. 008)	(0. 008)	(0. 009)	(0. 008)
	直接效应模型 (full model)	−0. 017*	−0. 121***	−0. 082***	−0. 079***
		(0. 008)	(0. 008)	(0. 009)	(0. 008)
	中介效应模型 (diff model)	−0. 0006*	−0. 004*	−0. 001	−0. 003
		(0. 000)	(0. 002)	(0. 002)	(0. 002)
	中介效应比例（%）	3. 33*	2. 89*	1. 66	3. 24
ln 查处基层官员人数	总效应模型 (reduced model)	0. 032***	0. 037***	0. 042***	0. 052***
		(0. 007)	(0. 007)	(0. 008)	(0. 008)
	直接效应模型 (full model)	0. 028***	0. 033***	0. 038***	0. 047***
		(0. 007)	(0. 007)	(0. 008)	(0. 008)
	中介效应模型 (diff model)	0. 005**	0. 004*	0. 004*	0. 005**
		(0. 002)	(0. 002)	(0. 002)	(0. 002)
	中介效应比例（%）	14. 05	10. 19	9. 88	9. 01

注：（1）括号内为标准误，* $p<0.1$，** $p<0.05$，*** $p<0.01$；（2）与表 5-1-1 中的模型一样，表中各个中介效应分析模型中也均对相关变量进行了控制。

表 5-3-6 反腐败满意度中介效应 KHB 分析稳健性检验结果

中介效应分解与比例		模型 4.1a	模型 4.2a	模型 4.3a	模型 4.4a
		中央政府	省级政府	地级市政府	县市区政府
ln 查处贪腐官员总人数	总效应模型 (reduced model)	0.203***	0.179***	0.184***	0.182***
		(0.010)	(0.010)	(0.012)	(0.011)
	直接效应模型 (full model)	0.180***	0.140***	0.143***	0.147***
		(0.010)	(0.010)	(0.012)	(0.011)
	中介效应模型 (diff model)	0.024***	0.040***	0.040***	0.035***
		(0.003)	(0.004)	(0.005)	(0.005)
	中介效应比例（%）	11.69	22.05	21.94	19.28
查处省级官员人数	总效应模型 (reduced model)	-0.009	-0.097***	-0.067***	-0.087***
		(0.008)	(0.008)	(0.008)	(0.008)
	直接效应模型 (full model)	-0.009	-0.084***	-0.047***	-0.054***
		(0.008)	(0.008)	(0.008)	(0.008)
	中介效应模型 (diff model)	-0.004**	-0.013***	-0.021***	-0.032***
		(0.002)	(0.003)	(0.003)	(0.003)
	中介效应比例（%）	4.44	13.58	30.64	37.33
ln 查处基层官员人数	总效应模型 (reduced model)	0.065***	0.078***	0.073***	0.081***
		(0.006)	(0.007)	(0.007)	(0.007)
	直接效应模型 (full model)	0.062***	0.061***	0.065***	0.076***
		(0.006)	(0.007)	(0.007)	(0.007)
	中介效应模型 (diff model)	0.003**	0.016***	0.008***	0.005*
		(0.001)	(0.002)	(0.003)	(0.003)
	中介效应比例（%）	4.10	21.02	11.27	6.34

注：（1）括号内为标准误，* $p<0.1$，** $p<0.05$，*** $p<0.01$；（2）与表 5-1-1 中的模型一样，表中各个中介效应分析模型中也均对相关变量进行了控制。

第四节 公共服务绩效与政治嵌入性的调节效应

为了深入检验公共服务绩效对腐败惩处的调节效应和腐败惩处对个体政治嵌入性的调节效应，本书通过构造交互项的方式对其进行了实证检验。

一、公共服务绩效对腐败惩处的调节效应

本书通过构建腐败惩处规模和结构相关测量指标与公共服务支出比重的交互项来检验公共服务绩效对腐败惩处的调节效应。由于两个变量均为高层次的变量，因此本书同样采用随机截距模型进行估计，具体结果如图 5-4-1 所示。

从图 5-4-1 中可以发现，首先，腐败惩处规模与公共服务支出比重的交互项系数虽然在中央政府和省级政府模型中并不显著，但在地级市政府和县市区政府模型中均显著为正，说明公共服务绩效能够显著增强腐败惩处规模对地级市政府和县市区政府清廉感知的正向效应。

其次，查处省级官员人数与公共服务支出比重的交互项系数在中央政府和省级政府中均呈显著正相关。这说明公共服务绩效的提升能够显著削弱查处省级官员对中央政府和省级政府带来的负面冲击效应。

最后，查处基层官员人数与公共服务支出比重之间的交互项系数在各模型中的表现比较复杂。在中央政府模型中，交互项系数显著为负，意味着公共服务绩效会显著削弱查处基层官员人数对中央政府清廉感知的正向影响。不过，在县市区政府模型中，查处基层官员

人数与公共服务支出比重的交互项系数显著为正，这意味着公共服务绩效会显著增强查处基层官员对县市区政府清廉感知的正向影响。

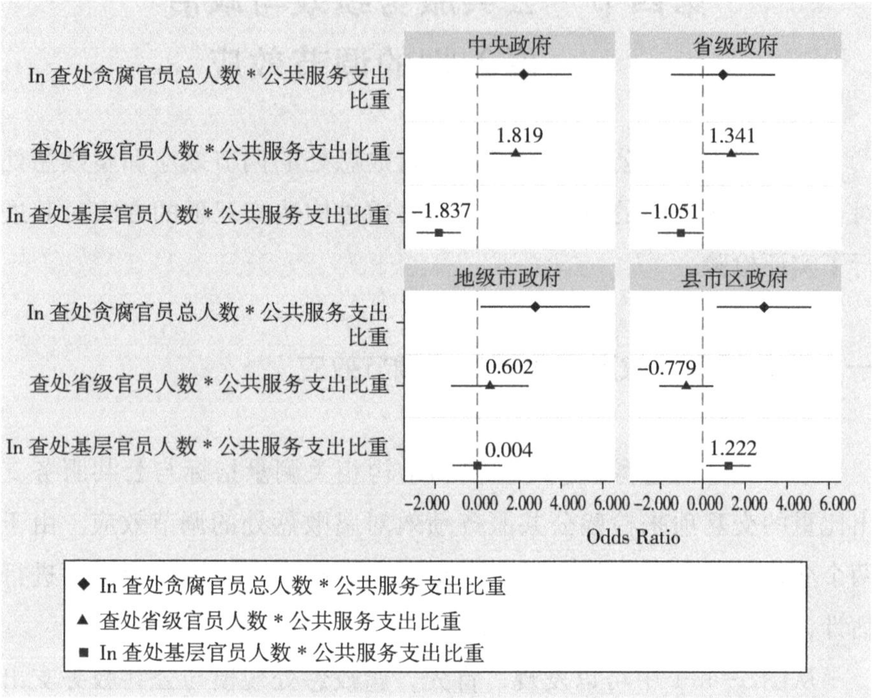

注：（1）与表5-2-1中的模型一样，图中各模型均对省级层面和个体层面除查处的省级官员人数和基层官员人数以外的相关变量进行了控制；（2）各模型的省级层面有效群组观测值和个体观测值与表5-2-1一样；（3）各模型的 Wald chi 2 值均在0.001水平上显著，且 likelihood-ratio（LR）test 检验结果均在0.01及以上水平上显著。

图5-4-1　公共服务绩效对腐败惩处的调节效应①

二、腐败惩处对政治嵌入性的调节效应

为了检验政治嵌入性在不同腐败惩处力度下对政府清廉感知的影响，本书进行了随机系数模型估计。模型假定政治嵌入性等对政府

① 因为图中系数值转化为 odds ratio 值之后差异比较大，呈现结果不够直观，故采用原始系数。

清廉感知的影响系数是随机变化的，即在不同省份，政治嵌入性的影响是不一样的。模型的具体操作为用个体层次的变量政治嵌入性与省级层面的变量腐败惩处规模、结构相关变量进行交互，同时控制其他相关变量。由于本书同时以在党政企事业单位工作和党员身份作为工作的政治嵌入性测量指标，因此以下将分别检验腐败惩处对这两个变量的调节效应。

1. 腐败惩处对在党政企事业单位工作的受访者的调节效应

图 5-4-2 报告了腐败惩处对在党政企事业单位工作的受访者与政府清廉感知之间关系的调节效应分析结果。首先，腐败惩处规模与党政企事业单位工作之间的交互项系数在各级政府模型中比较复杂，且均未通过显著性检验。这说明在党政企事业单位工作的受访者对各级政府清廉感知的影响并未受到各省腐败惩处规模的调节。

其次，除地级市政府模型外，查处省级官员人数与在党政企事业单位工作的受访者之间的交互项系数在其他各级政府模型中均显著为正。这说明在党政企事业单位工作的受访者对各级政府清廉感知的影响受到各地查处省级官员人数的显著负向调节，与普通民众相比，随着各省查处省级官员人数的增加，在党政企事业单位工作的受访者对政府的清廉感知会显著更低。

最后，查处基层官员人数与在党政企事业单位工作的受访者之间的交互项系数仅在中央政府模型中显著为正，说明在党政企事业单位工作对中央政府清廉感知的显著正向影响会随着各省查处基层官员人数的增多而显著增强。不过，在三级地方政府模型中，查处基层官员人数与在党政企事业单位工作的受访者之间的交互项系数则并未通过显著性检验，尽管在省级政府和县市区政府模型中的系数也为正。

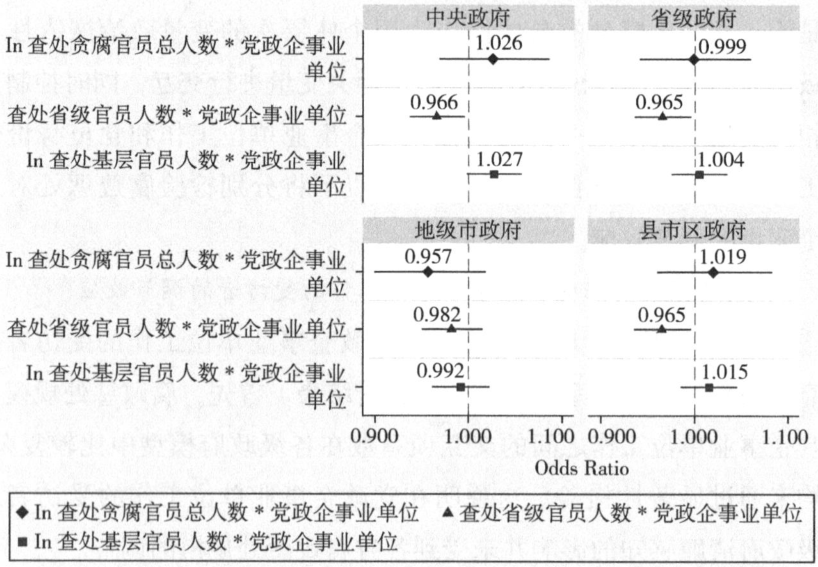

注：（1）与表 5-2-1 中的模型一样，图中各模型均对省级层面和个体层面除查处的省级官员人数和基层官员人数以外的相关变量进行了控制；（2）各模型的省级层面有效群组观测值和个体观测值与表 5-2-1 一样；（3）各模型的 Wald chi 2 值均在 0.001 水平上显著，且 likelihood-ratio（LR）test 检验结果均在 0.01 及以上水平上显著。

图 5-4-2　腐败惩处与党政企事业单位交互效应

2. 腐败惩处对党员的调节效应

图 5-4-3 报告了腐败惩处规模和结构与党员变量的交互项分析结果。首先，在中央政府模型中，查处贪腐官员总人数与党员之间的交互项系数呈显著正相关，说明党员对中央政府清廉感知的正向影响也随着各省查处贪腐官员总人数的增多而显著增强。在三级地方政府模型中，虽然查处贪腐官员总人数与党员之间的交互项系数虽然也为正相关，但并未通过显著性检验。

其次，查处省级官员人数与党员之间的交互项系数在各级政府模型中均呈显著负相关。这说明查处省级官员人数对党员具有显著的负向调节效应，即党员群体对各级政府的清廉感知的评价会随着各地查处省级官员人数的变化而显著降低。

最后，在中央政府模型中，查处基层官员人数与党员之间的交互项系数也显著为正相关，说明党员群体与中央政府清廉感知的正向关系会随着各地查处基层官员人数的增多而显著增强。不过，在三级地方政府模型中，各个交互项的系数虽然也为正，但并未通过显著性检验。

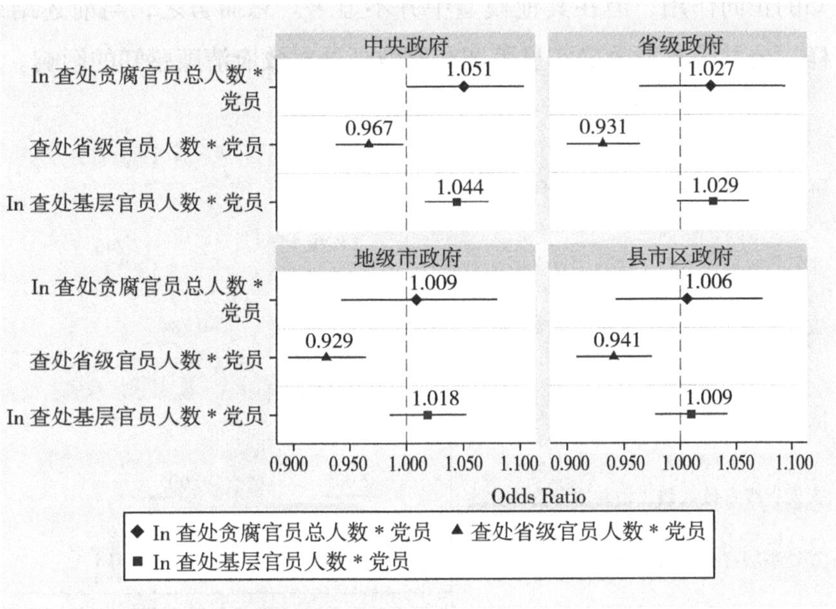

注：（1）与表 5-2-1 中的模型一样，图中各模型均对省级层面和个体层面除查处的省级官员人数和基层官员人数以外的相关变量进行了控制；（2）各模型的省级层面有效群组观测值和个体观测值与表 5-2-1 一样；（3）各模型的 Wald chi 2 值均在 0.001 水平上显著，且 likelihood-ratio（LR）test 检验结果均在 0.01 及以上水平上显著。

图 5-4-3 腐败惩处与党员交互效应

三、稳健性检验

1. 公共服务绩效对腐败惩处的调节效应

为了进一步检验公共服务绩效对腐败惩处的调节效应分析结果的稳健性，本书将因变量处理为二分变量重新进行估计。结果如图

5-4-4 所示，在腐败惩处规模方面，公共服务绩效对腐败惩处影响地级市政府和县市区政府的清廉感知具有显著的增强作用。在腐败惩处结构方面，公共服务绩效的提升也能够显著调节查处省级官员对中央政府和省级政府带来的负面冲击，其交互效应系数显著为正。不过，公共服务绩效虽然也能显著增强查处基层官员对县市区政府清廉感知的正向作用，但在其他模型中并不显著。总而言之，与前述结果一样，公共服务绩效确实显著调节腐败惩处对政府清廉感知的影响。

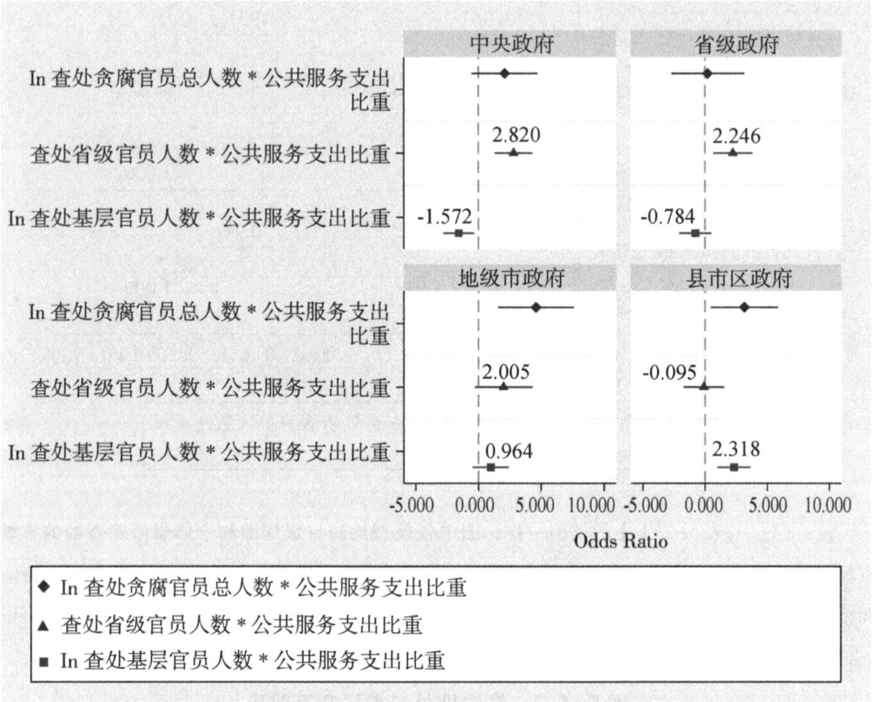

注：（1）与表 5-2-1 中的模型一样，图中各模型均对省级层面和个体层面除查处的省级官员人数和基层官员人数以外的相关变量进行了控制；（2）各模型的省级层面有效群组观测值和个体观测值与表 5-2-1 一样；（3）各模型的 Wald chi 2 值均在 0.001 水平上显著，且 likelihood-ratio（LR）test 检验结果均在 0.01 及以上水平上显著。

图 5-4-4　腐败惩处与公共服务交互效应稳健性检验①

① 因为图中系数值转化为 odds ratio 之后差异比较大，呈现结果不够直观，故采用原始系数。

2. 腐败惩处对政治嵌入性的调节效应

同样的，为了检验腐败惩处对政治嵌入性的调节效应，本书也将因变量处理为二分变量进行重新估计，结果如图 5-4-5 和图 5-4-6 所示。从图 5-4-5 中可以看出，腐败惩处规模和查处基层官员对党政企事业单位与政府清廉感知之间的调节效应并不显著，查处省级官员则会对党政企事业单位与政府清廉感知之间的关系则具有负向调节作用，且在省级政府和县市区政府中通过了显著性检验。整体结果与前述分析结果基本一致。

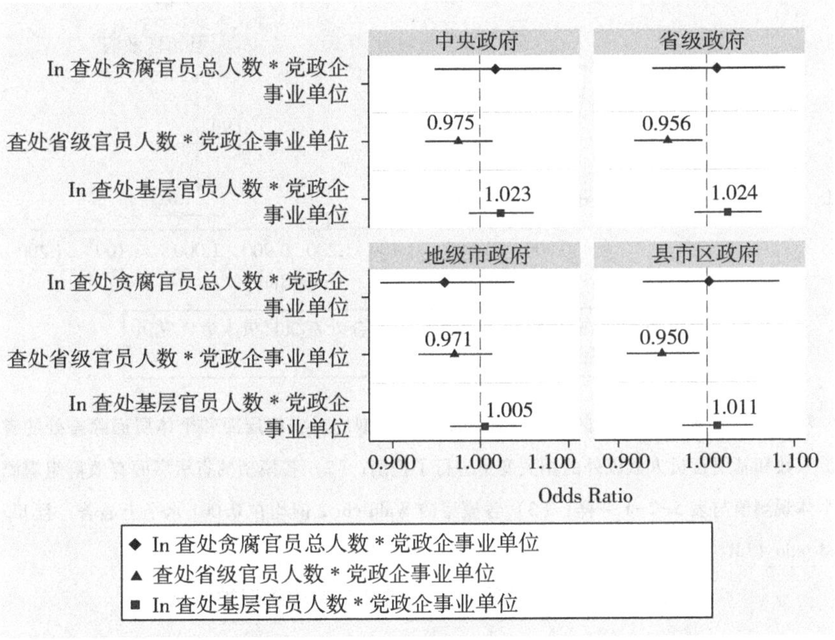

注：（1）与表 5-2-1 中的模型一样，图中各模型均对省级层面和个体层面除查处的省级官员人数和基层官员人数以外的相关变量进行了控制；（2）各模型的省级层面有效群组观测值和个体观测值与表 5-2-1 一样；（3）各模型的 Wald chi 2 值均在 0.001 水平上显著，且 likelihood-ratio（LR）test 检验结果均在 0.01 及以上水平上显著。

图 5-4-5　腐败惩处与党政企事业单位交互效应稳健性检验

图 5-4-6 的结果显示，腐败惩处规模对党员与政府清廉感知之间的正向关系具有显著的增强调节作用。尽管查处基层官员对党员

与政府清廉感知之间的正向关系在总体上也具有增强调节效应，但仅在省级政府中显著。查处省级官员对党员与政府清廉感知之间的正向关系在总体上具有削弱作用，且在省级政府模型中通过了显著性检验。总之，这一稳健性分析结果也与前述分析结果基本一致。

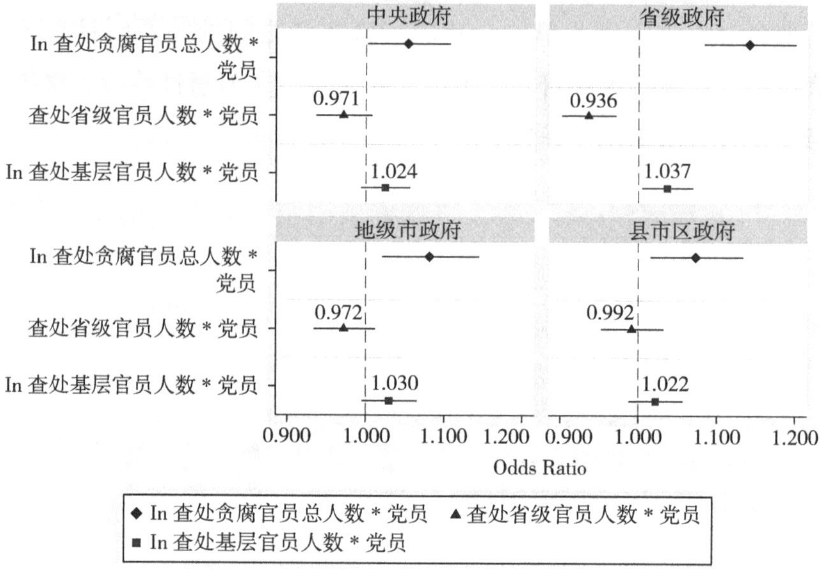

注：（1）与表 5-2-1 中的模型一样，图中各模型均对省级层面和个体层面除查处的省级官员人数和基层官员人数以外的相关变量进行了控制；（2）各模型的省级层面有效群组观测值和个体观测值与表 5-2-1 一样；（3）各模型的 Wald chi 2 值均在 0.001 水平上显著，且 likelihood-ratio（LR）test 检验结果均在 0.01 及以上水平上显著。

图 5-4-6　腐败惩处与党员交互效应稳健性检验

第五节　小　结

作为本书的核心章节，本章主要介绍了腐败惩处对各级政府清廉感知的多层次回归分析结果。实证分析结果表明，在各级政府清廉感知方面，腐败惩处的规模和“拍苍蝇”在总体上均能显著提升公众对各级政府的清廉感知。这说明地区的整体反腐败力度越大，公众对各级政府的清廉感知越高。同时，在腐败惩处的结构方面，着力解决群众身边的腐败问题，查处更多的基层官员也能够帮助各级政府赢得更高的清廉感知。不过，“打老虎”则会对各级政府的清廉感知造成显著的负向冲击，即地区被查处的省级官员越多，公众对各级政府的清廉感知越低。在差序政府清廉感知方面，虽然在未控制腐败惩处的结构情况下，腐败惩处规模的提升能够使得公众对中央政府的清廉感知更高，但这一正向效应在控制了腐败惩处结构的情况下变得并不显著。不过，“打老虎”和“拍苍蝇”在总体上对差序政府清廉感知具有显著的正向影响。因此，随着地区“打老虎”和“拍苍蝇”数量的提升，公众认为中央政府更加清廉的可能性更高。

为了进一步厘清腐败惩处影响清廉感知的内在作用机制，本书以公众的腐败经历和对政府反腐败工作的满意度作为中介变量，采用 KHB 方法对其中可能存在的震慑效应和绩效满意度两项中介机制进行了实证检验。实证分析结果表明，腐败惩处的规模和结构均能通过减少公众在日常生活中的直接腐败经历进而对公众的清廉感知产生显著的正向影响。同时，公众对政府反腐败工作的满意度也是腐败惩处影响清廉感知的重要中介变量，腐败惩处规模和“拍苍蝇”也能通过提升公众的反腐败满意度进而对公众的清廉感知产生显著的正向影响。

在调节效应方面，本书发现，地区的公共服务绩效水平会显著调节腐败惩处对的影响。具体而言，地区的公共服务绩效水平的提升在总体上能够显著增强腐败惩处规模和“拍苍蝇”对政府清廉感知的正向影响，同时削弱“打老虎”对政府清廉感知的负面冲击。这一结果也再次说明公众对政府的清廉感知存在“宽容”的一面。此外，腐败惩处对个体政治嵌入性与政府清廉感知之间的关系也具有显著的调节效应。虽然腐败惩处的规模和“拍苍蝇”能够在一定程度上增强个体政治嵌入性对中央政府清廉感知之间的正向评价，但“打老虎”则会显著削弱个体政治嵌入性与各级政府清廉感知的正向关系。

最后，本书的分析结果发现，地区政府公共服务绩效水平对各级地方政府清廉感知也具有显著的正向影响，而且相比于中央政府，随着地区公共服务绩效水平的提升，公众给予各级地方政府更高清廉感知的概率也更高。同时，年份固定效应方面的系数表明，相比于2017年，2018年和2019年公众对各级政府的清廉感知评价显著更高。这说明随着时间的流逝，高压反腐败行动的正向势能得到了进一步释放。在其他控制变量方面，虽然本书中的部分变量与之前一些研究存在一定差异，但大多数一致，在此不再赘述。

总之，本章主要介绍了腐败惩处的规模和结构对政府清廉感知的影响多层次回归分析结果，并深入分析了其中的震慑效应和绩效满意度效应的中介作用机制和公共服务绩效与政治嵌入性方面的调节效应，对第三章提出的相关理论假设进行了实证检验。本书在第三章提出的相关理论假设在实证分析中基本得到了验证。不过，需要指出的是，由于分析数据的限制，我们还需要更进一步的因果检验分析。因此，为了更准确地评估“打老虎”对政府清廉感知可能产生的影响，在下一章中，本书将利用2016年到2019年几名省委书记或省长等“一把手”被查处的准自然实验案例，采用PSM-DID和CEM-DID等方法更严谨地评估“打老虎”对政府清廉感知产生的冲击及其时间滞后效应。

第六章　腐败惩处与清廉感知：准自然实验分析结果

为了更加严谨地评估“打老虎”行动（查处省级官员）对公众清廉感知可能产生的影响，本章以2016到2019年间多个省份省委书记或省长被查处的准自然案例为基础，采用倾向值匹配（PSM）和广义精确匹配（CEM）与双重差分（DID）结合的方法，更加严谨地估计这些反腐败行动对公众清廉感知的当期影响及其动态变化。这种基于多个准自然实验案例的研究方法在因果推断方面具有三个方面的优势。首先，它能够提高外部效度，通过分析多个案例，可以减少单一案例可能带来的特殊性影响，增强研究结果的普适性。其次，基于多个准自然实验的案例分析能够更好地控制各种潜在混杂因素，从而提高因果推断的准确性。最后，基于不同时期和地区的案例分析能更好地捕捉时间和地域差异，增进对反腐败效果的时空变化理解，从而进一步增强研究结果的全面性。

本研究的主要周期集中在2015年之后，为了更细致地分析，本书以党的十九大为分界点，将2017年及之前（包括2016和2017年）定义为高压反腐败的前期阶段，2017年之后定义为高压反腐败的中后期阶段。这是因为党的十九大后，我国反腐败工作进入到一个新的阶段，制度化、常态化特征更加明显，可视为反腐败策略和效果的一个重要转折点。因此，在本章第一节简要介绍相关案例的基本情况之后，第二节和第三节将分别以两个阶段的多个重要案例对清廉感知的当期效应及动态影响进行实证分析，第四节则是对研究发现进行总结讨论。

第一节　多个准自然实验案例简介及其研究价值

党的十八大以来，全面从严治党和党的自我革命深入推进，反腐败斗争力度空前。在本研究关注的时间周期（2015—2019 年）内，共有 9 名省委书记或省长因贪腐问题被查处，比 1995 年到 2012 年的累计数量都多。具体而言，2015 年有 2 名，包括河北省委原书记、省人大常委会原主任周本顺，福建省委原副书记、省长苏树林。2016 年有 3 名，分别为四川省委原副书记、省长魏宏，全国人大教育科学文化卫生委员会原副主任委员、辽宁省委原书记王珉，天津市委原代理书记、天津市人民政府原市长黄兴国。2017 年有 2 名，分别为甘肃省委原书记王三运和中央政治局原委员、重庆市委原书记孙政才。2019 年也有 2 名，包括全国人大原内务司法委员会原副主任委员、陕西省委原书记赵正永和全国人大内务司法委员会原副主任委员、云南省委原书记秦光荣。

对这些高级官员的查处充分彰显了党中央坚定不移推进全面从严治党的决心，对于净化政治生态、维护党的先进性和纯洁性、增强人民群众对党的信心具有重大意义。在这些官员中，孙政才是首名落马的在职中央政治局委员，周本顺是党的十八大后首名落马的在职省委书记，苏树林、魏宏、黄兴国等被立案审查时也担任相应省份的书记或省长。王珉、王三运、赵正永和秦光荣虽然被立案审查时的职务并非相应省份的省委书记，但因为其主要犯罪事实发生在其担任省委书记期间，且在中央纪委发布的立案审查公告中也有提及其作为省委书记的职务身份，因此，本研究也将其作为省委书记或省长被查处的典型案例。

和普通官员被查处不同，这些省委书记或省长被查处后，引起了广泛的社会关注。他们被调查时的百度指数均达到峰值，显著高于其他时期，而且在其任职省份的关注度明显高于其他地区。同时，对普通公众而言，这些省委书记或省长的突然落马可被视为多个近似随机发生的外生冲击事件。首先，这些事件具有显著的时间和空间上的不可预测性。对于普通公众而言，这些高级官员的落马通常是突然发生的，没有明显的预兆，即使有传言，具体时间也难以预料。同时，被查处的省级领导分布在全国不同地区，没有明显的地理集中性。这种时间和空间上的随机性符合外生冲击的特征。其次，对于普通民众和大多数研究者而言，这些事件具有不可控性和信息不对称性。普通公众无法预知或影响这些高层官员的落马，而案件的内部信息外界也难以掌握。这种不可控性和信息不对称性增加了事件对外界的“随机性”感知，符合外生事件的定义。再次，这些案件的发生往往与当地具体的经济社会发展状况没有直接关联，更多是出于中央反腐败的整体部署。这种相对独立性使得这些事件更像是一种外部冲击，而非内生于当地系统的变化。同时，这些事件会对地方政策产生突然且显著的影响，符合外生冲击对系统的冲击特征。最后，尽管这些案件都属于反腐败范畴，但每个案件的具体原因和时机往往是相对独立的。这种案件之间的相对独立性进一步支持将它们视为多个随机事件的观点。综上所述，这些特征共同支持将这些省委书记或省长落马事件视为近似随机发生的外生冲击事件。因此，这些重要案例在理论上构成了一系列理想的准自然实验，为我们采用更前沿的因果推断方法严谨估计“打老虎”对公众清廉感知的复杂动态影响提供了研究机会。

此外，这些案例在时间和空间分布上的多样性也为我们提供了丰富的变异性，有助于提高研究结果的外部效度和普适性。具体而言，利用这些案例进行因果推断分析具有显著的方法论优势和实践价值。首先，这种准自然实验设计有助于我们较好地解决内生性问题，从而更准确地估计反腐败行动对公众清廉感知的因果效应。其次，多个案例的分析不仅增强了研究的稳健性，还提高了结果的外部效度，使我们能够更全面地理解反腐败行动的影响机制和效果差异。此外，通过将案例区分为中前期和中后期，我们能够捕捉反腐败策略和效果在不同阶段的动态变化。这种时空变化分析有助于我们理解反腐败工作的演进过程，以及其对公众认知的长期影响。

在后续内容中，本书将以两个阶段中不同年份的多名省委书记或省长被查处的准自然实验案例为基础，匹配 2015—2019 年的全国廉情评估调查数据，采用 PSM-DID 和 CEM-DID 等方法，严谨估计“打老虎”对公众清廉感知的潜在影响及其动态演变趋势。

第二节　高压反腐败前期重要案例与公众清廉感知

本节主要聚焦高压反腐败前期阶段的反腐败案例，主要涉及 2016 年和 2017 年发生的几起省委书记或省长被查处的案例。具体而言，2016 年的案例包括四川省委原副书记、省长魏宏，全国人大教育科学文化卫生委员会原副主任委员、辽宁省委原书记王珉，以及天津市委原代理书记、天津市人民政府原市长黄兴国的查处。2017 年的案例则包括全国人大教育科学文化卫生委员会原副主任委员、甘肃省委原书记王三运。需要说明的是，采用双重差分方法进行因果推断分析时，需要同时具有事件发生前后时期的相关数据，而本研究的公众清廉感知数据仅涵盖2015—2019年，所以本研究未能将2015年发生的案例纳入分析。此外，虽然中央政治局原委员、重庆市委原书记孙政才的案件也发生在2017年，但考虑到其特殊的政治地位、案件的复杂性，以及为保持分析案例地区类别的一致性（主要聚焦于省，不包括直辖市），我们未将其纳入本研究的具体分析中。尽管如此，本节所涵盖的其他案例仍为我们提供了分析反腐败行动对公众清廉感知影响的宝贵机会。通过对这些案例的深入研究，我们可以系统评估在前期阶段“打老虎”行动对公众清廉感知的当期和滞后影响，为理解这一时期反腐败工作的成效提供实证依据。

一、2016年重要案例影响分析

（一）当期与滞后效应

如图6-2-1所示，2016年重要案例的分析结果显示省委书记或省长的落马对公众清廉感知的影响呈现出复杂的模式。首先，公众对省级政府和地级市政府的清廉感知显著降低，反映出高层官员落马对地方政府形象造成了直接而明显的负面影响。其次，公众对中央政府清廉感知的影响系数虽为负，但未通过显著性检验，这可能暗示公众倾向于将这些案件视为地方问题，而非中央政府治理的整体反映。有趣的是，公众对县市区政府的评价呈现正向趋势，尽管同样未达到统计学显著水平。这可能反映了公众认为基层政府与高层腐败案件关联度较低。

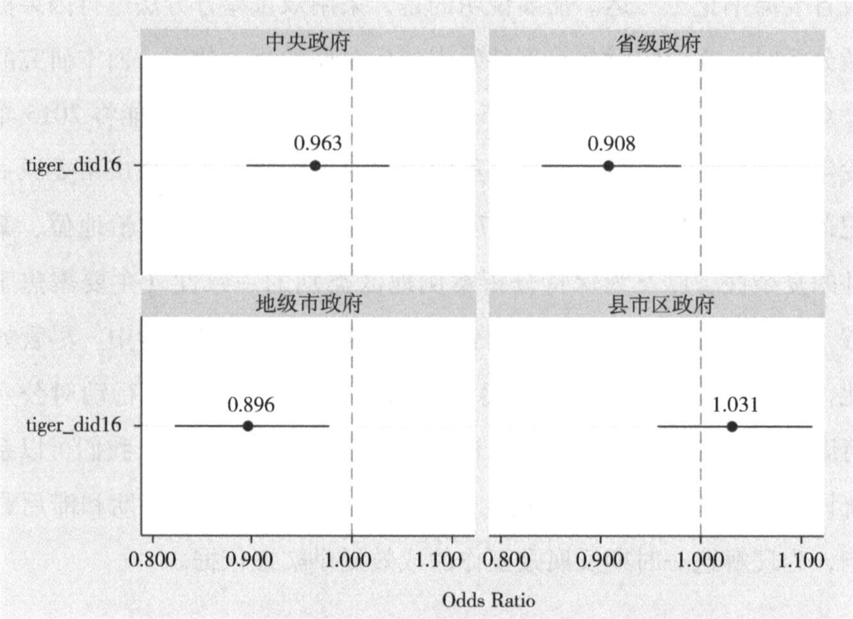

注：(1) 与表 5-1-1 一样，图中各模型均对省级层面和地级市层面的相关变量进行了控制；(2) 各模型的 Wald chi 2 值均在 0.001 水平上显著，且 likelihood-ratio (LR) test 检验结果均在 0.01 及以上水平上显著。

图 6-2-1　2016 年重要案例对公众清廉感知的影响（当期）

图 6-2-2 报告了 2016 年省委书记或省长落马对公众清廉感知的滞后效应。从图中可以看出，2016 年省委书记或省长落马对公众清廉感知的负向冲击效应随着时间的流逝逐渐显著减弱。对于公众的省级政府和地级市政府清廉感知，其滞后 2 年的结果就开始显著转变为正，优势比（odds ratio）值分别为 1.086 和 1.076，滞后 3 年后的影响系数和显著性则进一步提升，优势比值均为 1.188。在中央政府层面，2016 年省委书记或省长落马在滞后 1 年和 2 年内尽管均为负，但仍未通过显著性检验，其滞后 3 年的结果则显著为正，优势比值为 1.111。2016 年省委书记或省长落马对各级政府清廉感知的多期影响汇总详见表 6-2-1。

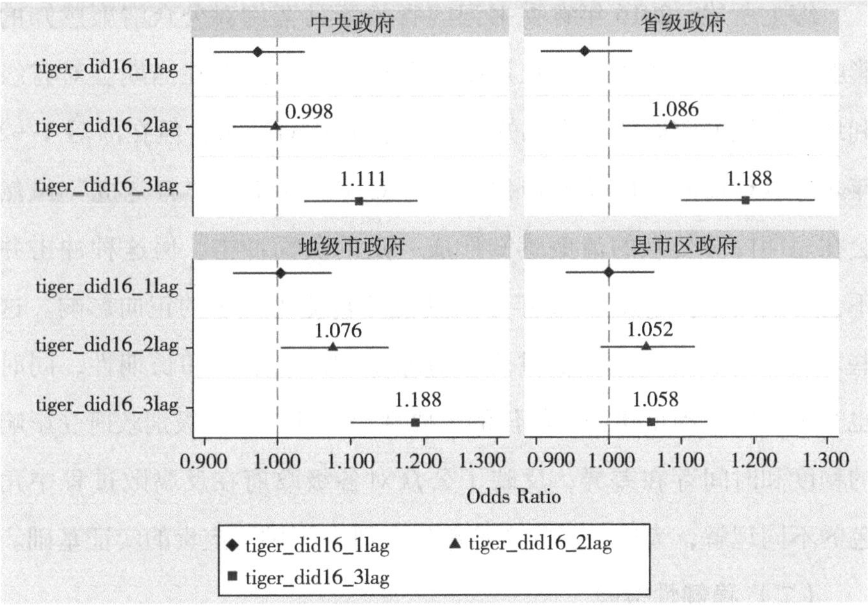

注：（1）与表 5-1-1 一样，图中各模型均对省级层面和地级市层面的相关变量进行了控制；（2）各模型的 Wald chi 2 值均在 0.001 水平上显著，且 likelihood-ratio（LR）test 检验结果均在 0.01 及以上水平上显著。

图 6-2-2 2016 年重要案例对公众清廉感知的影响（滞后期）

表 6-2-1 2016 年重要案例对公众清廉感知的多期影响汇总

影响周期	中央政府	省级政府	地级市政府	县市区政府
当期效应	0.963	0.908**	0.896**	1.031
	(0.043)	(0.042)	(0.047)	(0.047)
滞后 1 年	0.973	0.967	1.004	1.000
	(0.038)	(0.038)	(0.041)	(0.037)
滞后 2 年	0.998	1.086**	1.076*	1.052
	(0.037)	(0.042)	(0.045)	(0.039)
滞后 3 年	1.111**	1.137***	1.188***	1.058
	(0.047)	(0.053)	(0.056)	(0.045)

注：（1）表中各变量系数为 odds ratio 值，括号内为标准误，* $p<0.1$，** $p<0.05$，*** $p<0.01$；（2）与表 5-2-1 中的模型一样，表中各模型均对省级层面和个体层面的相关变量进行了控制；（3）各模型的 Wald chi 2 值均在 0.001 水平上显著，且 likelihood-ratio（LR）test 检验结果均在 0.01 及以上水平上显著。

综上所述，2016年省委书记或省长落马案例对公众清廉感知的影响呈现出“短期冲击，长期提升”的特征。虽然在当期会对省级和地级市地方政府的清廉感知形成显著的负向冲击，但在滞后1—2年之后这种负向效应就会转化为正向效应。这说明“打老虎”虽然会在短期内对公众的清廉感知形成一定的负面冲击，但这种冲击并不会持续太久，其在1—2年之后就能够转化为显著的正向影响。这些发现说明了反腐败行动对公众清廉感知的复杂性和长期性，同时也突出了维护和重建公众信任的重要性。此外，不同级别政府受影响的程度和时间存在差异，反映了公众对各级政府在反腐败过程中角色的不同理解，为进一步的政策制定和研究提供了宝贵的实证基础。

（二）稳健性检验

1. CEM-DID分析结果

在前述的分析中，为了解决可能存在个体自选择偏差问题，本书采用的是PSM方法，对政策干预（省委书记或省长落马）组和控制组进行匹配之后进行DID分析。尽管经过PSM处理之后主要协变量的平衡性也比较好，但为了进一步检验上述结果的稳健性，本书也采用Blackwell等开发的另一种无须检查协变量平衡性、模型依赖度更低的匹配方法——广义精确匹配（CEM）对两期数据进行匹配处理，然后重新进行DID分析。[①] 在具体操作中，本书主要以个体层面的性别、年龄段、受教育年限、政治面貌、居住地和工作单位类型等几个变量进行匹配。匹配之后L_1统计量系数显著减小，说明样本平衡性较好。

如图6-2-3所示，省委书记或省长的落马在总体上对政府清廉

---

① Blackwell, M., Iacus, S. M., King, G. & Porro, G. (2009). cem: Coarsened Exact Matching in Stata. *Stata Journal*, 9 (4): 524-546.

感知也具有负向影响，不过仅在省级政府模型中通过了显著性检验。尽管如此，这一结果与前述 PSM-DID 的结果也基本一致。

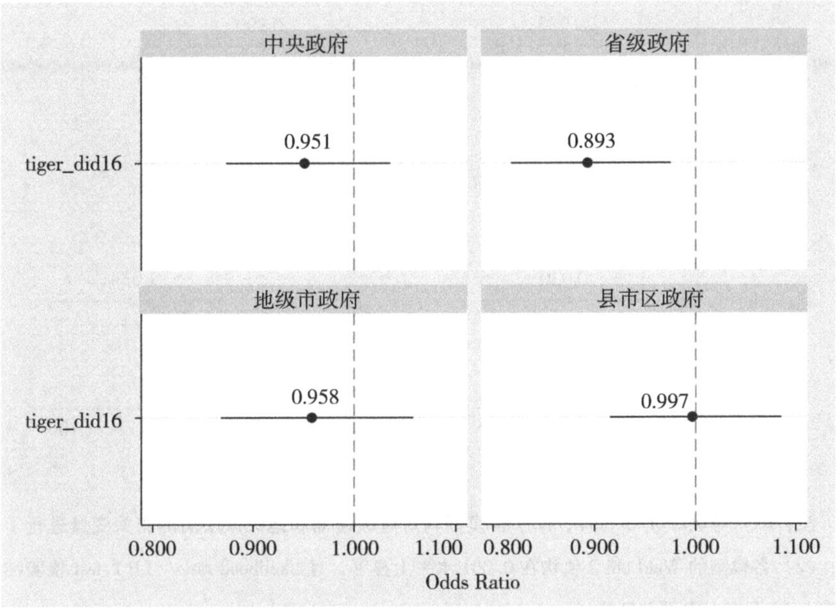

注：（1）与表 5-1-1 一样，图中各模型均对省级层面和地级市层面的相关变量进行了控制；（2）各模型的 Wald chi 2 值均在 0.001 水平上显著，且 likelihood-ratio（LR）test 检验结果均在 0.01 及以上水平上显著。

图 6-2-3　2016 年重要案例对公众清廉感知的影响（当期 CEM-DID）

2. 因变量处理为二分变量

同样，本书也将因变量处理为二分变量，并同样采用 PSM-DID 进行了分析，结果如图 6-2-4 所示。图中结果与图 6-2-1 的结果基本一致，省委书记或省长落马对省级政府的清廉感知也具有显著的负向冲击，对中央政府和地级市政府的影响虽然为负，但并不显著，对县市区政府的清廉感知影响也不显著。

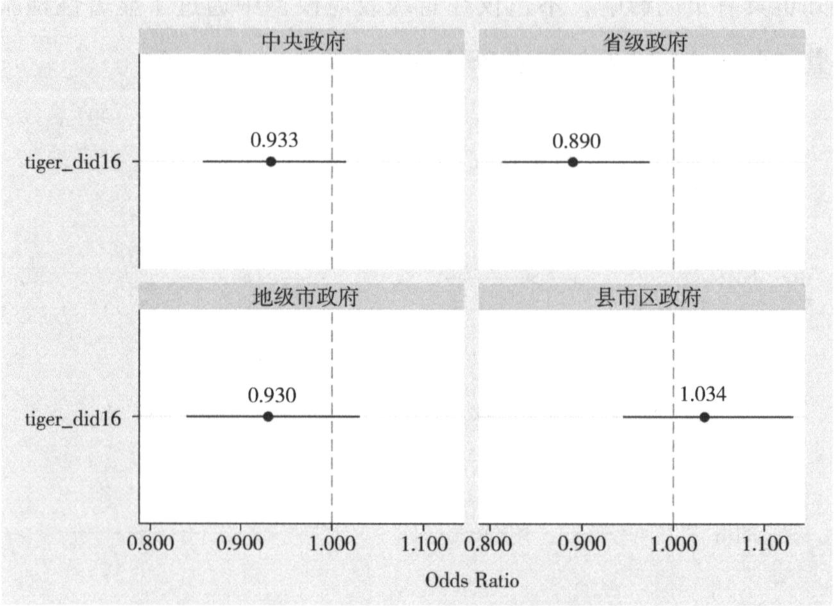

注：（1）与表 5-1-1 一样，图中各模型均对省级层面和地级市层面的相关变量进行了控制；（2）各模型的 Wald chi 2 值均在 0.001 水平上显著，且 likelihood-ratio（LR）test 检验结果均在 0.01 及以上水平上显著。

图 6-2-4　2016 年重要案例对公众清廉感知的影响（当期二分变量）

3. 剔除四川省样本

此外，由于四川省委原副书记、省长魏宏被调查时间较早，且其最后也仅仅是被降职处理，没有被移送司法机关进行起诉。换言之，其主要涉及的是违纪问题而非违法问题。因此，他对公众清廉感知所产生的影响可能存在不同。鉴于此，本书将四川省的样本进行剔除，仅将辽宁和天津作为实验组进行重新匹配和 DID 估计。回归结果如图 6-2-5 所示，也与前述估计结果基本一致。这也进一步说明了本书前述估计结果的稳健性。

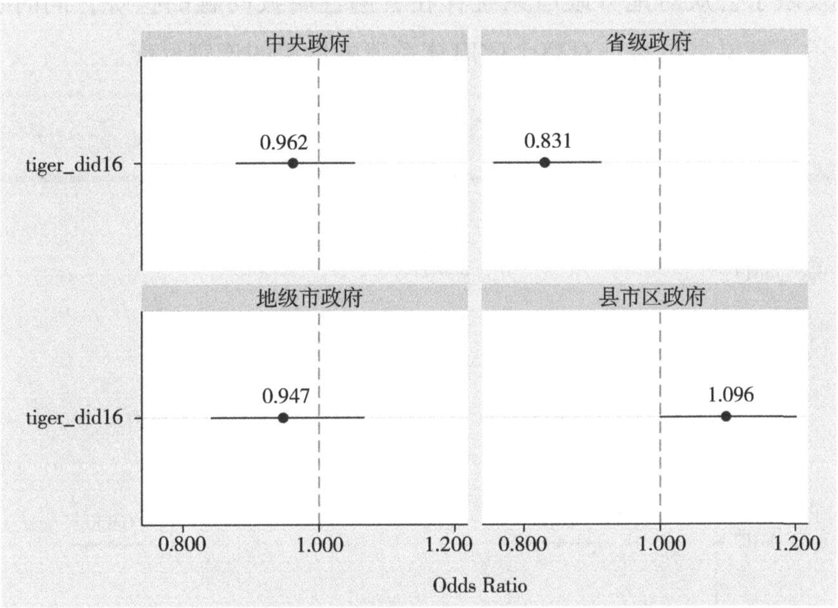

注：（1）与表5-1-1一样，图中各模型均对省级层面和地级市层面的相关变量进行了控制；（2）各模型的Wald chi 2值均在0.001水平上显著，且likelihood-ratio（LR）test检验结果均在0.01及以上水平上显著。

图6-2-5 2016年重要案例对公众清廉感知的影响（当期剔除四川省样本）

二、2017年重要案例影响分析

（一）当期与滞后效应

如图6-2-6所示，2017年省委书记或省长的落马对公众的清廉感知均产生了显著的负向影响。具体而言，中央政府、省级政府、地级市政府和县市区政府的模型优势比值均小于1，分别为0.913、0.548、0.669和0.830。尤其值得注意的是，省级政府和地级市政府模型中的系数均在0.01水平以上显著。这一结果表明，2017年省委书记或省长的落马对公众的清廉感知都产生了较强的负面冲击，特别是对省级和地级市政府的影响尤为显著。这种广泛的负面影响可能反映了公众对地方政府系统存在普遍性腐败问题的担忧，同时也暗示了高层官员落马对整个政府体系清廉形象的连锁反应。

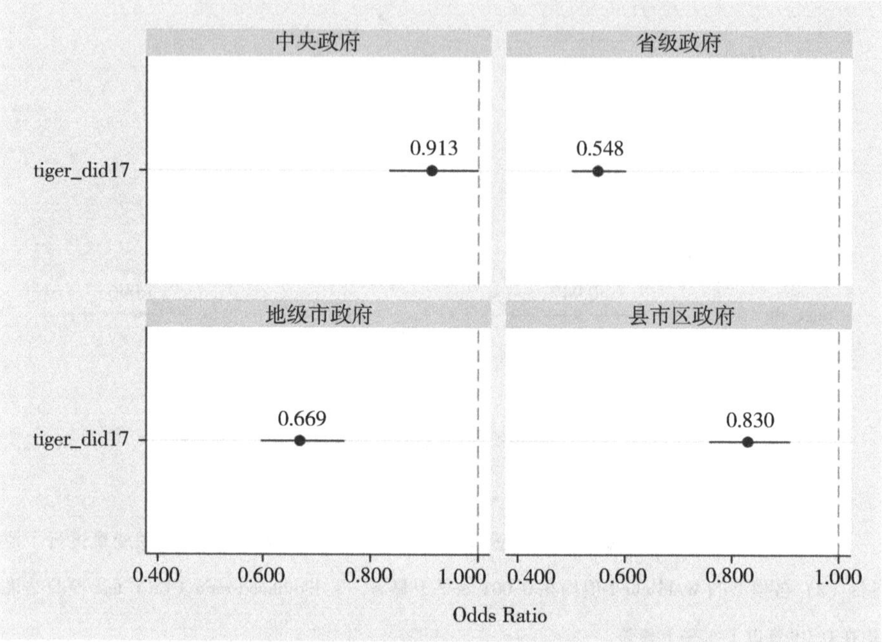

注：（1）与表 5-1-1 一样，图中各模型均对省级层面和地级市层面的相关变量进行了控制；（2）各模型的 Wald chi 2 值均在 0.001 水平上显著，且 likelihood-ratio（LR）test 检验结果均在 0.01 及以上水平上显著。

图 6-2-6　2017 年重要案例对公众清廉感知的影响（当期）

在滞后效应方面，如图 6-2-7 所示，不同级别政府之间呈现出明显的差异。对于中央政府而言，2017 年省委书记或省长落马对清廉感知的影响在滞后 1 年的时候就能够显著转变为正，其优势比为 1.205，滞后 2 年的正向影响则更加显著。这一趋势可能反映了公众对中央政府反腐决心和能力的认可，以及对中央主导反腐行动的肯定态度。然而，对于各级地方政府，其滞后 1 年和 2 年的影响仍然为负，尽管省级政府和县市区政府模型中滞后 2 年的影响并不显著。这种持续的负面影响暗示着地方政府在重建清廉形象方面可能面临更大的挑战，需要更长的时间来扭转公众的负面看法。2017 年省委书记或省长落马对四级政府清廉感知的多期影响详见表6-2-7。这些数据为进一步的政策制定和研究提供了重要的实证依据，有助于政府在推进反腐败工作的同时，更好地管理公众预期，维护政府形象。

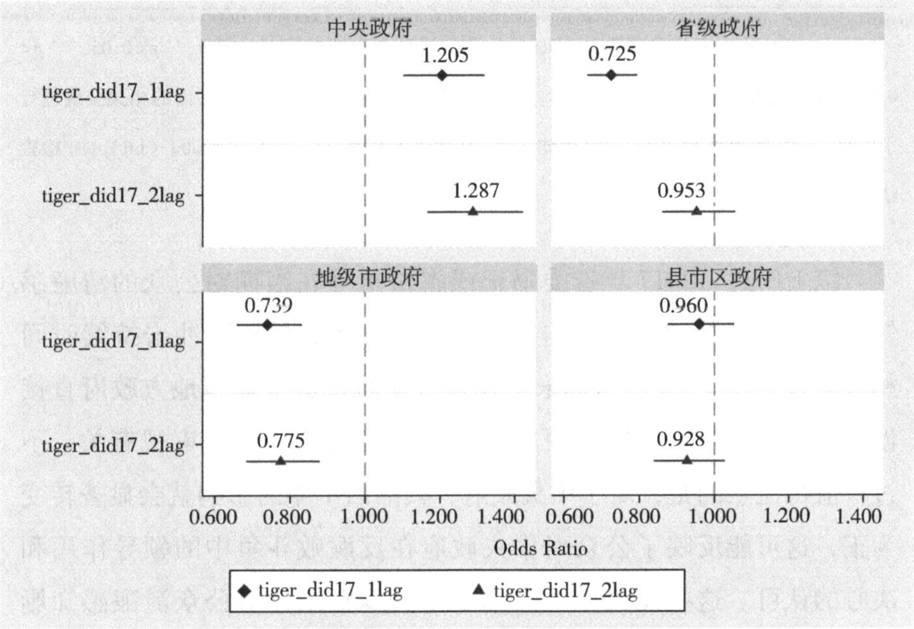

注：（1）与表5-1-1一样，图中各模型均对省级层面和地级市层面的相关变量进行了控制；（2）各模型的Wald chi 2值均在0.001水平上显著，且likelihood-ratio（LR）test检验结果均在0.01及以上水平上显著。

图6-2-7 2017年重要案例对公众清廉感知的影响（滞后期）

表6-2-2 2017年重要案例对公众清廉感知的多期影响汇总

影响周期	中央政府	省级政府	地级市政府	县市区政府
当期效应	0.913*	0.548***	0.669***	0.830***
	(0.050)	(0.031)	(0.047)	(0.046)
滞后1年	1.205***	0.725***	0.739***	0.960
	(0.066)	(0.040)	(0.053)	(0.053)

续表

影响周期	中央政府	省级政府	地级市政府	县市区政府
滞后 2 年	1.287***	0.953	0.775***	0.928
	(0.078)	(0.059)	(0.059)	(0.057)

注：（1）表中各变量系数为 odds ratio 值，括号内为标准误，* $p<0.1$，** $p<0.05$，*** $p<0.01$；（2）与表 5-2-1 中的模型一样，表中各模型均对省级层面和个体层面的相关变量进行了控制；（3）各模型的 Wald chi 2 值均在 0.001 水平上显著，且 likelihood-ratio（LR）test 检验结果均在 0.01 及以上水平上显著。

综上所述，2017 年省委书记或省长落马在当期对公众的清廉感知也造成了显著的负向冲击，而且对地方政府的负面冲击持续时间相对略长，在 1—2 年内都未出现显著逆转。这可能与地方政府直接涉及公众日常生活，因而更容易受到高度关注和严格审视有关。不过，值得注意的是，对于中央政府，其滞后 1 年的影响就会显著转变为正，这可能反映了公众对中央政府在反腐败斗争中的领导作用和决心的认可。这些发现也再次凸显了反腐败工作对公众清廉感知影响的复杂性和长期性。它们表明，虽然高级官员的落马可能在短期内对政府形象造成负面影响，但长远来看，这些行动可能会增强公众对政府反腐决心的信心，特别是对中央政府而言。同时，这些结果也突出了在反腐过程中维护和重建各级政府公信力的重要性，尤其是对于地方政府而言。

（二）稳健性检验

1. CEM-DID 分析结果

同样，本书也采用 CEM-DID 方法对 2017 年省委书记或省长落马的案例进行稳健性检验分析，结果如图 6-2-8 所示。图中结果与图 6-2-6 的结果也基本一致，省委书记或省长的落马对各级地方政府的清廉感知均具有显著的负面冲击，对中央政府的清廉感知影响虽然也为负，但并未通过显著性检验。

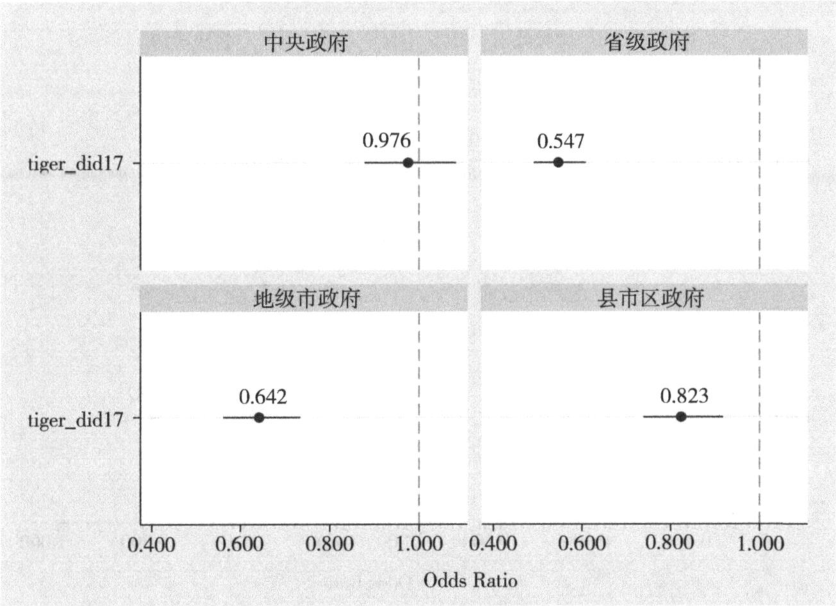

注：（1）与表5-1-1一样，图中各模型均对省级层面和地级市层面的相关变量进行了控制；（2）各模型的 Wald chi 2 值均在 0.001 水平上显著，且 likelihood-ratio（LR）test 检验结果均在 0.01 及以上水平上显著。

图 6-2-8 2017 年重要案例对公众清廉感知的影响（当期 CEM-DID）

2. 因变量处理为二分变量

同样，本书也将因变量处理为二分变量进行 PSM-DID 分析，结果如图 6-2-9 所示。图中结果与图 6-2-6 的结果基本一致，省委书记或省长落马会对各级政府清廉感知产生显著的负向影响，公众认为政府比较腐败的概率显著更高。

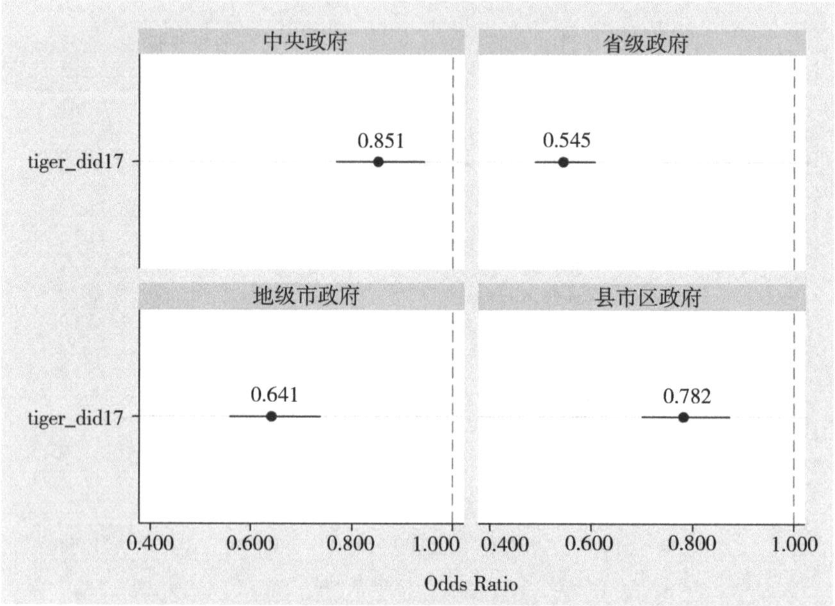

注：（1）与表 5-1-1 一样，图中各模型均对省级层面和地级市层面的相关变量进行了控制；（2）各模型的 Wald chi 2 值均在 0.001 水平上显著，且 likelihood-ratio（LR）test 检验结果均在 0.01 及以上水平上显著。

图 6-2-9　2017 年重要案例对公众清廉感知的影响（当期二分变量）

3. 安慰剂检验

同时，本研究也同时拥有政策干预前的两期调查数据，因此，本书也通过将政策干预时间提前到 2015 年和 2016 年对前述结果进行安慰剂检验，结果如图 6-2-10 所示。从图中可以看出，将政策干预时间提前到 2015 年和 2016 年之后，各个变量的系数均不显著。这进一步说明了本书前述分析结果的稳健性，2017 年省委书记或省长落马对各级政府的清廉感知影响效应比较稳健。

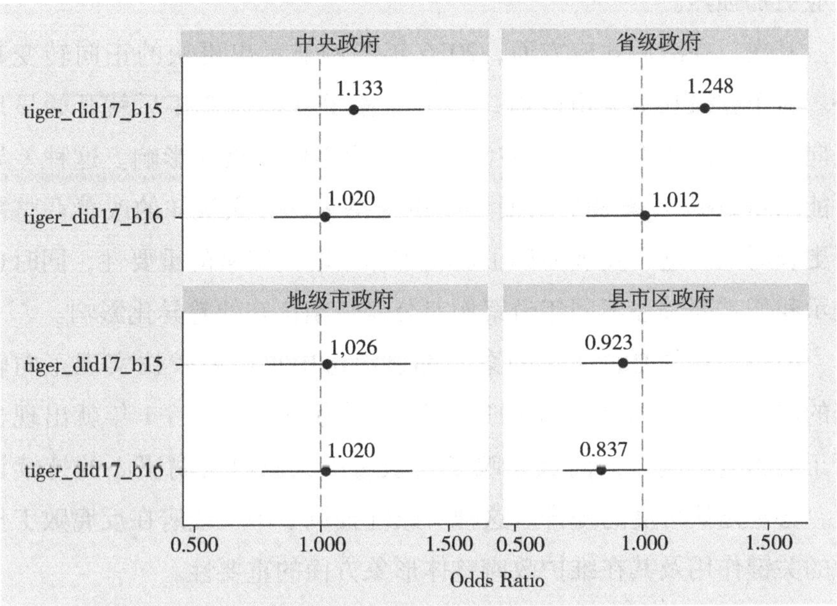

注：（1）与表 5-1-1 一样，图中各模型均对省级层面和地级市层面的相关变量进行了控制；（2）各模型的 Wald chi 2 值均在 0.001 水平上显著，且 likelihood-ratio（LR）test 检验结果均在 0.01 及以上水平上显著。

图 6-2-10　2017 年重要案例对公众清廉感知的影响（当期安慰剂）

三、前期两年案例比较与讨论

将 2017 年的分析结果与 2016 年进行对比，我们可以发现一些显著的差异和共同点，这为理解反腐败工作的动态影响提供了有价值的洞见。首先，在当期影响方面，2017 年的重要案例似乎对各级政府产生了更为广泛和深刻的负面影响。相比之下，2016 年案例主要对省级和地级市政府产生显著负面影响，而对中央政府和县市区政府的影响并不显著。这种差异可能反映了 2017 年案例的影响力更大，或者公众对腐败问题的敏感度有所提高。这一变化暗示着反腐败工作的社会影响可能随时间推移而增强，公众对高级官员落马事件的反应更加强烈。

其次，在滞后效应方面，2016 年案例显示出更快的正向转变趋势。对于省级和地级市政府，2016 年案例在滞后 2 年后就开始显现正向影响，而 2017 年案例在滞后 2 年后仍保持负面影响。这种差异可能暗示 2017 年案例的负面影响更为持久，公众认知的改善调整需要更长时间。这一发现强调了反腐工作中时间因素的重要性，同时也提示我们需要关注不同年份案例对公众长期认知的差异化影响。

值得注意的是，两年的案例都显示出中央政府较快实现正向转变的趋势，但 2017 年案例中这一趋势更为明显，滞后 1 年就出现显著正向影响。这一共同点反映了公众对中央政府反腐决心的持续认可，甚至是认可度的提升。这种一致性强调了中央政府在反腐败工作中的关键作用及其在维护政府整体形象方面的重要性。

最后，关于对县市区政府的影响，我们也观察到了有趣的变化。相较于 2016 年案例对县市区政府的轻微正向影响（虽不显著），2017 年案例则显示出负面影响，尽管同样不显著。这一微妙的转变既可能反映了公众对基层政府清廉状况看法的变化，也可能暗示了反腐工作对不同层级政府影响的复杂性。

这些对比结果充分凸显了反腐工作的复杂性和动态性。它们表明，不同年份的高层官员落马案例可能因其具体情况、社会背景以及公众认知的变化而产生不同的影响模式。这种差异性提醒我们，在制定反腐政策和公共关系策略时，需要考虑到时间因素和社会环境的变化，以更好地应对公众认知的动态变化。

第三节　高压反腐败中后期重要案例与公众清廉感知

本节主要聚焦于高压反腐败行动中后期阶段的案例，主要分析2019年发生的2起省委书记或省长被查处案例对公众清廉感知的影响。2019年作为本研究涵盖的最后一年，其案例分析不仅反映了当年反腐败工作的即时效果，更为我们提供了一个独特的视角，用以观察和评估反腐败行动在研究期间的演变趋势。通过与2016年和2017年案例的对比，我们能够更全面地把握“打老虎”行动在不同时期对公众清廉感知的影响变化。这种纵向比较有助于我们理解反腐败工作的长期效果，以及公众对不同层级政府清廉感知的动态变化，进而为评估整个研究周期内反腐败工作的成效提供重要的实证依据。

一、2019年重要案例影响分析

（一）当期效应分析

2019年省委书记或省长落马案例对公众的清廉感知影响呈现出复杂而有趣的模式。如图6-3-1所示，这些高级官员的落马对不同级别政府的清廉感知产生了截然不同的效果，反映出公众对反腐败行动的多元化认知。

首先，最引人注目的是对中央政府清廉感知的显著正面影响。这一结果可能反映了公众对中央政府主导反腐败行动的高度认可，认为高级别腐败官员的落马体现了中央政府打击腐败的决心和能力。这种积极影响可能源于公众对中央政府在反腐败斗争中发挥领导作用的期待和肯定。

其次，对省级政府清廉感知的影响虽为正，但未能通过显著性检验。这一结果暗示了公众对省级政府的看法可能处于一种微妙的平衡状态。一方面，省委书记或省长的落马可能被视为省级政府内部自我净化的表现；另一方面，这也可能引发对省级政府整体清廉程度的质疑。

相比之下，对地级市政府和县市区政府的影响则呈现负面趋势，其中对县市区政府的负面影响尤为显著（通过了 0.05 水平的显著性检验）。这种差异化影响可能反映了公众对不同层级政府的不同期望和认知。地方政府，尤其是基层政府，可能被认为与高层腐败案件有更直接的联系，从而受到更多的负面影响。

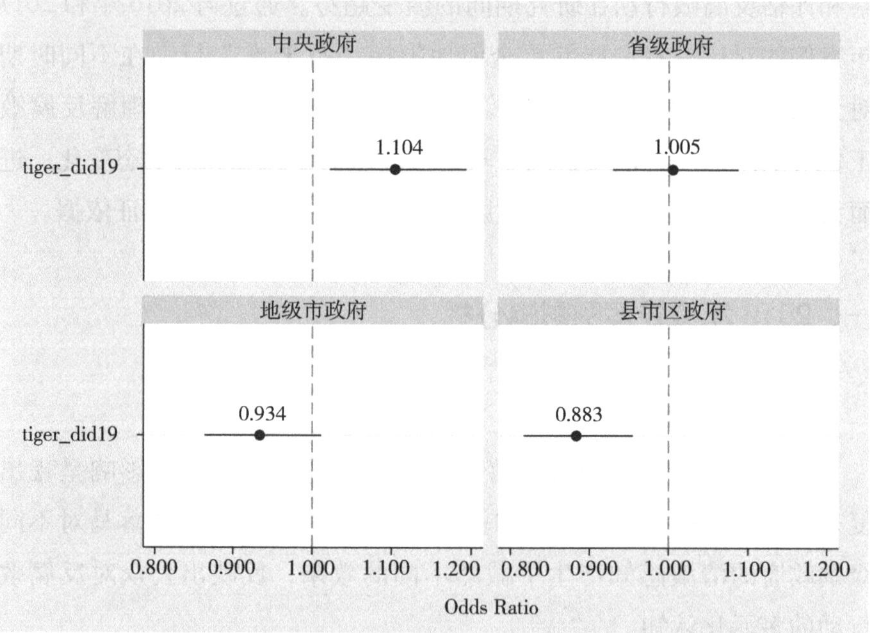

注：（1）与表 5-1-1 一样，图中各模型均对省级层面和地级市层面的相关变量进行了控制；（2）各模型的 Wald chi 2 值均在 0. 001 水平上显著，且 likelihood-ratio（LR） test 检验结果均在 0. 01 及以上水平上显著。

图 6-3-1　2019 年重要案例对公众清廉感知的影响（当期）

（二）稳健性检验

1. CEM-DID 分析结果

本书也采用 CEM-DID 方法对前述结果进行稳健性检验，结果如图 6-3-2 所示。图中结果与图 6-3-1 也基本一致，2019 年省委书记或省长落马对中央政府和省级政府的清廉感知具有显著的正向影响，对地级市和县市区政府的影响则为负，但并未通过显著性检验。

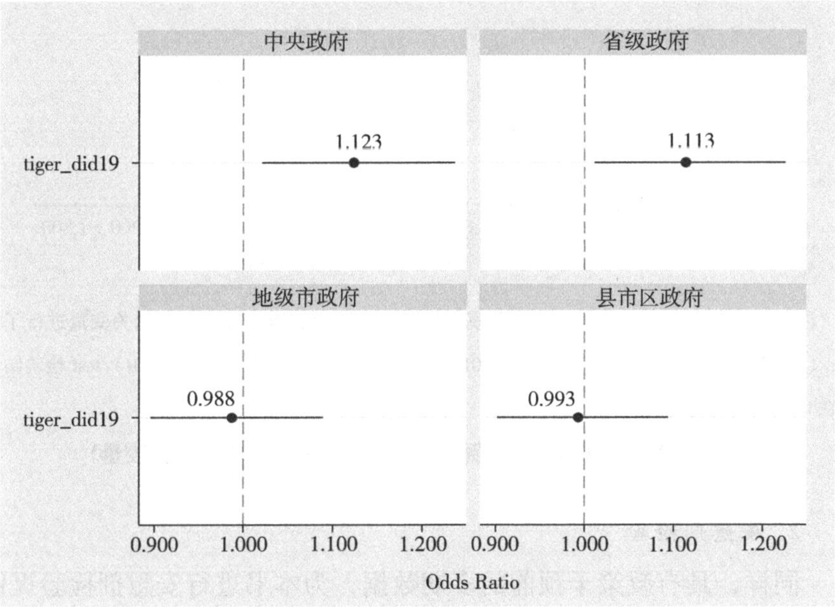

注：(1) 与表 5-1-1 一样，图中各模型均对省级层面和地级市层面的相关变量进行了控制；(2) 各模型的 Wald chi 2 值均在 0.001 水平上显著，且 likelihood-ratio（LR）test 检验结果均在 0.01 及以上水平上显著。

图 6-3-2　2019 年重要案例对公众清廉感知的影响（CEM-DID）

2. 因变量处理为二分变量

同样，本书也将因变量处理为二分变量，结果如图 6-3-3 所示。从图中可以看出，2019 年省委书记或省长落马对各级政府的清廉感知影响均为正，不过仅中央政府模型通过了显著性检验，与图 6-3-1 中的结果基本一致。

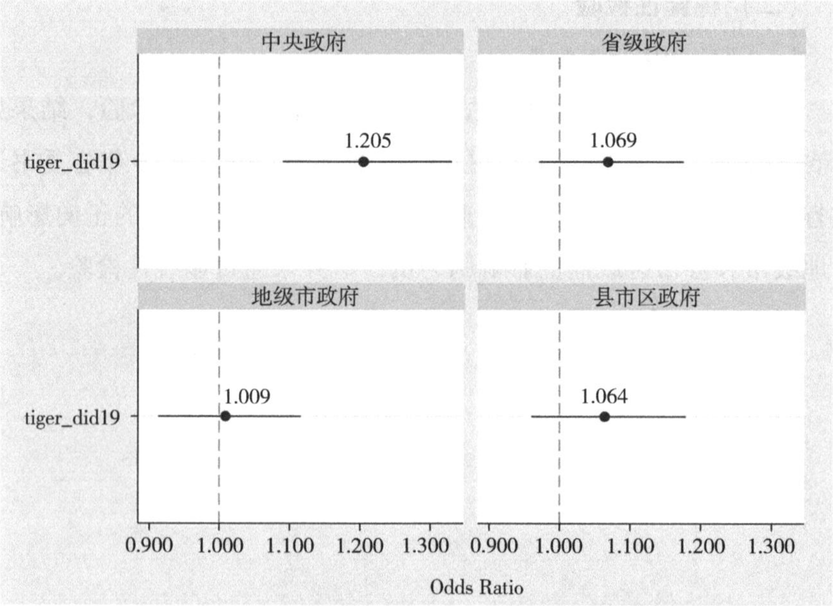

注：（1）与表 5-1-1 一样，图中各模型均对省级层面和地级市层面的相关变量进行了控制；（2）各模型的 Wald chi 2 值均在 0.001 水平上显著，且 likelihood-ratio（LR）test 检验结果均在 0.01 及以上水平上显著。

图 6-3-3　2019 年重要案例对公众清廉感知的影响（二分变量）

2. 安慰剂检验

同样，具有政策干预前的多期数据，为本书进行安慰剂检验提供了重要依据。因此，本书也将政策干预的时间提前到 2015—2018 年进行安慰剂检验。图 6-3-4 的结果显示，各个变量的系数均未通过显著性检验。这也进一步证明了 2019 年省委书记或省长落马对政府清廉感知影响的结果的稳健性。

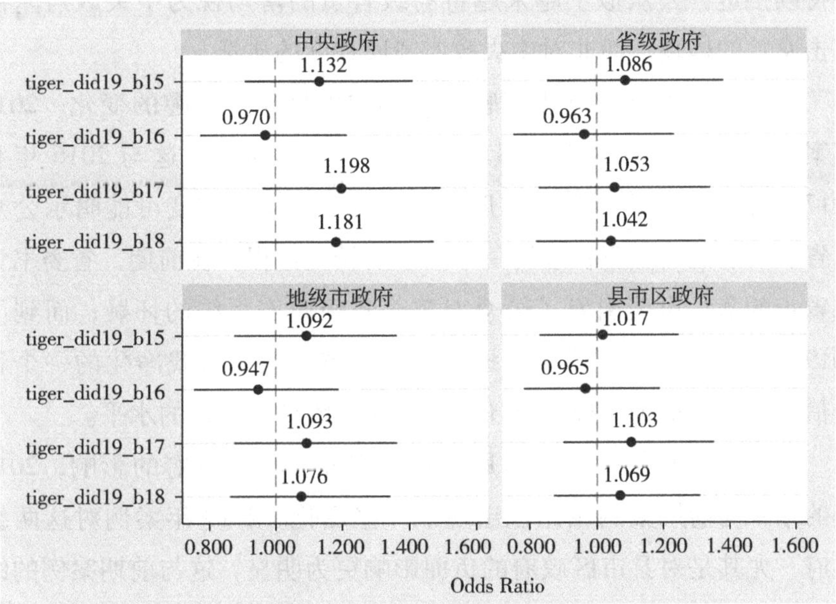

注：（1）与表5-1-1一样，图中各模型均对省级层面和地级市层面的相关变量进行了控制；（2）各模型的 Wald chi 2 值均在 0.001 水平上显著，且 likelihood-ratio（LR）test 检验结果均在 0.01 及以上水平上显著。

图 6-3-4 2019 年重要案例对公众清廉感知的影响（安慰剂）

二、与前期案例的比较与讨论

将 2019 年的结果与 2016 年和 2017 年的案例进行比较，我们可以发现一些有趣的变化和趋势，这些变化反映了反腐败工作对公众认知的动态影响。

首先，在中央政府清廉感知方面，我们观察到一个显著的正向转变。2019 年案例对中央政府清廉感知的正面影响比 2016 年和 2017 年案例更为显著。前期案例在当期对中央政府的影响较为中性或略微负面，而到了 2019 年，这种影响明显转为正面。这一变化可能反映了公众对中央政府反腐败决心认可度的逐步提升。随着反腐败工作的持续推进，公众似乎越来越将高级官员的落马视为中央政府坚决打击腐败的体现，而非对中央政府清廉程度的质疑。

其次，对省级政府清廉感知的影响也呈现出有趣的变化。2019年案例对省级政府的影响虽然为正，但并不显著，这与2016年和2017年案例的显著负面影响形成鲜明对比。这种转变可能暗示公众对省级政府的看法正在经历一个微妙的转变过程。在前期，省委书记或省长的落马可能引发了公众对整个省级政府系统的怀疑；而到了2019年，这种事件似乎更多地被解读为省级政府自我净化的一个积极信号，尽管这种积极影响还不足以达到统计显著性的水平。

在地方政府层面，特别是对地级市和县市区政府的影响，2019年的结果与前期案例相比也出现了一些变化。2019年案例对这两级政府，尤其是对县市区政府的负面影响更为明显，这与前期案例的结果有所不同。这一变化可能反映了公众对基层政府清廉状况关注度的提高。随着反腐工作的深入，公众可能更倾向于将高级官员的腐败与基层政府的整体清廉状况联系起来，认为这可能反映了政府系统内部存在需要进一步改进的方面。

最后，2019年案例对不同级别政府的影响呈现出更明显的差异化趋势，这与前期案例相比更为复杂。这种复杂性可能反映了公众对反腐败工作认知的日益成熟和细化。公众似乎能够更加细致地区分不同层级政府在反腐败工作中的角色和责任，而不是简单地对所有级别的政府产生一致的反应。

这些变化趋势为我们理解反腐败工作的长期效果提供了重要洞见。它们表明，随着时间的推移和反腐败工作的深入，公众对政府清廉程度的认知变得更加复杂和多元。这种认知的演变可能受到多种因素的影响，包括反腐败政策的实施效果、媒体报道的方式，以及公众对政府责任分配的理解等。未来的研究可能需要进一步探讨这种差异化影响产生的深层原因，以及如何在推进反腐败工作的同时，更有效地维护各级政府的公信力。同时，这些发现也强调了在制定反腐败政策和公共关系策略时，需要考虑到不同层级政府的特殊性，以及公众认知的动态变化。只有充分理解这些复杂的影响模式，才能制定出更加有效和有针对性的反腐策略，在打击腐败的同时，也能更好地维护和提升政府的整体形象。

第四节　小　结

如表 6-4-1 所示，本章通过对 2016—2019 年多位省委书记或省长落马案例的 PSM-DID 和 CEM-DID 分析，揭示了反腐败行动对公众清廉感知的复杂动态影响。研究结果不仅展示了“打老虎”行动在不同时期的效果差异，还反映了公众认知的演变过程。

表 6-4-1　重要案例对清廉感知的影响汇总

效应周期	政府层级	2016 年案例	2017 年案例	2019 年案例
当期效应	中央政府	−	−**	+*
	省级政府	−**	−***	+
	地级市政府	−**	−***	−
	县市区政府	+	−***	−
滞后 1 年	中央政府	−	+**	
	省级政府	−	−***	
	地级市政府	+	−***	
	县市区政府	+	−	
滞后 2 年	中央政府	−	+**	
	省级政府	+**	−***	
	地级市政府	+*	−***	
	县市区政府	+	−	

续表

效应周期	政府层级	2016 年案例	2017 年案例	2019 年案例
滞后 3 年	中央政府	+**		
	省级政府	+**		
	地级市政府	+***		
	县市区政府	+		

注：表中+号表示关系为正，-号表示关系为负，* $p<0.1$，** $p<0.05$，*** $p<0.01$。

研究表明，反腐败行动对公众清廉感知的影响呈现明显的时间动态特征。在党的十九大之前，省委书记或省长的落马往往会在短期内对公众清廉感知产生显著的负面冲击。这种负面影响可能源于公众对高层腐败案件的初始震惊和对政府系统整体清廉度的质疑。然而，这种负面影响并不持久，通常在 1—2 年内就会出现转折，逐渐向正面影响过渡。这一发现强调了公众认知的可塑性，并为反腐败工作需要持续推进以实现长期正面效果的治理策略提供了有力证据。

党的十九大后，特别是到 2019 年，省委书记或省长落马案例对公众清廉感知的影响发生了质的变化。研究发现，这些案例能显著提升公众对中央政府的清廉感知，同时对省级政府的影响也趋于正面，尽管后者未达到统计显著水平。这一转变反映了公众对反腐败行动的理解和接受度的提高。随着高压反腐败的持续深入，公众似乎更倾向于将这些案例解读为政府自我净化和改革的积极信号，而非系统性问题的表现。

研究结果还揭示了反腐败案例对不同层级政府清廉感知影响的差异化特征。总体而言，中央政府和省级政府的清廉感知受益更多，特别是在后期阶段。相比之下，地方政府，尤其是县市区级政府的清廉感知改善相对滞后。这种差异可能反映了公众对各级政府在反腐败工作中角色和责任认知的不同，也暗示了未来反腐败工作可能需要更加注重基层治理的改善。

从 2016 年到 2019 年的对比分析中，我们可以观察到公众对反腐败工作认知的逐步成熟。早期的负面反应可能源于对腐败问题严重性的初步认识，而后期的正面评价则可能反映了对政府持续治理努力的认可。这种认知转变过程揭示了反腐败工作不仅是惩治腐败的过程，也是提升公众政治信任和促进社会共识的过程。

研究还发现，反腐败行动的正面效应需要时间积累。虽然短期内可能面临负面冲击，但长期来看，持续的反腐败行动能够显著提升公众对政府清廉度的评价。这一发现强调了反腐败工作需要持之以恒，不能因短期波动而动摇。

这些研究发现为反腐败政策制定提供了重要启示。首先，政策制定者需要认识到反腐败工作的短期负面影响可能不可避免，但不应因此减轻反腐败力度。其次，有必要加强关于反腐败工作的公众沟通和解释，以加速公众认知的正向转变。最后，针对不同层级政府清廉感知影响的差异，未来的反腐败工作可能需要更加注重全面性和系统性，特别是加强对基层政府的关注。

总之，本章的研究结果揭示了反腐败行动对公众清廉感知的复杂动态影响。它不仅展示了“打老虎”行动在不同时期的效果变化，也反映了公众对反腐败工作认知的演变过程。这些发现为深化反腐败工作、提升治理效能提供了重要的实证基础和政策启示。

第七章　结论与讨论

腐败问题是一个古老而普遍的社会现象，历史上无论是东方国家还是西方国家，都曾面临腐败对政治稳定和经济发展的挑战。严重的腐败不仅会侵蚀政府的公信力，还直接威胁到政权的稳定性。因此，世界各国都非常重视腐败问题，将反腐败视为维护国家稳定和发展的重要任务。新时代以来，以习近平同志为核心的党中央从关系党和国家生死存亡的高度，强力推进党风廉政建设和反腐败斗争，以优良作风为引领，以严明纪律强保障，以高压惩治为重锤，一体推进“不敢腐、不能腐、不想腐”，打出了一套前所未有的自我革命“组合拳”。经过十年坚持不懈的努力，我国反腐败斗争取得压倒性胜利并全面巩固。

在新征程上，面对我国反腐败斗争取得的显著成就，党中央始终保持清醒冷静，深刻认识到压倒性胜利还不是彻底胜利，腐败问题的考验依然存在，反腐败斗争形势依然严峻复杂。习近平总书记在二十届中央纪委三次全会上指出：“面对依然严峻复杂的形势，反腐败绝对不能回头、不能松懈、不能慈悲，必须永远吹冲锋号。”[①] 面向未来，我们必须把思想统一到党中央的判断和要求上来，深刻认识腐败问题的巨大危害和反腐败斗争的长期性、复杂性、艰巨性，始终保持零容忍的高压惩治震慑力量不变，持续纵深推进反腐败斗争取得更大的治理成效。

本书主要聚焦新时代以来我国高压反腐败行动的社会效应，利

---

① 人民日报．习近平在二十届中央纪委三次全会上发表重要讲话强调深入推进党的自我革命　坚决打赢反腐败斗争攻坚战持久战. 2024 年 1 月 9 日. 第 1 版.

用多期全国层面的大样本调查数据，从实证角度系统考察了我国反腐败行动中惩处规模和结构对公众清廉感知的复杂动态影响。本书的研究发现不仅可以深化对现有反腐败理论的理解，还能为我国的反腐败政策制定提供重要启示。

第一节　腐败惩处与清廉感知：多元影响与机制探索

党的十八大以来，我国开展的持久高压反腐败行动取得了显著成效。基于 2015—2019 年全国廉情调查的多期混合截面数据和各省腐败惩处案件等相关数据，本书采用多层次回归模型、PSM-DID 和 CEM-DID 等高级统计分析方法，系统深入地探讨了腐败惩处的规模和结构对公众清廉感知的影响及其内在作用机制。研究结果揭示了反腐败行动在提升政府清廉形象方面的显著成效，同时也为进一步优化反腐策略提供了重要启示。

研究发现，在反腐败行动的中后期阶段（2017 年之后），扩大腐败惩处规模，提升地区反腐力度能够显著提升公众对各级政府的清廉感知。这一发现充分凸显了持续推进反腐败工作的重要性和必要性。同时，研究也揭示了针对不同层级官员的反腐策略在影响公众清廉感知方面存在差异化效果。尽管查处高级官员（“打老虎”）和基层官员（“拍苍蝇”）的策略都旨在清除贪腐分子，净化政治生态，但其影响的时效性和深度有所不同。查处高级官员虽然在短期内可能引发公众的关注和讨论，但其正面效果往往需要 1—2 年的时间才能充分显现。相比之下，着力解决群众身边的腐败和作风问题，能够更直接、持续地提升公众的清廉感知，彰显了“拍苍蝇”策略的即时性和有效性。

进一步的分析揭示，腐败惩处对公众清廉感知的正向影响主要通过两个重要中介变量实现：震慑效应和绩效满意度提升。这两个中介变量虽然都发挥着关键作用，但其效用比例存在差异，为我们理解反腐败工作的内在机制提供了新的视角。同时，研究还发现地方公共服务绩效和政治嵌入性在腐败惩处的规模、结构与公众清廉感知之间扮演着复杂的调节角色，这一发现突出了反腐败工作需要考虑人群特征和社会政治环境的重要性。

一、扩大腐败惩处规模：提升清廉感知的有效策略

党的十八大以来，我国开展的高压反腐败行动不仅引起了国内外学界的广泛关注，更在实践中取得了显著成效。本书的研究针对反腐败力度与公众清廉感知之间的关系提供了新的实证证据。尽管先前一些研究认为高压反腐败对公众清廉感知的正面影响并不显著，甚至具有非预期的负面影响，但本研究对 2017—2019 年三期全国廉情调查混合截面数据的多层次回归分析结果表明，地区查处的贪腐官员数量与公众的清廉感知呈现显著正相关关系。换言之，地区腐败惩处的力度越大，公众对各级政府的清廉感知越高。这说明扩大腐败惩处规模、提高地区反腐力度是提升公众清廉感知的有效策略之一。

本研究进一步的机制分析结果表明，高压反腐败产生的潜在震慑效应和绩效满意度是公众清廉感知得以提升的两项重要中介变量。当然，这一积极结果的形成也可能得益于其他多方面因素的共同作用。首先，大规模的腐败惩处向公众传递了政府坚决打击腐败的明确信号，增强了公众对政府反腐败决心的认可。其次，持续的反腐败行动逐步净化了政治生态，营造出清正廉洁的社会氛围，这种氛围的形成进一步提升了公众的清廉感知。最后，大规模反腐败也伴随着制度建设的加强，如权力运行的制约和监督机制的完善，这些制度性进步也提升了公众对政府清廉度的评价。不过，这些因素的具体作用机制和相对重要性还需要进一步的实证研究进行验证。

总之，本书的研究结果不仅在总体上支持了我国反腐败工作的显著成效，也为未来反腐败策略的制定和实施提供了重要理论依据。在一体推进“不敢腐、不能腐、不想腐”战略方针指导下，未来我国应该继续强化和创新反腐败措施，始终保持零容忍的高压惩治震慑态势，进一步提升腐败治理的社会效果，持续全面巩固反腐败斗争取得的压倒性胜利成果。

二、“打虎”“拍蝇”双重奏：U 型演变与差序格局塑造

新时代以来的高压反腐败行动坚持无禁区、全覆盖、零容忍的原则，对各级贪腐官员严惩不贷。然而，高级官员与基层官员的贪腐行为在危害性、隐蔽性和敏感性等方面存在显著差异，加之政府对这两类案件的宣传策略有所不同，导致查处高级官员和基层官员对公众清廉感知的影响呈现出独特的模式。利用 2015—2019 年各省查处贪腐官员的数据，特别是一些省委书记或省长被查处的准自然实验案例，本研究对这种差异进行了深入的实证分析。研究发现，查处高级官员和基层官员对公众清廉感知的影响存在显著差异，但两者都在长期中发挥着积极作用。

首先，查处高级官员对公众的清廉感知存在从短期波动到长期提升的 U 型化动态影响。在反腐败行动的中后期阶段（2017 年之后），查处高级官员的数量增加可能会暂时降低公众对地方政府的清廉感知。然而，这种短期影响通常仅持续 1—2 年。随着高压反腐的持续深入，查处高级官员的正面效应逐渐显现。特别是在 2019 年的重要案例中，查处省委书记或省长这类高级官员甚至在当年就显著提升了公众对中央政府的清廉感知。这表明，当高压反腐败成为常态化行动后，公众更倾向于将查处高级官员解读为中央政府的积极举措，从而提升对中央政府的清廉感知。

相比之下，查处基层官员对公众清廉感知的提升效果更为直接

和显著。数据分析结果显示，地区查处的基层贪腐官员人数越多，公众对各级政府的清廉感知就越高。因此，“拍苍蝇”式的反腐败行动对提升公众清廉感知具有直接且显著的积极影响。这可能是因为与查处高层官员相比，基层反腐败更贴近普通民众的日常生活，能够直击痛点，回应和解决群众最关心、最直接、最现实的利益问题。这种“看得见、摸得着”的变化，比起远在天边的高层反腐败，更容易让公众感受到反腐败工作的实际成效，进而显著改善其对政府的正面认知。这启示我们，反腐败工作不应仅聚焦于轰动性的大案要案，还需要持续不断地解决那些看似微小但与民众生活密切相关的问题。

此外，研究还发现，无论是查处高级官员还是基层官员，都有助于维持中央高-地方低的差序政府清廉感知格局。这可能源于新时代以来的高压反腐败行动本质上是由中央发起和主导的自上而下的政治行动。公众更倾向于将反腐败的成果归功于中央，从而进一步巩固了对中央政府较高的清廉感知格局。值得注意的是，查处高级官员对维持这种差序格局的正向影响更为显著。这可能是因为针对高级官员的反腐败行动更直接地体现了中央的决心和能力，因此对中央政府的清廉水平影响也更大。

总之，上述研究发现揭示了反腐败策略社会影响的复杂性和多面性。虽然查处不同层级的官员可能在短期内产生不同的影响，但长期来看，无论是“打老虎”还是“拍苍蝇”，都有助于提升公众对政府的清廉感知，尤其是会强化中央政府在反腐中的领导地位。这为制定更有效的反腐策略提供了重要的实证基础，同时也展示了我国全方位、多层次反腐败工作的显著成效。

三、清廉感知提升的双重路径：震慑与满意度的交织影响

如前所述，数据分析结果表明，扩大腐败打击规模和查处基层官员均能在总体上显著提升公众对各级政府的清廉感知。在此基础上，

本研究进一步探讨了腐败惩处对公众清廉感知的影响机制，发现震慑效应和绩效满意度提升是两项重要的中介变量，但它们的作用程度存在显著差异。

首先，反腐败行动产生了明显的震慑效应。腐败惩处规模的扩大和对基层官员的查处显著减少了公众在日常生活中遭遇行贿和索贿的经历，进而提升了清廉感知。值得注意的是，索贿经历的中介效应比行贿经历更为显著。这一现象可能反映了反腐败行动对政府官员的约束作用更为直接和有效。通过约束和减少潜在腐败行为，反腐败行动不仅改变了官员的行为模式，也潜移默化地影响了公众的认知和清廉体验，从而有效提升了公众的清廉感知。然而，研究也发现，查处高级官员虽然在理论上应产生更强大的震慑效果，但由于其影响可能更集中于同级别官员，对普通民众的直接影响相对有限，因此未能观察到其通过震慑效应显著改善公众清廉感知。这一发现提示我们，在设计反腐策略时，需要考虑不同层级反腐败行动的差异化影响。

其次，反腐败满意度也在其中发挥了重要的中介作用。研究发现，腐败惩处规模、查处高级官员和查处基层官员都能提升公众对反腐败工作的满意度。但只有腐败惩处规模和查处基层官员通过提升满意度显著改善了公众对各级政府的清廉感知。这一结果揭示了公众满意度与清廉感知之间的复杂关系，同时也凸显了基层反腐败的重要性。相比之下，查处高级官员虽然提升了反腐败满意度，但这种满意度的提升并未转化为清廉感知的显著提升。这可能是因为高层反腐虽然吸引了公众注意，但与普通民众的日常生活联系不够紧密。值得注意的是，在影响公众的清廉感知方面，腐败惩处规模通过反腐败满意度产生的中介效应比查处基层官员更为显著。这可能是因为扩大整体反腐败规模能产生更广泛的影响，不仅涵盖了各个层级的反腐行动，还可能带来制度和文化层面的变革，因而其绩效满意度在中介过程中发挥了更大作用。这一发现强调了全面系统反腐的重要性，同时也提示我们需要重视反腐工作的整体性和协同效应。

综上所述，虽然腐败惩处规模和查处基层官员都主要通过震慑效应和绩效满意度两种机制显著改善公众对政府的清廉感知，但前者可能更依赖于绩效满意度机制，而后者的震慑效应则更为突出。这一发现为理解反腐败策略的差异化效果提供了新的视角，也为实践中制定更精准、有效的反腐败策略提供了重要依据。未来的研究可以进一步探讨这两种机制在不同社会环境和政治背景下的相对重要性，以及如何优化反腐策略以最大化其对公众清廉感知的积极影响。同时，政策制定者在设计反腐败措施时，也应当充分考虑这两种机制的作用，平衡短期震慑效应和长期绩效满意度提升，以实现反腐败工作的最佳效果。

四、反腐败效果的多维棱镜：公共服务绩效与政治嵌入性的调节之舞

腐败惩处的规模和结构对公众清廉感知的影响并非简单直接，还受到多种因素的复杂调节。本研究深入探讨了地方公共服务绩效和个体政治嵌入性在这一过程中的调节作用，发现它们在不同情境下呈现出复杂的调节效应。

首先，地方公共服务绩效在总体上能够强化腐败惩处规模和查处基层官员对公众清廉感知的正向影响，同时弱化查处高级官员可能造成的负面冲击。具体而言，地方公共服务支出比重的增加能够显著增强腐败惩处规模对地级市和县市区政府清廉感知的正向影响。这表明，当地方政府将更多的资源投入到改善民生的公共服务中时，反腐行动的社会效果会被进一步放大，公众对政府的清廉感知会更加积极。同时，高质量的公共服务还能显著增强查处基层官员对县市区政府清廉感知的正向影响，凸显了基层反腐败与优质公共服务之间的协同效应。值得注意的是，良好的公共服务还能在一定程度上缓

解查处高级官员对中央政府和省级政府可能造成的负面冲击。这一发现暗示着高质量的公共服务可能为公众提供了一个更全面、积极的政府形象，从而平衡了高层反腐败可能带来的负面冲击。这种平衡效应对于维持公众对政府的正面形象认知和保持整体信心具有重要意义，尤其在高强度反腐败的背景下。

其次，研究发现腐败惩处会显著调节个体政治嵌入性与清廉感知之间的关系。腐败惩处规模的扩大和查处基层官员的行动能在一定程度上增强个体政治嵌入性对中央政府清廉感知的正向影响。这意味着，对于那些更深度参与政治过程的个体，如中共党员或体制内工作人员，反腐行动可能会强化他们对中央政府清廉程度的积极评价。这种强化效应可能源于这些政治嵌入性较高的个体对反腐行动有更深入的了解和更直接的感受。然而，研究也发现，查处高级官员则会显著削弱个体政治嵌入性与各级政府清廉感知的正向关系。这一发现揭示了“打老虎”对不同政治参与度群体的差异化影响。对于政治嵌入性较高的群体，高级官员被查处可能会引发更深入的思考和更复杂的认知过程。这些群体可能会从更宏观的角度审视反腐工作的深度和广度，进而对政府的清廉程度形成更全面、更辩证的评价。这种复杂的认知过程反映了高度政治参与群体对反腐工作的深入理解和期待，也为进一步完善反腐策略提供了有价值的参考。

这些研究发现进一步揭示了反腐败对公众清廉感知影响的复杂性和多维性，强调了公共服务绩效和政治嵌入性作为关键调节因素的重要作用。这些发现不仅深化了我们对腐败惩处与清廉感知之间复杂关系的理解，也为制定更精准、更有效的反腐策略提供了重要启示。未来的反腐败工作应该更加注重与提升公共服务质量相结合，同时充分考虑不同群体的认知差异，以实现反腐效果的最大化。这种多维度、多层次的反腐思路，将有助于构建一个更加清廉、高效的政府形象，增强公众对政府的信心和支持。

第二节　主要理论贡献与廉政政策启示

在反腐败的征程上，理论突破与实践智慧同样重要，二者共同推动廉政建设的不断深化。本节旨在揭示本书研究的双重价值：理论层面的边际创新突破和实践领域的政策启示。首先，通过多维度分析，本研究拓展了反腐败与清廉感知的理论边界，为学术界开辟了全新的研究视角。这些理论创新不仅丰富了学术讨论，更为深入理解反腐败这一复杂问题提供了新的思路。其次，本节聚焦实践领域，探讨从战略定力到基层治理，从公共服务优化到阳光政务推进的多维政策突破。这些实践智慧的凝练，为制定更有效的廉政政策奠定了坚实基础。这种理论与实践的结合，不仅深化了我们对反腐败这一复杂问题的理解，也为制定更有效的廉政政策提供了坚实基础。通过这一理论与实践的双重视角，我们将共同描绘出一幅全面、系统的反腐败蓝图，为建设清廉政府、提升国家治理能力开辟新的道路。

一、反腐败与公众清廉感知：理论边界的突破性拓展

本书的研究在反腐败与清廉感知领域做出了多方面的边际创新，深化了学界对这一复杂问题的理解。研究结果揭示了高压反腐败的演变过程，分析了不同反腐策略的差异化影响，并实证验证了关键中介路径。研究还探讨了公共服务绩效和政治嵌入性的调节作用，并重塑了客观绩效与主观评价关系理论。这些发现拓展了反腐败研究的理论边界，为未来研究开辟了新方向。以下将详细阐述五个方面的理论贡献，展现本研究如何拓宽了反腐败研究的理论视野。

（一）从“震荡”到“净化”：高压反腐败的渐进式蜕变解析

本研究从实证角度深化了对腐败惩处影响清廉感知的复杂机制

的理解。作为控制腐败的核心手段，大量既有研究表明，提高腐败惩治力度能够在客观上显著减少公职人员的贪腐行为。然而，对于公众的主观清廉感知，腐败惩处力度的提升则呈现出一种复杂的双面性。一方面，大规模的反腐败行动通过清理腐败存量、遏制腐败增量，能够在客观上显著改善国家或地区的清廉水平。这种“净化效应”有助于提升公众对政府的清廉感知。另一方面，大量贪腐案件信息的密集曝光也会对公众心理造成强烈的负面冲击，可能降低其对政府的清廉感知。这种“震荡效应”在短期内可能导致清廉感知的下降。

基于不同的调查数据，既有研究为这两方面的可能都提供了相应的实证支持，且近期的研究似乎更加倾向于认为腐败惩处对清廉感知的影响主要为负。① 不过，这些研究所使用的数据多为单期截面数据，且主要集中在高压反腐败行动的前期阶段，调查数据的样本范围也局限在个别地区。因此，尚不足以完整观测到持久的高压反腐败中腐败惩处对公众主观清廉感知可能产生的影响。基于我国 2015—2019 年的多期全国廉情调查数据和相关腐败惩处案件数据，本书从实证角度更加全面地检视了腐败惩处与清廉感知之间可能存在的复杂动态关系。研究结果发现，反腐败的社会效果具有显著的时间动态性，是一个渐进演变的过程。

在高压反腐败行动的前期阶段，大规模高压反腐败确实可能会导致公众清廉感知的短暂下降。这种现象可能源于大量贪腐案件的曝光对公众心理造成的负面冲击。然而，随着反腐败行动的持续和深入，特别是在中后期阶段（2017 年之后），腐败惩处力度的提升能够显著改善公众对各级政府的清廉感知。这一发现表明，反腐败的积极社会效果的实现需要一个渐进的过程。在初期，密集的反腐败行动可能引发公众对腐败问题严重性的担忧，导致清廉感知暂时下降。但随

① Sun, Z., Zhu, L. & Ni, X. (2022). How Does Anti-Corruption Information Affect Public Perceptions of Corruption in China? *China Review*, 22 (2), 113-143；李论、过勇（2023）. 媒体报道内容如何影响腐败感知？——基于调查实验的实证发现. 公共管理评论，1：46-65.

着时间推移，腐败惩处的积极效果逐渐显现，公众开始感受到政府治理能力的提升和清廉环境的改善，从而促进了清廉感知的整体提升。这一结果强调了持续性反腐败对于塑造积极的政府形象和提升公众信任的重要性。同时，这一发现也突出了反腐败工作需要坚持长期主义，并且在不同阶段可能需要采取不同的策略来管理公众预期和认知。

基于多名高级官员落马的准自然实验案例分析结果进一步丰富了上述渐进式动态演变关系。本研究通过采用 PSM-DID 和 CEM-DID 等前沿因果推断方法，更严谨地考察了“打老虎”（省委书记或省长被查处）对公众清廉感知的负面影响。结果发现，当省委书记或省长被查处时，会对公众的清廉感知产生显著的 U 型影响。具体而言，在这些省级主要领导人落马的初期，公众的清廉感知会出现短期性下降，但随着时间的推移，在 1—2 年左右，公众的清廉感知开始逐渐回升。这种回升可能反映了公众对政府反腐败决心的认可，以及对政治生态逐步净化的积极预期。这一发现为理解查处高级官员产生的社会影响提供了重要洞见，启示在查处高级官员时，需要充分考虑其对公众心理的短期冲击，并采取适当措施来管理公众预期，维护政府公信力。

总之，这些发现不仅丰富了我们对腐败惩处与清廉感知关系的理解，也为制定更有效的反腐败策略提供了重要的理论基础。同时，这些结果为未来的反腐败研究指明了新的方向，强调了反腐败效果评估的复杂性和动态性。

（二）“打虎”“拍蝇”的差异化影响：高压反腐败的结构性效应解析

本研究深入探讨了腐败惩处的规模和结构对清廉感知的差异化影响。虽然一些学者已经注意到我国反腐败过程中的规模和结构特点，并利用地方性调查数据初步分析了“打老虎”与公众清廉感知的关系，但既有研究对腐败惩处的规模和结构对公众清廉感知可能存在的差异化影响仍然重视不够，大多数现有研究主要聚焦于整体反腐败力度对清廉感知的影响。然而，考虑到高级官员与基层官员贪腐行为在性质、影响范围和社会关注度等方面的差异，以及政府在反腐败宣传中的策略侧重，“打老虎”和“拍苍蝇”对公众清廉感知的影响可能存在显著差异。因此，本研究不仅关注整体反腐败力度，还创新性地从“打老虎”和“拍苍蝇”两个维度细化分析了腐败惩处的内部结构，并通过实证研究检验了它们对公众清廉感知的差异化影响。

研究结果表明，在持续深入的反腐败行动中，整体反腐败力度能够显著提升公众对政府的清廉感知。虽然地方高级官员的落马可能在短期内会对公众的清廉感知造成一定负面影响，但从多位省级主要领导人落马案例的准实验案例分析来看，随着反腐败行动的持续推进，这种影响逐渐减弱，甚至能够显著提升公众对中央政府的清廉感知。这表明“打老虎”对公众清廉感知的影响具有更加复杂和动态的特征。相比之下，“拍苍蝇”因主要回应和解决群众身边的腐败和作风问题，能够更有效减少公众在日常生活中的直接腐败接触经历，所以公众的反腐败获得感更强，对各级政府的清廉感知也更高。同时，在反腐败行动的更深入阶段，地区的整体反腐败力度和“打老虎”“拍苍蝇”均有助于维持中央高-地方低的差序政府清廉感知格局，其中整体反腐败力度的提升对这种差序格局的正向影响更为显著。

这些发现为解释党的十八大以来我国公众对政府清廉感知的整体变化趋势提供了重要洞见。从图 7-2-1 中可以发现，虽然在 2015 年之后，我国公众对各级政府的清廉感知得分在总体上呈上升趋势，但仍有较大提升空间。这种复杂的变化趋势可以通过腐败惩处规模和结构对清廉感知的差异化影响来解释。持续的反腐败行动和“拍苍蝇”确实在一定程度上提升了公众对各级政府的清廉感知，但高级官员被查处的案例可能仍然会在短期内对公众的清廉感知造成一定非预期负向影响。这种动态平衡既反映了反腐败工作的复杂性和长期性，同时也凸显了持续推进反腐败工作的重要性。

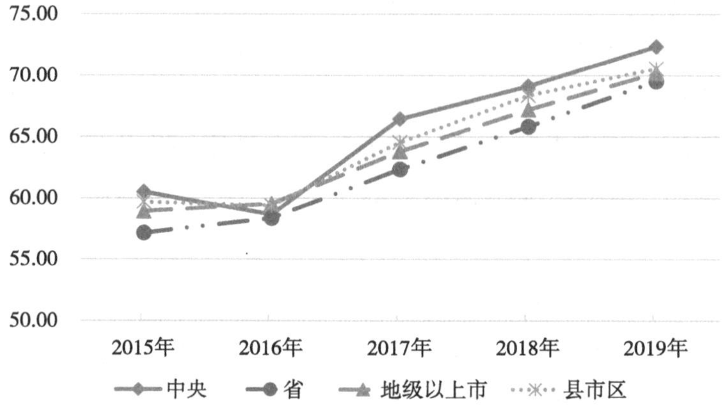

图 7-2-1　2015—2019 年各级政府清廉感知指数得分变化

（三）双重作用机制解码：震慑效应与绩效满意度实证探秘

本研究从实证角度深入检验了腐败惩处的规模和结构通过震慑效应和绩效满意度两种中介机制影响清廉感知的过程及其差异。虽然既有研究对腐败惩处与清廉感知的关系进行了实证分析，并指出加大腐败惩处力度能够提升贪腐官员被查处的确定性，从而对潜在的贪腐行为形成强烈的震慑效应，但对这种震慑效应机制的实证检验仍显不足。

本研究创新性地以公众在日常生活中的直接腐败经历作为反腐败行动震慑效应的测量指标，通过严谨的实证分析发现，腐败惩处确实能够显著减少公众在日常生活中遭遇的腐败经历，进而显著提升公众对政府的清廉感知。值得注意的是，相较于整体反腐败力度，“拍苍蝇”行动通过减少腐败经历提升清廉感知的中介效应显著更强。此外，研究还发现索贿经历比行贿经历在这一中介过程中发挥的作用更大，这一发现为反腐败策略的制定提供了重要参考。

除震慑效应外，本研究还揭示了反腐败满意度这一中介机制，即腐败惩处力度能够通过改善公众的反腐败满意度进而提升公众对政府的清廉感知。有趣的是，与“拍苍蝇”相比，这种绩效满意度中介效应在整体反腐败力度与公众清廉感知之间的比例显著更高。这表明，整体反腐败力度的提升似乎更能通过增强公众对政府的反腐败满意度来提升各级政府的清廉形象。

更值得关注的是，与震慑效应相比，绩效满意度在腐败惩处与清廉感知之间所发挥的中介作用比例显著更高。这一发现表明，腐败惩处主要是通过提升公众的反腐败满意度评价来改善公众对政府的清廉感知。尽管反腐败满意度和清廉感知都属于主观评价性变量，可能导致其中介效用较强，但这一结果仍为理解腐败惩处如何影响清廉感知提供了重要的实证依据。

本研究的这些发现对腐败治理理论和清廉感知研究领域做出了多方面的理论贡献。首先，它进一步丰富了我们对不同腐败惩处策略如何影响公众清廉感知的具体机制的理解，通过严谨的实证分析，系统性地验证了震慑效应和绩效满意度这两条中介路径。其次，本研究通过引入日常腐败经历作为震慑效应的测量指标，为反腐败效果评估提供了新的理论视角和方法论启示。此外，这一创新不仅丰富了清廉感知形成机制的理论模型，也为未来相关研究提供了可操作化的测量工具。最后，通过揭示绩效满意度在腐败惩处与清廉感知之间的强中介作用，本研究深化了学界对公众感知在反腐败过程中的重要性的理解，为进一步探索反腐败的社会心理机制奠定了理论基础。总之，这些发现不仅拓展了腐败治理理论的边界，也为清廉感知研究领域提供了新的理论框架和分析路径，推动相关学术讨论向更深入、更细致的方向发展。

（四）增进对调节机制的理解：公共服务绩效与政治嵌入性的双重视角

本研究在理论上拓展了腐败惩处影响清廉感知的边界条件，为清廉感知形成机制的理论模型增添了新的维度。既有研究虽然发现公众对政府清廉度的评价存在“严厉”和“宽容”的双重倾向，并指出政府的经济发展和公共服务绩效可能影响这种评价，[①] 但缺乏对公共服务绩效调节作用的系统实证分析。本研究通过严谨的实证检验，在理论上明确了地方公共服务绩效不仅直接影响清廉感知，还能显著调节腐败惩处对清廉感知的影响。具体而言，优质的公共服务能增强整体反腐力度和“拍苍蝇”对公众清廉感知的正向影响，同时缓解“打老虎”可能带来的负面冲击。这一发现丰富了清廉感知理论，为理解公众评价的复杂性提供了新的理论视角。

此外，本研究从实证角度探讨了制度绩效背景下个体的政治嵌入性与清廉感知的复杂关系。研究发现，个体政治嵌入性与清廉感知的关系受到地区腐败惩处绩效的显著调节。特别是，整体反腐力度和“拍苍蝇”能增强政治嵌入性与清廉感知的正向关联，而“打老虎”则可能扭转这种关联。这一发现不仅深化了对政治嵌入性作用机制的理论理解，还为清廉感知研究提供了新的分析框架，推动了相关理论的发展。

（五）打破简单对应：反腐败领域客观绩效与主观感知关系的理论重塑

本研究在理论层面上拓展了公共管理学科中关于客观绩效与主观评价关系的理解，特别是在反腐败这一特殊领域。与一般公共服务领域不同，反腐败的客观绩效投入对主观清廉感知呈现出改善和恶化的双重效应，这一复杂性挑战了传统的客观-主观绩效关系理论。本研究通过系统的实证分析，揭示了这种复杂动态关系的内在机制，为该领域的研究提供了新的洞见。

具体而言，本研究的边际贡献在于：首先，它拓展了客观-主观绩效关系理论的适用范围，将其延伸到反腐败这一高度敏感和复杂的领域。其次，通过揭示反腐败客观投入与主观感知之间的非线性关系，本研究挑战了传统理论中客观绩效与主观评价之间简单对应的

---

① 李辉、呼和那日松、唐敏（2015）. 民主、主观经济评价与腐败感知——基于亚洲、非洲与拉美舆情表合并数据的多层分析. 经济社会体制比较，3：162-174.

假设，提出了更为细致和动态的理论框架。最后，本研究的发现为理解政治领域中公众感知形成机制提供了新的理论视角，强调了在评估政府绩效时需要考虑多维度因素和潜在的悖论效应。这些理论创新不仅丰富了公共管理学科的知识体系，也为未来研究政府绩效与公众感知之间的复杂关系提供了新的理论基础和研究方向。

二、定力与智慧：战略、民生、服务与透明度的多维突破

在反腐败的道路上，我们仍然面临着诸多复杂多变的挑战，需要全方位、多层次的策略来应对。从宏观战略到微观实践，从基层治理到公共服务，再到政务透明，每一个维度都蕴含着深刻的政策启示。本部分将深入探讨四个关键方面：保持战略定力、聚焦基层民生、优化公共服务，以及推进阳光政务。这些维度相互交织，共同构筑起一幅全面、系统的反腐败蓝图，为建设清廉政府、提升公众获得感指明方向。通过这些多维度的政策突破，我们将能更有效地推进反腐败工作，为国家治理现代化建设注入新的动力。

（一）反腐败政策的战略思考：正视复杂性，保持长期定力

反腐败工作是全面从严治党的重要内容，其成效直接关系到党的执政能力和人民群众的信任。然而，反腐败的社会效果并非简单直观的，而是涉及复杂的动态过程和多维度影响。本研究通过深入分析腐败惩处的规模和结构对公众清廉感知的影响，为制定更有效的反腐败政策提供了重要启示。

我们需要充分认识反腐败措施对公众清廉感知的复杂动态影响，科学厘清腐败存量与增量间的关系，坚定不移地推进反腐败工作。党的十八大以来，我国开展了力度空前的反腐败行动，在“打虎”“拍蝇”等方面取得了显著成效，体现了党中央坚定不移推进全面从严治党的决心和勇气。然而，在反腐败的客观绩效产出与公众的主观清廉感知之间，似乎仍然存在较大差距。一些早期研究也发现，腐败惩

处力度与公众清廉感知之间存在负相关。这种现象引发了学界和实务界的广泛讨论和思考。

本书的研究则揭示了一个更为复杂和动态的图景，为理解这一现象提供了新的视角。研究发现，在高压反腐败行动的中后期阶段，扩大腐败打击规模和强化对基层贪腐官员的惩治能显著提升公众对政府的清廉感知。虽然查处高级官员在短期内可能对公众清廉感知造成一定冲击，但从长远来看，它同样能显著改善公众对政府的清廉感知。这表明，反腐败措施对公众清廉感知的影响不仅存在时间滞后效应，而且在不同阶段呈现出不同的特征。这一发现为我们理解反腐败工作的长期效果提供了重要依据，并对纵深推进全面从严治党和党的自我革命提供了重要启示。

本书的研究结果表明，反腐败工作是一个需要长期坚持的系统工程，不能因短期波动而动摇信心。党和政府需要保持足够的政治定力，坚持反腐败的决心不动摇，持续投入力量清理腐败存量，严格控制腐败增量。只有这样，反腐败行动的成效才能最终得到社会公众的充分理解和认可，推动清廉指数的持续改善。这一研究结果强调了纵深推进党的自我革命的重要性和必要性。通过持续不断的自我净化、自我完善、自我革新、自我提高，我们党才能在反腐败斗争中赢得主动，巩固执政地位，赢得人民群众的信任和支持。因此，我们要把反腐败作为党的建设的重要内容，将其融入党的自我革命的全过程，以更大的决心和勇气推进全面从严治党向纵深发展。正因如此，党的二十大报告特别强调："全面从严治党永远在路上，党的自我革命永远在路上，决不能有松劲歇脚、疲劳厌战的情绪，必须持之以恒推进全面从严治党，深入推进新时代党的建设新的伟大工程，以党的自我革命引领社会革命。"①

---

① 习近平. 高举中国特色社会主义伟大旗帜 为全面建设社会主义现代化国家而团结奋斗——在中国共产党第二十次全国代表大会上的报告（2022 年 10 月 16 日）. 北京：人民出版社，第 64 页.

此外，研究结果也为我们提供了优化反腐败策略的启示。在反腐败工作中，我们不仅要注重“打虎”，也要重视“拍蝇”，两者并重，双管齐下。同时，我们还需要加强反腐败宣传教育工作，帮助公众正确认识反腐败工作的长期性和复杂性，增强公众对反腐败成效的信心。同时，本研究的结果提醒我们，在评估反腐败工作的成效，特别是社会效果时，不能仅仅依赖短期指标，而应该采用更加全面、长期的评估体系。我们需要建立科学的反腐败效果评估机制，综合考虑客观指标和主观感知、短期影响和长期效果，以更好地指导反腐败工作的开展和政策的制定。

总之，本研究为我们提供了一个更加全面和动态的视角来理解反腐败工作的效果，强调了坚持不懈推进反腐败斗争的重要性，为深化全面从严治党、推进党的自我革命提供了重要的理论支撑和政策启示。

（二）聚焦基层、惠及民生：强化“拍苍蝇”力度，提升群众获得感

反腐败工作是一项系统工程，需要不断优化策略以提高其治理效能。研究表明，适当调整反腐败重点，更加注重“拍蝇”，着力解决群众身边的腐败问题和不正之风，能够切实增强社会公众的反腐败获得感。这一策略调整不仅有利于提升反腐败工作的实效性，也是推进全面从严治党和党的自我革命的重要举措。

本书的实证分析结果发现，在“打老虎”“拍苍蝇”双管齐下的策略中，“拍苍蝇”的反腐败行动因为着眼于群众身边的腐败问题和不正之风，能够显著减少公众在日常生活中的直接腐败经历，给公众带来更强烈的反腐败获得感，因此更能够显著改善公众对各级政府的清廉感知。这一发现不仅彰显了“拍苍蝇”策略的重要性，也揭示了基层反腐败对提升整体清廉感知的关键作用。

然而，基层腐败问题的危害性往往被低估。尽管单个案件涉及金额可能不大，但其累积效应却不容忽视。这些问题会严重破坏公众对

基层政府的信任，导致社会矛盾上移，增加上级政府工作负荷，制约基层政府功能的有效发挥。习近平总书记对此有深刻洞见，他指出："相对于'远在天边'的'老虎'，群众对'近在眼前'嗡嗡乱飞的'蝇贪'感受更为真切。'微腐败'也可能成为'大祸害'，它损害的是老百姓切身利益，啃食的是群众获得感，挥霍的是基层群众对党的信任。对基层贪腐以及执法不公等问题，要认真纠正和严肃查处，维护群众切身利益，让群众更多感受到反腐倡廉的实际成果。"① 正因如此，党的二十大报告在有关"坚决打赢反腐败斗争攻坚战持久战"的论述中也将"坚决惩治群众身边的'蝇贪'"作为未来反腐败工作的重点内容之一。②

基于上述认识，在未来的反腐败工作中，我们应当更加重视对基层贪腐问题的处理，坚决整治群众身边的腐败和作风问题。这不仅包括加大对基层腐败行为的查处力度，更要建立健全基层廉政风险防控机制，加强对权力运行的制约和监督。同时，我们需要深入治理民生领域和其他直接关系群众切身利益的腐败问题，做到反腐为民、反腐惠民。这可以通过优化民生项目的监管流程，提高资金使用的透明度，以及建立健全群众参与和监督的机制来实现。此外，加强基层干部的廉洁教育和作风建设，增强他们的廉洁自律意识，也是预防基层腐败的重要措施。通过这些举措，我们可以切实增强公众的反腐败获得感，提升群众对党和政府的信任度，同时也为推进全面从严治党和党的自我革命提供有力支撑。这不仅有助于巩固反腐败斗争的成果，也能为建设清廉政府、实现国家治理体系和治理能力现代化奠定坚实基础。

① 新华社（2016）. 习近平在十八届中央纪委六次全会上发表重要讲话. http://www.gov.cn/xinwen/2016-01/12/content-5032433.htm. 2021年3月21日访问。

② 习近平. 高举中国特色社会主义伟大旗帜 为全面建设社会主义现代化国家而团结奋斗——在中国共产党第二十次全国代表大会上的报告（2022年10月16日）. 北京：人民出版社，第69页.

（三）公共服务与反腐败协同：提升清廉感知的双轨策略

在反腐败工作中，单纯依靠惩治手段往往难以全面提升公众的清廉感知。事实上，反腐败效果与公共服务质量之间存在密切的联系，两者的协同作用对于塑造政府清廉形象至关重要。本研究发现，通过改善公共服务绩效，可以显著强化腐败惩处对清廉感知的正向影响，从而为反腐败工作开辟一条新的思路。

既有研究表明，公众对政府的清廉感知同时存在"严厉"和"宽容"的双重倾向。这种复杂的认知结构意味着，仅仅依靠加大惩治力度可能无法全面提升清廉感知。相比之下，提升民生服务质量更有助于提升公众对反腐败的满意度和清廉感知。这一发现强调了在反腐败工作中需要采取多元化策略，特别是要注重公共服务质量的提升。

本书的研究进一步证实了这一观点，发现地方公共服务支出比重的增加能够显著调节腐败惩处与清廉感知之间的关系。具体而言，它不仅能够显著增强整体反腐败力度和"拍苍蝇"行动对公众清廉感知的正向影响，而且也能够弱化"打老虎"可能带来的负面影响。这一发现凸显了基层反腐败与优质公共服务之间的协同效应，同时也暗示着高质量的公共服务可能为公众提供了一个更全面、积极的政府形象，从而平衡了查处高级官员可能带来的负面影响。

党的二十大报告中强调："坚持以人民为中心的发展思想。维护人民根本利益，增进民生福祉，不断实现发展为了人民、发展依靠人民、发展成果由人民共享，让现代化建设成果更多更公平惠及全体人民。"① 这一论述进一步凸显了改善公共服务、提升民生质量在国家治理中的重要地位，也为我们优化反腐策略提供了新的思路。因此，我们不仅要专注于惩治腐败，也需要通过不断改善政府在公共服务

① 习近平. 高举中国特色社会主义伟大旗帜 为全面建设社会主义现代化国家而团结奋斗——在中国共产党第二十次全国代表大会上的报告（2022 年 10 月 16 日）. 北京：人民出版社，第 27 页.

绩效方面的表现来进一步增强腐败惩处对公众主观清廉感知的正向影响。具体而言，我们可以从以下几个方面着手：

首先，应当加大对民生领域的投入，全面提高公共服务质量。特别是在教育、医疗、社会保障等与群众切身利益密切相关的领域，政府需要投入更多资源，提供更优质的服务。这不仅能直接提升群众的获得感和幸福感，还能增强公众对政府清廉形象的认同。其次，建立健全公共服务绩效评估机制至关重要。通过科学、客观的评估体系，我们可以确保投入的资源得到有效利用，同时也能及时发现和解决公共服务中存在的问题，不断提升服务质量。这种透明和问责机制本身就是反腐败工作的重要组成部分。再者，推进公共服务均等化是缩小城乡、地区间差距的关键。通过合理分配资源，确保基本公共服务在不同地区、不同群体间的公平性，可以有效减少因公共服务不均衡而可能滋生的腐败问题，同时也能提升整体的清廉感知。此外，创新公共服务供给方式，鼓励社会力量参与，是提高服务效率的有效途径。通过引入市场机制和社会组织，可以在保证公共服务质量的同时，增加服务供给的多元化和灵活性，从而更好地满足公众需求。这种多元参与也有助于形成对公共服务的社会监督，间接支持反腐败工作。最后，加强公共服务领域的廉政建设是确保民生资金真正用于改善民生的保障。通过完善制度、加强监管，我们可以有效防止和遏制公共服务领域的腐败行为，确保民生资金能切实惠及群众，从而在提升公共服务质量的同时，也增强公众对政府清廉度的认知。通过这些措施，我们可以在反腐败的同时提升公共服务质量，从而增强公众对政府的信任和清廉感知，实现反腐倡廉与改善民生的良性互动，为全面从严治党和国家治理现代化提供有力支撑。

（四）推行阳光政务：提升透明度，促进公众参与

在推进反腐败工作的过程中，增强政府透明度并鼓励公众积极参与政府治理已成为一项不可或缺的关键举措。这不仅是实现“让权力在阳光下运行”理念的具体体现，也是提升反腐败效能和公众

清廉感知的重要途径。透明度的提升能够有效减少权力寻租空间，降低腐败发生的可能性；而公众参与则能够形成强有力的外部监督，为反腐败工作注入持久动力。特别是在信息技术快速发展的今天，借助互联网和大数据等现代化手段，我们有可能构建一个更加开放、透明的政务环境，让公众更便捷地获取信息、表达诉求和参与决策。这种“阳光政务”模式不仅能够提高政府工作效率，还能增进政府与公众之间的信任，从而为反腐败工作营造良好的社会氛围。

2019 年全国廉情评估调查结果清晰地反映了公众对腐败原因的认知（见表 7-2-1）。其中，“缺乏透明度”（33.70%）、“个人的贪婪与自私”（32.23%）和“政商勾结”（24.75%）被视为导致腐败问题泛滥的三大主因。值得注意的是，“公职人员薪酬太低”（9.38%）在所有选项中比例最低，这表明单纯依靠提高公职人员薪酬来防治腐败的做法，尚未得到大多数公众的认可。

表 7-2-1 公众对腐败原因的看法（2019 年调查）

重要性排名	腐败原因	选中比例
1	缺乏透明度	33.70%
2	个人的贪婪与自私	32.23%
3	政商勾结	24.75%
4	缺乏舆论监督	21.79%
5	法制不健全	19.66%
6	对反腐制度的执行不力	18.84%
7	注重人情关系的社会文化	17.99%
8	缺乏打击腐败的政治决心	17.63%
9	缺乏民间参与反腐	11.53%
10	公职人员薪酬太低	9.38%

为提高公众的反腐败获得感，我们应当及时有效地回应民众的迫切关注点。首要任务是提升权力运行的透明度，通过完善信息公开

制度，加强政务公开，使权力运行过程更加公开透明。这不仅能增强公众对政府工作的了解，还能有效减少腐败滋生的空间。

其次，我们需要建立健全公众参与机制，鼓励和支持公众在反腐败中发挥积极作用。通过多渠道、多层次地拓展公众参与途径，如开放政府数据、举办公众咨询会、设立网上投诉平台等，可以充分调动群众的积极性，形成自上而下和自下而上相结合的反腐败格局。

加强舆论监督也是不可或缺的一环。我们应当保护和鼓励新闻媒体对腐败行为的监督报道，充分发挥舆论的正面引导作用。这不仅能够及时揭露腐败行为，还能够增强公众的反腐意识，形成全社会共同参与反腐的良好氛围。

同时，我们还需要进一步健全法制体系，完善反腐败法律法规，特别是在信息公开和公众参与方面的立法。例如，制定更加详细的政府信息公开条例，明确公众参与政府决策的程序和权利，从制度层面为提高透明度和促进公众参与提供强有力的支撑。

最后，利用现代信息技术提升透明度和公众参与的效果也至关重要。通过建设智慧政务平台，开发便民服务 APP，利用大数据分析等手段，我们可以让公众更便捷地获取政府信息、参与政策讨论，并对政府工作进行有效监督，从而进一步提升反腐败工作的社会效果。

总之，在推进反腐败工作的过程中，我们应当持续加强政府透明度建设，完善公众参与机制，充分发挥群众监督作用，真正实现让权力在阳光下运行。这不仅有助于提升反腐败工作的效能，也能显著增强公众的清廉感知和对政府的信任度，为建设廉洁高效的现代化国家贡献持久动力。

第三节 研究局限与展望

本书在反腐败研究领域做出了一定贡献，同时也存在一些需要在未来研究中进一步完善的方面。这些潜在的改进空间为后续研究指明了方向。

首先，在数据收集方面存在一定挑战。由于客观条件限制，本书关于政府腐败惩处规模和结构变量的测量主要局限于省级层面，宏观层面的有效变量相对较少，这在一定程度上可能影响实证估计结果的精确度。[①] 同时，考虑到腐败相关话题的敏感性，电话调查过程中存在拒访率相对较高的情况，这可能对样本的代表性产生一定影响。此外，个体层面的大样本量虽然增强了统计检验的效力，但也可能使一些微弱关系在统计上更容易通过显著性检验。未来研究可以考虑拓展数据来源，特别是纳入更多市县级数据，以进一步提高分析的精确度和可靠性。结合定量和定性方法的混合研究设计也可能为这一议题提供更全面的洞察。

其次，尽管本研究采用了多期混合截面数据，且腐败惩处人数采用滞后一期处理，但仍需注意潜在的内生性问题。人们对政府的清廉感知可能在一段时期内相对稳定，腐败惩处力度与清廉感知之间可能存在互为因果的关系。事实上，难以观测的真实腐败水平可能同时影响腐败惩处案件和公众的清廉感知，而且理论上与这两者均呈正相关。这种情况可能导致估计系数存在一定程度的偏差，需要谨慎解读。对于省委书记或省长的准自然实验分析，虽然采用了 PSM 和 CEM 进行样本预处理，使事件发生前后的个体观测值在特征上尽可能一致，但与真正的个体追踪调查相比仍有一定差距。未来研究可以

① 谢宇（2023）. 回归分析（修订版）. 北京：社会科学文献出版社，第 299 页.

考虑采用其他因果推断计量方法，如工具变量法、断点回归设计，以进一步提高因果推断的可靠性。

最后，在腐败惩处影响公众清廉感知的具体机制方面，本书识别了震慑效应和反腐败绩效满意度两种重要中介机制，但仍有探索其他潜在影响路径的空间。例如，媒体报道的强度和方式、公众参与反腐的程度、社会信任水平的变化等因素可能在其中发挥重要作用。在差序政府清廉感知方面，本书从政府绩效逻辑和文化心理逻辑出发，指出自上而下的高压反腐败行动有助于维持中央高—地方低的差序清廉感知格局，并在实证上得到初步检验。然而，由于数据变量的限制，本书未能深入检验所有可能的作用机制。特别是不同层级政府间清廉感知差异受内隐态度影响的程度，仍是一个值得深入探讨的问题。

展望未来，随着研究方法的不断创新和数据可得性的提高，反腐败研究领域仍有广阔的探索空间。跨学科的研究方法和国际比较研究可能为我们提供新的洞见。通过不断完善研究设计，利用更丰富、更高质量的数据，并结合多学科的理论视角，未来的研究将能够更全面、更深入地理解反腐败的效果及其影响机制，为制定更有效的反腐败政策提供坚实的理论支持。对于本书提出的观点和发现，未来还需要更多的实证研究来进一步检验和完善，以便充分挖掘和丰富其中的因果机制解释。

主要参考文献

[1] 贝淡宁（2016）. 贤能政治：为什么尚贤制比选举民主制更适合中国. 北京：中信出版社.

[2] 陈刚、李树（2013）. 管制、腐败与幸福——来自 CGSS（2006）的经验证据. 世界经济文汇，4：37-58.

[3] 陈丽君、朱蕾蕊（2018）. 差序政府信任影响因素及其内涵维度——基于构思导向和扎根理论编码的混合研究. 公共行政评论，5：52-69.

[4] 德隆·阿西莫格鲁、詹姆斯·罗宾逊（2015）. 国家为什么会失败. 李增刚译. 长沙：湖南科学技术出版社.

[5] 邓崧、刘开孝（2020）. 互联网使用对政府清廉感知的影响研究——基于 CGSS 数据的实证分析. 电子政务，9：107-120.

[6] 邓雪琳、孙宗锋（2018）. 经济绩效、政府规模与腐败感知差异——基于全国 77 个地级市的调查. 中国行政管理，2：101-108.

[7] 杜娟、朱旭峰（2021）. 地方领导性别与民众清廉感知：基于中国城市的实证研究. 公共管理与政策评论，1：127-142.

[8] 方杰、温忠麟、张敏强、任皓（2014）. 基于结构方程模型的多层中介效应分析. 心理科学进展，3：530-539.

[9] 方明月、聂辉华（2015）. 腐败对企业契约实施的影响：来自中国企业的证据. 经济社会体制比较，4：119-129.

[10] 费孝通（2018）. 乡土中国·生育制度. 厦门：鹭江出版社.

[11] 高波（2017）. 廉洁拐点. 北京：中信出版社.

[12] 高学德、翟学伟（2013）. 政府信任的城乡比较. 社会学研究，2：1-27.

[13] 公婷（2016）. 专栏导语：公众感知、问卷调查与腐败研究. 公共行政评论，3：1-3.

[14] 公婷、王世茹（2012）. 腐败“零容忍”的政治文化——以香港为例. 复旦公共行政评论，2：169-186.

[15] 公婷、吴木銮（2012）. 我国2000—2009年腐败案例研究报告——基于2800余个报道案例的分析. 社会学研究，4：204-220.

[16] 公婷、肖汉宇、杨丽天晴（2018）. 社会嵌入式廉政治理——香港的经验与启示. 复旦公共行政评论，2：114-138.

[17] 公婷、杨丽天晴、肖汉宇（2018）. 何谓反腐败的成功？——理论与实践. 廉政学研究，1：3-23.

[18] 管玥（2012）. 政治信任的层级差异及其解释：一项基于大学生群体的研究. 公共行政评论，2：67-99.

[19] 郭夏娟、涂文燕（2019）. 反腐制度与个体道德发展——基于十八大以来公职人员腐败容忍度的分析. 浙江大学学报（人文社会科学版），3：160-176.

[20] 过勇（2017）. 十八大之后的腐败形势：三个维度的评价. 政治学研究，3：2-11.

[21] 过勇、宋伟（2015）. 腐败测量. 北京：清华大学出版社.

[22] 韩冬临、杨端程、陆屹洲（2018）. 经济绩效、政治腐败与政治信任：台湾公众政治信任变迁研究（2001-2014）. 上海交通大学学报（哲学社会科学版），4：48-59.

[23] 何旗（2020）. 一把手腐败与政治生态污染及其修复——基于党的十八大后36名省级党委书记腐败案例的剖析. 理论探索，1：68-78.

[24] 胡鞍钢、过勇（2002）. 公务员腐败成本—收益的经济学分析.

经济社会体制比较，4：33-41.

[25] 胡晓利、李兆友（2018）. 中国差序政府信任生成的政治文化机理. 学习与实践，12：60-66.

[26] 黄寿峰（2016）. 廉洁度、公共投资与基础设施质量：宏观表现与微观证据. 经济研究，5：57-71.

[27] 季程远、孟天广（2020）. 反腐败与政治信任：结构偏好与规模偏好的影响差异. 上海交通大学学报（哲学社会科学版），2：99-112.

[28] 加里·S. 贝克尔（2008）. 人类行为的经济分析. 王业宇、陈琪译. 上海：格致出版社.

[29] 李辉（2010）. 当代中国腐败治理策略中的“清理”行动：以H市纪检监察机构为个案（1981—2004）. 公共行政评论，2：85-111.

[30] 李辉（2013）. 世俗主义与腐败——基于跨国数据的一项定量分析. 经济社会体制比较，4：183-198.

[31] 李辉（2017）. 患寡更患不均：不公平感如何影响民众对腐败与反腐败的认知. 复旦政治学评论，1：3-24.

[32] 李辉（2019）. 国外腐败问题研究：历史、现状和方法. 北京：中国方正出版社.

[33] 李辉、呼和那日松、唐敏（2015）. 民主、主观经济评价与腐败感知——基于亚洲、非洲与拉美舆情表合并数据的多层分析. 经济社会体制比较，3：162-174.

[34] 李辉、孟天广（2017）. 腐败经历与腐败感知：基于调查实验与直接提问的双重检验. 社会，6：194-215.

[35] 李连江（2012）. 差序政府信任. 二十一世纪. 131：108-114.

[36] 李普塞特（2011）. 政治人：政治的社会基础. 张绍宗译. 上海：上海世纪出版集团.

[37] 李艳霞（2015）. 何种治理能够提升政治信任？——以当代中国

公众为样本的实证分析. 中国行政管理，7：59-65.
[38] 理查德·波斯纳（2012）. 法律的经济分析（第七版）. 蒋兆康译. 北京：法律出版社.
[39] 刘启君（2013）. 改革开放以来中国腐败状况实证分析. 政治学研究，6：39-51.
[40] 刘勇政、冯海波（2011）. 腐败、公共支出效率与长期经济增长. 经济研究，9：17-28.
[41] 柳建坤（2019）. 从严反腐与中国政府绩效评价的优化——来自准自然实验的证据. 公共行政评论，4：44-61.
[42] 罗家德、帅满、杨鲲昊（2017）. "央强地弱"政府信任格局的社会学分析——基于汶川震后三期追踪数据. 中国社会科学，2：84-101.
[43] 吕书鹏（2015）. 差序政府信任：概念、现状及成因——基于三次全国调查数据的实证研究. 学海，4：148-157.
[44] 吕书鹏、肖唐镖（2015）. 政府评价层级差异与差序政府信任——基于2011年全国调查数据的实证研究. 北京行政学院学报，1：29-38.
[45] 吕元礼（2011）. 新加坡治贪为什么能?. 广州：广东人民出版社.
[46] 马得勇、王正绪（2012）. 民主、公正还是绩效？——中国地方政府合法性及其来源分析. 经济社会体制比较，3：122-138.
[47] 曼瑟·奥尔森（2005）. 权力与繁荣. 苏长和、嵇飞译. 上海：上海人民出版社.
[48] 倪星（2012）. 惩治与预防腐败体系的评价机制研究. 广州：中山大学出版社.
[49] 倪星（2020）. 公众腐败容忍度的区域差异及其影响因素研究——基于2016年度全国廉情评估调查数据的分析. 河南社会科学，10：40-49.
[50] 倪星、郜琳（2010）. 廉政工作绩效评估指标体系构建研究. 理

论月刊，12：5-9.
[51] 倪星、李佳源（2010）. 政府绩效的公众主观评价模式：有效，抑或无效？——关于公众主观评价效度争议的述评. 中国人民大学学报，4：108-116.
[52] 倪星、李珠（2016）. 政府清廉感知：差序格局及其解释——基于2015年度全国廉情调查的数据分析. 公共行政评论，3：4-20.
[53] 倪星、马珍妙（2018）. 政治嵌入对于反腐败信心的影响——基于2017年全国廉情调查数据的倾向得分匹配分析. 廉政学研究，2：32-55.
[54] 倪星、孙宗锋（2015）. 政府反腐败力度与公众清廉感知：差异及解释——基于G省的实证分析. 政治学研究，1：71-85.
[55] 倪星、王锐（2017）. 从邀功到避责：基层政府官员行为变化研究. 政治学研究，2：42-51.
[56] 倪星、熊晶（2020）. 个体特征、社会结构与清廉感知的性别差异——基于2016年度全国廉情调查的数据分析. 理论与改革，4：161-175.
[57] 倪星、张军（2018）. 廉洁拐点的地方经验与政策意涵——基于G省廉情评估调查数据的分析. 政治学研究，5：39-53.
[58] 倪星、张军（2020）. 社会阶层地位与清廉感知：差异及解释——基于2016年度全国廉情调查数据的实证分析. 浙江大学学报（人文社会科学版），1：56-72.
[59] 聂辉华（2014）. 腐败对效率的影响：一个文献综述. 金融评论，1：13-23.
[60] 乔德福（2015）. 一把手腐败治理研究. 北京：法律出版社.
[61] 任建明（2019）. 腐败增量与存量：概念界定、影响因素及政策建议. 江苏行政学院学报，4：74-82.
[62] 任建明、杜治洲（2009）. 腐败与反腐败：理论、模型和方法.

北京：清华大学出版社.

[63] 任建明、许海莲（2017）. 转型期中国严重腐败犯罪的表征、惩治得失及对策. 西安交通大学学报（社会科学版），37（1）：86-92.

[64] 邵帅、齐中英（2008）. 西部地区的能源开发与经济增长——基于“资源诅咒”假说的实证分析. 经济研究，4：147-160.

[65] 苏毓淞、汤峰、褚向磊（2021）. 全面从严治党何以提升中国民众的政治信心——来自 CSGS2015 的实证证据. 治理研究，2：26-38.

[66] 孙宗锋、高洪成（2015）. 公众行贿意愿研究——来自 G 省的调查数据. 东北大学学报（社会科学版），4：390-397.

[67] 孙宗锋、杨丽天晴（2016）.“打老虎”如何影响公众腐败感知差异？——基于广东省的准实验研究. 公共行政评论，3：89-107.

[68] 孙宗锋.（2017）. 中国政府清廉感知双重差异及解释：一个混合研究. 中山大学博士论文.

[69] 万广华、吴一平（2012a）. 司法制度、工资激励与反腐败：中国案例. 经济学（季刊），3：997-1010.

[70] 万广华、吴一平（2012b）. 制度建设与反腐败成效：基于跨期腐败程度变化的研究. 管理世界，4：60-69.

[71] 王茂斌、孔东民（2016）. 反腐败与中国公司治理优化：一个准自然实验. 金融研究，8：159-174.

[72] 王浦劬、郑姗姗（2019）. 政府回应、公共服务与差序政府信任的相关性分析——基于江苏某县的实证研究. 中国行政管理，5：101-108.

[73] 王贤彬、黄亮雄、徐现祥（2016）. 高官落马遏制腐败了吗？——来自震慑效应的解释. 世界经济文汇，2：1-23.

[74] 王贤彬、王露瑶（2016）. 反腐败与经济增长. 经济社会体制比

较，2：61-74.

[75] 魏德安（2014）. 双重悖论：腐败如何影响中国的经济增长. 蒋宗强译. 北京：中信出版社.

[76] 温忠麟、张雷、侯杰泰、刘红云（2004）. 中介效应检验程序及其应用. 心理学报，5：614-620.

[77] 吴进进（2017）. 腐败认知、公共服务满意度与政府信任. 浙江社会科学，1：43-51.

[78] 吴一平、芮萌（2010）. 地区腐败、市场化与中国经济增长. 管理世界，11：10-17.

[79] 习近平（2016）. 高举中国特色社会主义伟大旗帜 为全面建设社会主义现代化国家而团结奋斗——在中国共产党第二十次全国代表大会上的报告（2022 年 10 月 16 日）. 北京：人民出版社.

[80] 肖汉宇、公婷（2016）. 腐败容忍度与“社会反腐”：基于香港的实证分析. 公共行政评论，3：42-55.

[81] 肖汉宇、公婷、劳婕（2020）. 行贿意愿差异与大湾区廉政合作治理：基于 A 市与香港的比较研究. 公共行政评论，2：125-141.

[82] 谢宇（2013）. 回归分析（修订版）. 北京：社会科学文献出版社.

[83] 熊美娟（2010）. 政治信任研究的理论综述. 公共行政评论，6：153-180，203.

[84] 杨其静、蔡正喆（2016）. 腐败、反腐败与经济增长——基于中国省级纪检监察机关信访执纪数据的再评估. 经济社会体制比较，5：84-100.

[85] 尹振东、聂辉华（2020）. 腐败、官员治理与经济发展. 经济学（季刊），2：411-432.

[86] 游宇、王正绪（2014）. 互动与修正的政治信任——关于当代中国政治信任来源的中观理论. 经济社会体制比较，2：178-193.

[87] 袁柏顺（2016）. 公众腐败感知与腐败的民间传说——基于C市城区公众腐败感知调查的一项研究. 公共行政评论, 3：56-69.

[88] 张军、倪星（2020）. 控权问责、服务提升与电子政务的清廉效应——基于中国282个地级市调查数据的实证分析. 中国行政管理, 3：59-66.

[89] 张书维、景怀斌（2014）. 政治信任的制度—文化归因及政府合作效应. 武汉大学学报（哲学社会科学版）, 5：77-84.

[90] 郑利平（2001）. 腐败成因的经济理性与预期效用的论析. 中国社会科学, 1：91-99.

[91] 郑永年（2018）. 未来三十年（修订版）：新时代的改革关键问题. 北京：中信出版社.

[92] 钟覃琳、陆正飞、袁淳（2016）. 反腐败、企业绩效及其渠道效应——基于中共十八大的反腐建设的研究. 金融研究, 9：161-176.

[93] 钟伟军（2019）. 基层公务人员印象、民生满意度与反腐败绩效公众感知——基于浙江省的实证分析. 湖南师范大学社会科学学报, 3：30-39.

[94] 周其仁（2017）. 体制成本与中国经济. 经济学（季刊）, 3：859-876.

[95] 朱琳、宫伏佳（2015）. 腐败主客观测量结果差异性研究. 经济社会体制比较, 5：66-80.

[96] Abbink, K. (2006). Laboratory Experiments on Corruption. *International Handbook on the Economics of Corruption*.

[97] Abramo, C. W. (2008). How Much Do Perceptions of Corruption Really Tell Us? *Economics—The Open-Access, Open-Assessment E-Journal*, 2 (3): 1-56.

[98] Ades, A. & di Tella, R. (2002). The New Economics of Corruption: A Survey and Some New Results. *Political Studies*, 45

(3): 496-515.

[99] Anderson, C. J. & Tverdova, Y. V. (2003). Corruption, Political Allegiances, and Attitudes Toward Government in Contemporary Democracies. *American Journal of Political Science*, 47 (1): 91-109.

[100] Andersson, S. & Heywood, P. M. (2009). The Politics of Perception: Use and Abuse of Transparency International's Approach to Measuring Corruption. *Political Studies*, 57 (4): 746-767.

[101] Anduiza, E., Gallego, A. & Munoz, J. (2013). Turning a Blind Eye: Experimental Evidence of Partisan Bias in Attitudes Toward Corruption. *Comparative Political Studies*, 46 (12): 1664-1692.

[102] Arnold, J. R. (2012). Political Awareness, Corruption Perceptions and Democratic Accountability in Latin America. *Acta Politica*, 47 (1): 67-90.

[103] Bäck, H. & Hadenius, A. (2008). Democracy and State Capacity: Exploring a J-shaped Relationship. *Governance*, 21 (1): 1-24.

[104] Bauhr, M. & Grimes, M. (2014). Indignation or Resignation: The Implications of Transparency for Societal Accountability. *Governance*, 27 (2): 291-320.

[105] Becker, G. S. (1968). Crime and Punishment: An Economic Approach. *Journal of Political Economy*, 76 (2): 13-68.

[106] Bentzen, J. S. (2012). How Bad is Corruption? Cross-Country Evidence of the Impact of Corruption on Economic Prosperity. *Review of Development Economics*, 16 (1): 167-184.

[107] Birch, S., Allen, N. J. & Sarmiento-Mirwaldt, K. (2017). Anger, Anxiety and Corruption Perceptions: Evidence from France. *Political Studies*, 65 (4): 893-911.

[108] Blackwell, M., Iacus, S. M., King, G. & Porro, G. (2009). cem: Coarsened Exact Matching in Stata. *Stata Journal*, 9 (4):

524-546.

[109] Blais, A., Gidengil, E. & Kilibarda, A. (2015). Partisanship, Information, and Perceptions of Government Corruption. *International Journal of Public Opinion Research*, 29 (1): 95-110.

[110] Bowler, S. & Karp, J. A. (2004). Politicians, Scandals, and Trust in Government. *Political Behavior*, 26 (3): 271-287.

[111] Breen, R., Karlson, K. B. & Holm, A. (2013). Total, Direct, and Indirect Effects in Logit and Probit Models. *Sociological Methods & Research*, 42 (2): 164-191.

[112] Brown, K. & Coulter, P. B. (1983). Subjective and Objective Measures of Police Service Delivery. *Public Administration Review*, 43 (1).

[113] Cabelkova, I. & Hanousek, J. (2004). The Power of Negative Thinking: Corruption, Perception and Willingness to Bribe in Ukraine. *Applied Economics*, 36 (4): 383-397.

[114] Catterberg, G. & Moreno, A. (2006). The Individual Bases of Political Trust: Trends in New and Established Democracies. *International Journal of Public Opinion Research*, 18 (1): 31-48.

[115] Chang, E. C. C. & Chu, Y. (2006). Corruption and Trust: Exceptionalism in Asian Democracies? *The Journal of Politics*, 68 (2): 259-271.

[116] Charbonneau, É. & Van Ryzin, G. G. (2012). Performance Measures and Parental Satisfaction with New York City Schools. *American Review of Public Administration*, 42 (1): 54-65.

[117] Ciziceno, M. & Travaglino, G. A. (2018). Perceived Corruption and Individuals' Life Satisfaction: The Mediating Role of Institutional Trust. *Social Indicators Research*, 141 (1): 1-17.

[118] Cordero, G. & Blais, A. (2017). Is a Corrupt Government Totally

Unacceptable? *West European Politics*, 40 (4): 645–662.

[119] Dimant, E. & Tosato, G. (2018). Causes and Effects of Corruption: What Has Past Decads's Empirical Research Taught us? A Survey. *Journal of Economic Surveys*, 32 (2): 335–356.

[120] Donchev, D. & Ujhelyi, G. (2014). What Do Corruption Indices Measure? *Economics & Politics*, 26 (2): 309–331.

[121] Dreher, A. & Gassebner, M. (2013). Greasing the Wheels? The Impact of Regulations and Corruption on Firm Entry. *Public Choice*, 155 (3–4): 413–432.

[122] Egger, P. & Winner, H. (2005). Evidenceon Corruption as An Incentive for Foreign Direct Investment. *European Journal of Political Economy*, 21 (4): 932–952.

[123] Fan, C. S. & Grossman, H. I. (2001). Incentives and Corruption in Chinese Economic Reform. *Journal of Economic Policy Reform*, 4 (3): 195–206.

[124] Favero, N. & Bullock, J. B. (2014). How (Not) to Solve the Problem: An Evaluation of Scholarly Responses to Common Source Bias. *Journal of Public Administration Research and Theory*, 25 (1): 285–308.

[125] Fisman, R. & Gatti, R. (2002). Decentralization and Corruption: Evidence Across Countries. *Journal of Public Economics*, 83 (3): 325–345.

[126] Fisman, R. & Miguel, E. (2007). Corruption, Norms, and Legal Enforcement: Evidence from Diplomatic Parking Tickets. *Journal of Political Economy*, 115 (6): 1020–1048.

[127] Gans-Morse, J., Borges, M., Makarin, A., Mannah-Blankson, T., Nickow, A. & Zhang, D. (2018). Reducing Bureaucratic Corruption: Interdisciplinary Perspectives on What Works. *World Develop-*

ment, 105: 171-188.

[128] Gingerich, D. W. (2009). Corruption and Political Decay: Evidence from Bolivia. *Quarterly Journal of Political Science*, 4 (1): 1-34.

[129] Gong, T., Wang, S. & Ren, J. (2015). Corruption in the Eye of the Beholder: Survey Evidence from Mainland China and Hong Kong. *International Public Management Journal*, 18 (3): 458-482.

[130] Griffin, J. M., Liu, C. & Shu, T. (2016). Is the Chinese Anti-Corruption Campaign Effective? Social Science Research Network.

[131] Gunter, F. R. (2017). Corruption, Costs, and Family: Chinese Capital Flight, 1984—2014. *China Economic Review*, 43: 105-117.

[132] Guo, X. (2014). Controlling Corruption in the Party: China's Central Discipline Inspection Commission. *The China Quarterly*, 219: 597-624.

[133] Gyimah-Brempong, K. & Gyimah-Brempong, S. M. D. (2006). Corruption, Growth, and Income Distribution: Are there Regional Differences? *Economics of Governance*, 7 (3): 245-269.

[134] Heywood, P. M. & Rose, J. (2014). "Close But No Cigar": The Measurementof Corruption. *Journal of Public Policy*, 34 (3): 507-529.

[135] Jetter, M. & Parmeter, C. F. (2018). Sorting Through Global Corruption Determinants: Institutionsand Education Matter—Not Culture. *World Development*, 109: 279-294.

[136] Kang, S. & Zhu, J. (2021). Do People Trust the Government More? Unpacking the Distinct Impacts of Anticorruption Policies on Political Trust: *Political Research Quarterly*, 74 (2), 434-449.

[137] Karlson, K. B., Holm, A. & Breen, R. (2012). Comparing Regression Coefficients Between Same-Sample Nested Models Using Logit and Probit. *Sociological Methodology*, 42 (1): 286–313.

[138] Keefer, P. (2010). Clientelism, Credibility, and the Policy Choices of Young Democracies. *American Journal of Political Science*, 51 (4): 804–821.

[139] Keliher, M. & Wu, H. (2016). Corruption, Anticorruption, and the Transformation of Political Culture in Contemporary China. *The Journal of Asian Studies*, 75 (1): 5–18.

[140] Kim, S. (2010). Public Trust in Government in Japan and South Korea: Does the Rise of Critical Citizens Matter? *Public Administration Review*, 70 (5): 801–810.

[141] Klasnja, M. & Tucker, J. A. (2013). The Economy, Corruption, and the Vote: Evidence from Experiments in Sweden and Moldova. *Electoral Studies*, 32 (3): 536–543.

[142] Konstantinidis, I. & Xezonakis, G. (2013). Sources of Tolerance Towards Corrupted Politicians in Greece: The Role of Trade Offs and Individual Benefits. *Crime, Law and Social Change*, 60 (5): 549–563.

[143] Lambsdorff, J. G. (2003). How Corruption Affects Productivity. *KYKLOS*, 56 (4): 457–474.

[144] Lewin, K. (1997). *Resolving Social Conflicts and Field Theory in Social Science*. New York: Harper & Brothers.

[145] Li, H. & Meng, T. (2020). Corruption Experience and Public Perceptions of Anti-Corruption Crackdowns: Experimental Evidence from China. *Journal of Chinese Political Science*, 25: 431–456.

[146] Li, H., Tang, M. & Huhe, N. (2016). How Does Democracy Influence Citizens' Perceptions of Government Corruption? A Cross-

National Study. *Democratization*, 23 (5): 892-918.

[147] Li, H., Xiao, H. & Gong, T. (2015). The Impact of Economic Well-Beingon Perceptions of Anti-Corruption Performance: Evidence From China. *Policy and Society*, 34 (2): 97-109.

[148] Linde, J. & Erlingsson, G. Ó. (2013). The Eroding Effect of Corruption on System Support in Sweden. *Governance*, 26 (4): 585-603.

[149] Manion, M. (2004). Lessons for Mainland China from Anti-Corruption Reform in Hong Kong. *China Review*, 4 (2): 81-97.

[150] Manion, M. (2016). Taking China's Anticorruption Campaign Seriously. *Economic and Political Studies*, 4 (1): 3-18.

[151] Manow, P. (2015). Money, Competition, and Corruption: Campaign Finance, Competitive Elections, and Accountability. *Governance*, 28 (3): 333-348.

[152] Manzetti, L. & Wilson, C. J. (2007). Why Do Corrupt Governments Maintain Public Support? *Comparative Political Studies*, 40 (8): 949-970.

[153] Marvel, J. D. (2015). Unconscious Bias in Citizens' Evaluations of Public Sector Performance. *Journal of Public Administration Research and Theory*, 26 (1): 143-158.

[154] Mauro, P. (1998). Corruption and the Composition of Government Expenditure. *Journal of Public Economics*, 69 (2): 263-279.

[155] McAllister, I. (2014). Corruption and Confidencein Australian Political Institutions. *Australian Journal of Political Science*, 49 (2): 174-185.

[156] Mishler, W. & Rose, R. (2001). What Are the Origins of Political Trust? Testing Institutional and Cultural Theories in Post-Communist Societies. *Comparative Political Studies*, 34 (1):

30–62.

[157] Montinola, G. R. & Jackman, R. W. (2002). Sources of Corruption: A Cross-Country Study. *British Journal of Political Science*, 32 (1): 147–170.

[158] Morris, S. D. & Klesner, J. L. (2010). Corruption and Trust: Theoretical Considerations and Evidence from Mexico. *Comparative Political Studies*, 43 (10): 1258–1285.

[159] Muñoz, J., Anduiza, E. & Gallego, A. (2016). Why Do Voters Forgive Corrupt Mayors? Implicit Exchange, Credibility of Information and Clean Alternatives. *Local Government Studies*, 42 (4): 598–615.

[160] Murphy, K. M., Shleifer, A. & Vishny, R. W. (1993). Why Is Rent-Seeking so Costly to Growth? *American Economic Review*, 83 (2): 409–414.

[161] Neshkova, M. I. & Kalesnikaite, V. (2019). Corruption and Citizen Participation in Local Government: Evidence from Latin America. *Governance*. 32 (4): 677–693.

[162] Ni, X. & Su, X. (2019). Institutional Anticorruption in China: Effectiveness on Bribery Incidence. *Public Administration Review*, 79 (4): 538–551.

[163] Nye, J. S. (1967). Corruption and Political Development: A Cost-Benefit Analysis. *American Political Science Review*, 61 (2): 417–427.

[164] Olken, B. A. (2007). Monitoring Corruption: Evidence from a Field Experimentin Indonesia. *Journal of Political Economy*, 115 (2): 200–249.

[165] Olken, B. A. (2009). Corruption Perceptions Vs. Corruption Reality. *Journal of Public Economics*, 93 (7): 950–964.

[166] Olken, B. A. & Pande, R. (2012). Corruption in Developing Countries. *Annual Review of Economics*, 4 (1): 479-509.

[167] Parks, R. B. (1984). Linking Objective and Subjective Measures of Performance. *Public Administration Review*, 44 (2): 118-127.

[168] Podsakoff, P. M., MacKenzie, S. B. & Podsakoff, N. P. (2012). Sources of Method Bias in Social Science Research and Recommendations on How to Control It. *Annual Review of Psychology*, 63: 539-569.

[169] Quah, J. S. T. (2015). Hunting the Corrupt "Tigers" and "Flies" in China: An Evaluation of XI Jinping's Anti-Corruption Campaign (November 2012 to March 2015). *Maryland Series in Contemporary Asian Studies*, 2015 (1).

[170] Round, J., Williams, C. C. & Rodgers, P. (2008). Corruption in the Post-Soviet Workplace: The Experiences of Recent Graduates in Contemporary Ukraine. *Work Employment and Society*, 22 (1): 149-166.

[171] Sánchez, A. & Goda, T. (2017). Corruption and the "Paradox of Redistribution". *Social Indicators Research*, 140 (1): 1-19.

[172] Seligson, M. A. (2002). The Impact of Corruption on Regime Legitimacy: A Comparative Study of Four Latin American Countries. *The Journal of Politics*, 64 (2): 408-433.

[173] Sharafutdinova, G. (2010). What Explains Corruption Perceptions? The Dark Side of Political Competition in Russia's Regions. *Comparative Politics*, 42 (2): 147-166.

[174] Sole-Olle, A. & Sorribas-Navarro, P. (2018). Trust No More? On the Lasting Effects of Corruption Scandals. *European Journal of Political Economy*, 55: 185-203.

[175] Stipak, B. (1979). Citizen Satisfaction with Urban Services: Po-

tential Misuse as a Performance Indicator. *Public Administration Review*, 39 (1): 46-52.

[176] Su, X. & Ni, X. (2018). Citizens on Patrol: Understanding Public Whistleblowing Against Government Corruption. *Journal of Public Administration Research and Theory*, 28 (3): 406-422.

[177] Sundstrom, A. (2016). Corruption and Violations of Conservation Rules: A Survey Experiment with Resource Users. *World Development*, 85: 73-83.

[178] Svensson, J. (2005). Eight Questions About Corruption. *Journal of Economic Perspectives*, 19 (3): 19-42.

[179] Svolik, M. W. (2013). Learning to Love Democracy: Electoral Accountability and the Success of Democracy. *American Journal of Political Science*, 57 (3): 685-702.

[180] Tavits, M. (2008). Representation, Corruption, and Subjective Well-Being. *Comparative Political Studies*, 41 (12): 1607-1630.

[181] Treisman, D. (2007). What Have We Learned About the Causesof Corruption from Ten Years Of Cross-National Empirical Research? *Annual Review of Political Science*, 10: 211-244.

[182] Van Ryzin, G. G. (2004). Expectations, Performance, and Citizen Satisfaction with Urban Services. *Journal of Policy Analysis and Management*, 23 (3): 433-448.

[183] Villoria, M., Ryzin, G. G. V. & Lavena, C. F. (2013). Social and Political Consequences of Administrative Corruption: A Study of Public Perceptions in Spain. *Public Administration Review*, 73 (1): 85-94.

[184] Warren, M. E. (2004). What Does Corruption Meanin a Democracy? *American Journal of Political Science*, 48 (2): 328-343.

[185] Wedeman, A. (2005). Anticorruption Campaigns and the Intensifi-

cation of Corruption in China. *Journal of Contemporary China*, 14 (42): 93-116.

[186] Williams, R. (2016). Understanding and Interpreting Generalized Ordered Logit Models. *Journal of Mathematical Sociology*, 40 (1): 7-20.

[187] Winters, M. S. & Weitz-Shapiro, R. (2013). Lacking Information or Condoning Corruption: When Do Voters Support Corrupt Politicians? *Comparative Politics*, 45 (4): 418-436.

[188] Wong, T. K., Wan, P. & Hsiao, H. M. (2011). The Bases of Political Trust in Six Asian Societies: Institutional and Cultural Explanations Compared. *International Political Science Review*, 32 (3): 263-281.

[189] Xu, G. & Yano, G. (2017). HowDoes Anti-Corruption Affect Corporate Innovation? Evidence from Recent Anti-Corruption Efforts in China. *Journal of Comparative Economics*, 45 (3): 498-519.

[190] Yang, K. & Holzer, M. (2006). The Performance-Trust Link: Implications for Performance Measurement. *Public Administration Review*, 66 (1): 114-126.

[191] Yu, C. & Chen, C. & Lin, M. (2013). Corruption Perception in Taiwan: Reflections upon a Bottom-up Citizen Perspective. *Journal of Contemporary China*, 22 (79): 56-76.

[192] Zhang, Y. & Kim, M. (2018). Do Public Corruption Convictions Influence Citizens' Trust in Government? The Answer Might Not Be a Simple Yes or No. *The American Review of Public Administration*, 48 (7): 685-698.

[193] Zhu, J., Huang, H. & Zhang, D. (2019). "Big Tigers, Big Data": Learning Social Reactions to China's Anticorruption Campaign through Online Feedback. *Public Administration Review*, 79 (4):

500–513.

[194] Zhu, J. & Lu, J. & Shi, T. (2013). When Grapevine News Meets Mass Media: Different Information Sources and Perceptions of Government Corruption in Mainland China. *Comparative Political Studies*, 46 (8): 920–946.

[195] Zhu, L. (2015). Punishing Corrupt Officials in China. *The China Quarterly*, 223: 595–617.

[196] Zhu, M. & Li, A. (2017). Media Guiding Effects on Public Perceptions of The Chinese Government Anticorruption: Evidence from a Survey Experiment. *Procedia Computer Science*, 122: 447–454.

[197] Zirker, D. & Barrett, P. (2017). Corruption vs. Corruption Scandals in New Zealand: Bridging a Wide Gulf? *Political Science*, 69 (1): 35–48.

附录一　全国廉情评估调查问卷（节选）[①]

B 腐败定义

【提示：本部分选项98/99/3都不读出来，由访问员根据实际情况勾选。】

您认为以下行为的腐败程度如何?

B1 公职人员把办公室的纸、笔带回家给家人使用

1 非常不腐败　2 不太腐败　4 比较腐败　5 非常腐败　98 拒答　99 不了解　3 一般

B2 公职人员为私人事务使用公车

1 非常不腐败　2 不太腐败　4 比较腐败　5 非常腐败　98 拒答　99 不了解　3 一般

B3 公职人员利用职务之便为子女找工作

1 非常不腐败　2 不太腐败　4 比较腐败　5 非常腐败　98 拒答　99 不了解　3 一般

B4 公职人员接受监管对象（如工程承包商）请客吃饭

1 非常不腐败　2 不太腐败　4 比较腐败　5 非常腐败　98 拒答　99 不了解　3 一般

B5 公职人员接受监管对象（如工程承包商）送的钱财

1 非常不腐败　2 不太腐败　4 比较腐败　5 非常腐败　98 拒答　99 不了解　3 一般

---

① 本部分仅节选了本书中相关核心变量的问题内容。

D 腐败感知

【提示：D1—D5 的选项有一半样本要按随机顺序读出，另一半样本逆序读出。】

【提示：D1—D4 题选项 98/99/3 都不读出来，D5 题选项 98/99 都不读出来，由访问员根据实际情况勾选。】

现在，我想询问您对于各级政府廉洁情况的评价。

D1 总体来说，您认为目前中央党政机关的腐败程度如何？

1 非常腐败　2 比较腐败　4 不太腐败　5 非常不腐败　98 拒答　99 不了解　3 一般

D2 总体来说，您认为目前＿＿＿＿＿＿省/自治区/直辖市【提示：此处是指受访者所在的省级行政单位，请访问员读出名称】党政机关的腐败程度如何？

1 非常腐败　2 比较腐败　4 不太腐败　5 非常不腐败　98 拒答　99 不了解　3 一般

D3 总体来说，您认为目前＿＿＿＿＿＿市/地区/盟【提示：此处是指受访者所在的地级以上（含地级）行政单位，请访问员读出名称】党政机关的腐败程度如何？

1 非常腐败　2 比较腐败　4 不太腐败　5 非常不腐败　98 拒答　99 不了解　3 一般

D4 总体来说，您认为目前＿＿＿＿＿＿区/县/市【提示：此处是指受访者所在的县级行政单位，请访问员读出名称】党政机关的腐败程度如何？

1 非常腐败　2 比较腐败　4 不太腐败　5 非常不腐败　98 拒答　99 不了解　3 一般

D5 您关于上述机构的腐败信息主要来自？＿＿＿＿＿＿【提示：可多选】

1 官方新闻报道　2 互联网上的消息　3 社会上的小道消息　4 您

本人或亲友的亲身经历　98 拒答　99 不了解

C 腐败接触

【提示：本部分选项 98/99/100 都不读出来，由访问员根据实际情况勾选。】

C2_1 最近一年来，您或您的亲友是否为了办事方便向公职人员请客送礼？

1 是　2 否　98 拒答　99 不了解

C2_2 最近一年来，您或您的亲友是否在办事时被公职人员索要好处？

1 是　2 否　98 拒答　99 不了解

G 对反腐败工作的看法

【提示：G1—G6 的选项有一半样本要按随机顺序读出，另一半样本逆序读出。】

【提示：本部分选项 98/99/3 都不读出来，而由访问员根据实际情况勾选。】

下面，我会询问一些您对反腐败工作的看法。

G1 您对 2018 年中央的反腐败工作满意吗？

1 很不满意　2 不满意　4 满意　5 很满意　98 拒答　99 不了解　3 一般

G2 您对 2018 年__________省/自治区/直辖市【提示：此处是指受访者所在的省级行政单位，请访问员读出名称】的反腐败工作满意吗？

1 很不满意　2 不满意　4 满意　5 很满意　98 拒答　99 不了解　3 一般

G3 您对 2018 年__________市/地区/盟【提示：此处是指受访者所在的地级以上（含地级）行政单位，请访问员读出名称】的反腐败工作满意吗？

1 很不满意　2 不满意　4 满意　5 很满意　98 拒答　99 不了解　3 一般

G4 您对 2018 年____________区/县/市【提示：此处是指受访者所在的县级行政单位，请访问员读出名称】的反腐败工作满意吗？

1 很不满意　2 不满意　4 满意　5 很满意　98 拒答　99 不了解　3 一般

附录二　PSM 分析匹配平衡性检验结果（节选）①

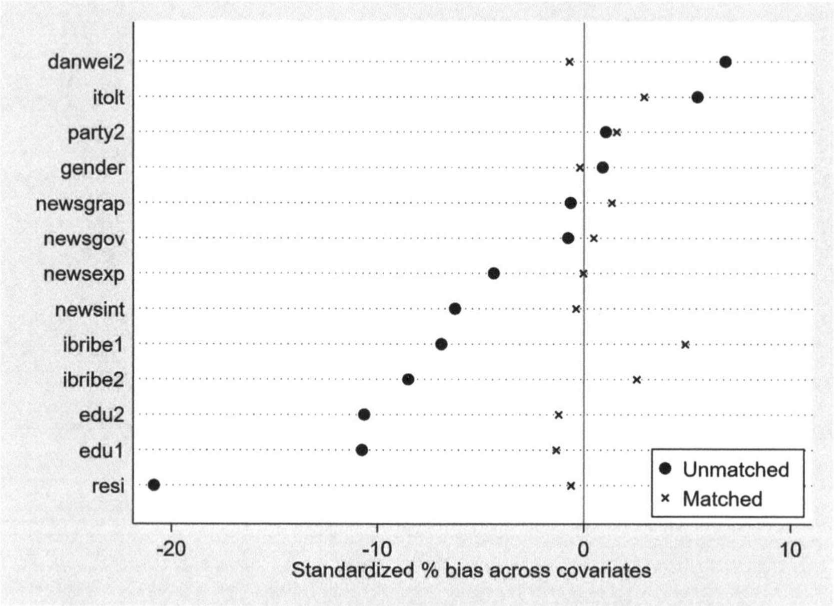

附图 2-1　2019 年中央政府清廉感知 PSM 分析各变量标准化偏误

① 由于我们进行 PSM 分析是采用的是逐年匹配，且因变量比较多，全部结果比较多，但各个年份的匹配结果大同小异，均比较好，因此本附录仅节选 2019 年度的匹配结果进行呈现。

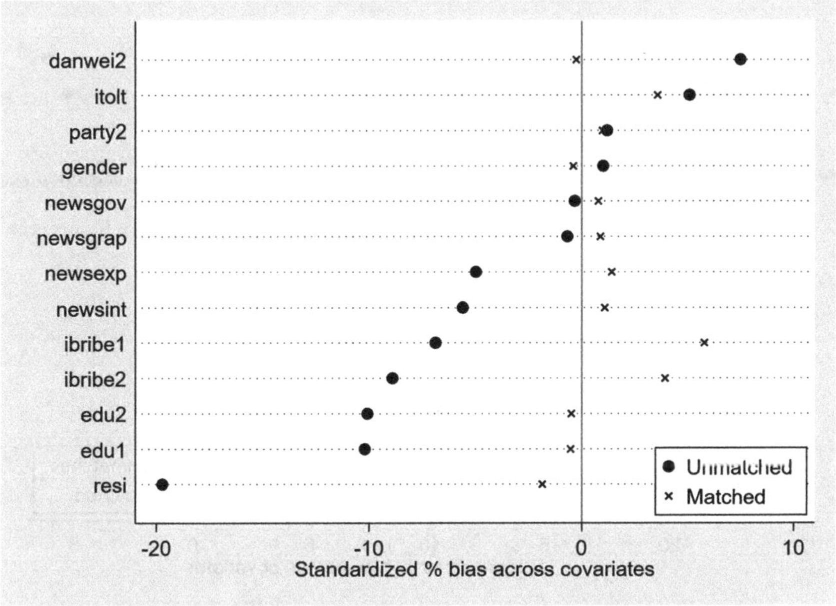

附图 2-2　2019 年省级政府清廉感知 PSM 分析各变量标准化偏误

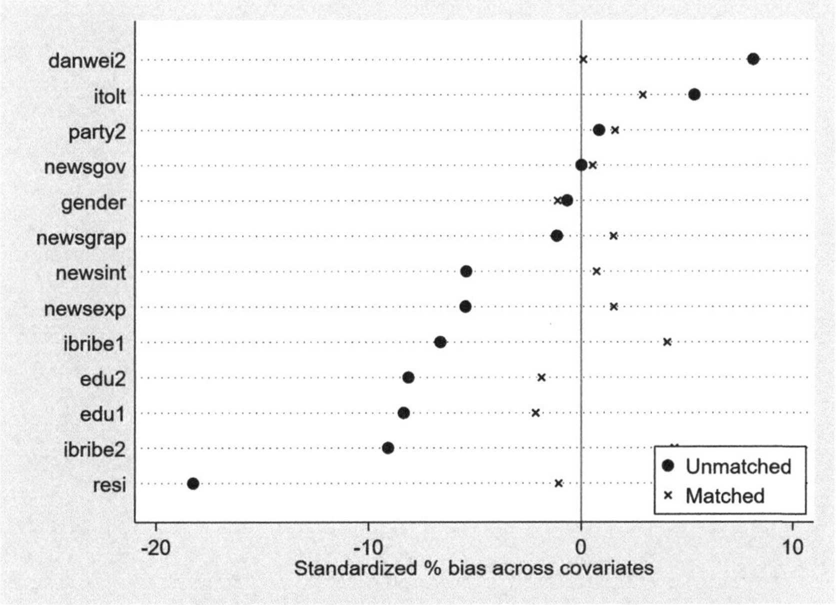

附图 2-3　2019 年地级市政府清廉感知 PSM 分析各变量标准化偏误

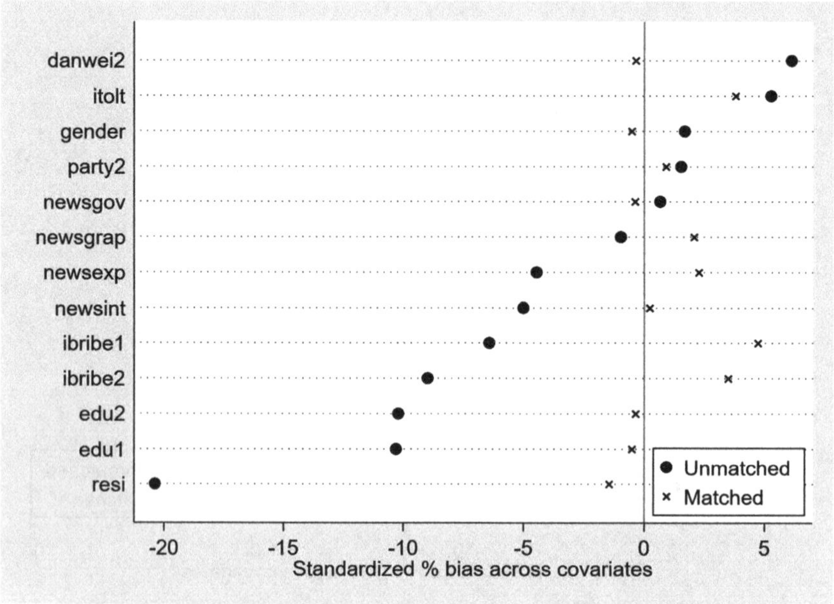

附图 2-4　2019 年县市区政府清廉感知 PSM 分析各变量标准化偏误

后　记

本书是在我的博士论文基础上修订完成的。毕业后的三年里，虽然围绕这一主题的研究经历了一些波折，但核心成果最终能够以专著的形式呈现，无疑是我学术生涯中的一大幸事。回首这段旅程，既有学术上的收获与成长，也伴随着职业上的进步与突破，更充满了对导师、同人和亲友的深深感激。

本研究的起源可以追溯到我的硕士阶段。彼时，我国掀起了声势浩大的高压反腐行动，“打虎”“拍蝇”初显成效，一大批贪腐官员相继落马。然而，出人意料的是，公众对政府的清廉感知并未如预期显著提升，甚至一度呈现下降趋势。这一悖论现象引发了我强烈的研究兴趣，虽然当时的学术积累尚显不足，但这一研究困惑已在我心中埋下探索的种子。

进入博士阶段后，我有幸深度参与了导师倪星教授主持的全国廉情评估调查项目，接触到大量翔实的长期观测数据。数据结果显示，随着反腐行动的深入，公众的清廉感知总体呈现缓慢上升趋势。这一发现与文献中某些理论强调的“高压反腐可能削弱公众清廉感知”的观点形成了鲜明对比。这一理论与现实之间的矛盾进一步引发了我对高压反腐与公众清廉感知之间复杂关系的深度思考。几经辗转，在导师倪星教授的启发与指导下，我最终决定围绕这一主题展开系统的理论与实证研究，并将其作为博士论文的核心内容。

随着研究的深入，我逐渐意识到，腐败惩处与公众清廉感知之间的关系远比想象中复杂。仅依赖单期数据或单纯关注惩处的整体规模，都难以揭示其中的深层次逻辑。因此，受既有研究文献的启发，我决定从腐败惩处的规模和结构两个维度入手，深入探讨不同惩处策略对公众清廉感知可能产生的差异化影响。基于这一思路，我利用多期混合截面调查数据与各省的腐败惩处案件数据，系统分析了腐败惩处的规模和结构对公众清廉感知的复杂影响。研究结果揭示了这一关系的多维性和复杂动态性，也从保持战略定力、强化基层反腐败、优化公共服务和提升透明度等角度对我国的廉政治理实践提出了政策启示。

博士论文的撰写及其后续的专著化修订过程中，我幸运地得到了许多专家学者的宝贵意见和鼓励支持。首先，我要特别感谢我的两位导师——倪星教授和王秋石教授。硕博期间，倪星老师为我提供了诸多宝贵的科研训练机会，带我参与多个国家级和省部级课题，帮助我打下扎实的科研基础。在博士论文的选题与写作过程中，倪老师始终以宽容和耐心引导我。当我在选题上反复调整、迷茫无措时，倪老师不仅没有责备，反而通过建设性的讨论帮助我厘清思路，找到新的研究方向，并鼓励我深入探索。在写作过程中，面对拖延和瓶颈，我时常感到愧疚，然而倪老师总是以平和的态度给予我鼓励与支持。他的学术洞见与耐心引导，帮助我克服了写作中的重重困难，最终顺利完成博士论文。王秋石老师在博士论文的后期阶段也给予了我极大的支持与帮助。王老师对我研究主题的肯定和鼓励，尤其是在研究方法上的指导，使我在论文写作的后期得以快速推进。两位导师不仅帮助我在学术上取得了进步，也在生活中给予了我无尽的支持与关怀。在求职和职业规划过程中，导师们的建议与指导让我受益匪浅。

我还要感谢中山大学政治与公共事务管理学院的众多师长，他们在公共管理学理论和研究方法方面的教学与分享让我受益匪浅，尤其感谢刘军强老师、陈那波老师、练宏老师等师长在研究方法与学术写作方面的悉心教导。特别感谢陈那波老师、周燕老师、起晓星老师、李棉管老师、杨丽天晴老师等在博士论文开题、预答辩和毕业答辩过程中提出的宝贵修改建议。同时，我还要感谢本科阶段的众多恩师，尤其是我的本科导师任焰副教授，正是她在本科阶段对我学术潜力的肯定和鼓励，才让我在参加工作后有重新选择踏上科研之路的勇气。也特别感谢梁玉成老师和王宁老师在定量与定性研究方法上的精彩授课与指导，为我后来的研究方法学习打下了坚实基础。

此外，我还要感谢博士阶段给予我帮助的同窗和朋友们。与杨君师兄、孙宗锋师兄、马珍妙师兄、王锐等同门的交流与合作，让我在理论与实践方面都获益良多。孙宗锋师兄的博士论文为我的研究提供了重要参考和启发，我的研究可以说是在他的基础上做了边际推进。感谢周勇振、周寒、张虎平、李伟、曾望峰、冯敏红、罗彬等同窗好友，以及我在零点工作时的同事兼好友黄志平，他们的支持与鼓励让我在博士论文的写作阶段坚持走完了这段艰难的学术旅程。

特别感谢我的家人，尤其是我的父母。求学二十余载，父母给予了我无尽的支持与包容。在岁月静好的背后，正是他们的默默付出和支持，才让我能够全心投入学术研究。我的爱人赵玉兰博士在我的学术生涯中也扮演了非常重要的角色。她不仅在日常生活中给予我无微不至的关怀，还在博士论文写作和后期的专著化修订过程中提供了宝贵的启发与督促。每当我遇到瓶颈时，她的发散性思维总能点燃我的新思路，她的鼓励与支持也是我最终顺利完成写作的重要动力。能够在博士生涯的尾声遇见她，与她携手前行，术业共进，我备感幸运。

本书的出版还要特别感谢湖南大学马克思主义学院与廉政研究中心的支持，尤其感谢袁柏顺教授为本书出版给予的持续鼓励和大力帮助，使得本书有幸成为“岳麓廉政论丛”中的一员。同时，我还要感谢湖南大学出版社的编辑们，他们在拙著的修订和校对过程中提供了非常多专业的指导和宝贵的建议，为本书的最终呈现付出了大量心血。

尽管本书历经多次修改和完善，但作为一名年轻学者，我深知其中仍有许多不足之处，恳请各位读者提出宝贵意见。希望这本书的初步研究成果，能够为反腐败研究领域提供一些新的思路，也期待引发更多学者对这一主题的关注与讨论。未来，我将继续在这一领域中深耕细作，以更加严谨的研究设计和更加丰富的数据分析，为反腐败领域的理论发展与实践创新贡献力量。

学术研究是一条永无止境的道路。感谢所有曾给予我帮助与支持的师长、亲友，是你们的鼓励、批评与关怀让我不断前行。怀着谦逊与求知的心态，我将继续在学术这条道路上不断探索，并期待未来取得更多进展和更大进步！

张　军

2024 年 9 月 10 日于湖南大学